Sammlung Metzler
Band 272

Bernhard Sowinski

Heinrich Böll

Verlag J. B. Metzler
Stuttgart · Weimar

Die Deutsche Bibliothek – CIP-Einheitsaufnahme

Sowinski, Bernhard:
Heinrich Böll / Bernhard Sowinksi.
– Stuttgart : Weimar : Metzler, 1993
(Sammlung Metzler ; Bd. 272)
ISBN 978-3-476-10272-0
NE: GT

ISSN 0558 3667
ISBN 978-3-476-10272-0
ISBN 978-3-476-03972-9 (eBook)
DOI 10.1007/978-3-476-03972-9

SM 272

© 1993 Springer-Verlag GmbH Deutschland
Ursprünglich erschienen bei J.B. Metzlersche Verlagsbuchhandlung
und Carl Ernst Poeschel Verlag GmbH in Stuttgart 1993

EIN VERLAG DER   *SPEKTRUM FACHVERLAGE GMBH*

Inhaltsverzeichnis

Vorbemerkung

Die Erforschung des Werkes Heinrich Bölls, dessen Würdigung zu Lebzeiten des streitbaren Autors mitunter durch subjektive Wertungen beeinträchtigt worden war, ist nach seinem Tod (1985) in ein neues Stadium getreten und bedarf noch mancher neuer Einsichten. Gemäß der Zielsetzung der »Sammlung Metzler« kommt es in diesem Buch darauf an, »Realien zur Literatur« zu vermitteln, um so die Kenntnis des Autors und seiner Texte in Studium, Lehre und Forschung zu fördern.

Dementsprechend beschränke ich mich hier auf die Darbietung biographischer Fakten zu Leben und Werk des Dichters, von Inhaltsübersichten (als Erinnerungshilfen, nicht als Lektüreersatz), von Interpretationsansätzen und Forschungshinweisen zu den dichterischen Texten sowie auf Übersichten zum übrigen literarischen Schaffen des Literatur-Nobelpreisträgers von 1972. Auf literaturkritische Wertungen, wie sie in den zahlreichen Rezensionen nach Erscheinen der Texte teilweise recht kontrovers ausfielen, wurde hier im allgemeinen verzichtet. Literaturhinweise nach der Besprechung der Texte beschränken sich auf Verfassernamen und Erscheinungsjahr. Die vollständigen Literaturangaben finden sich im alphabetisch geordneten Literaturverzeichnis am Schluß des Bandes. Auf ein Verzeichnis sämtlicher Werke Bölls wurde angesichts der verschiedenen Textsammlungen (u.a. zehnbändige Werkausgabe von Bernd Balzer (Hg.) und der zahlreichen Einzelausgaben als dtv–Taschenbücher) verzichtet.

Allen denen, die mir bei der Ermittlung und Darbietung der Angaben geholfen haben, danke ich herzlich.

Köln, im August 1992   B. S.

1. Angaben zu Leben und Werk

1.1 Zur Biographie Heinrich Bölls

Bei kaum einem anderen deutschen Autor unserer Zeit spielt die Biographie eine solche Rolle für das literarische Werk wie bei Heinrich Böll. Eine große Zahl von Motiven und anderen Einzelheiten seiner Dichtungen entstammt seinem Leben und Erleben innerhalb und außerhalb seiner Familie, seiner Dienstzeit als Soldat und seinen Erfahrungen nach dem Krieg. Man kann diese Fakten zum Verständnis seines Werkes nicht außer acht lassen, ohne in der positivistischen Manier eines Wilhelm Scherer sogleich in einen neuen Biographismus zu verfallen und nach Ererbtem, Erlebtem und Erlerntem im Werk Bölls suchen zu wollen.

Kindheit und Jugend

Heinrich Böll wurde am 21. Dezember 1917 als dritter und jüngster Sohn des Kunsttischlers Viktor Böll in Köln geboren. Sein Vater hatte zunächst mit seiner ersten Frau Katharina, die 1901 starb, drei Kinder, von denen jedoch zwei sehr früh starben. 1906 heiratete Viktor Böll Maria Hermans, die ihm fünf Kinder gebar, die Töchter Mechthild und Gertrud und die Söhne Alois, Alfred und Heinrich. Der Vorname Heinrich war gewissermaßen in der Familie erblich, ebenso wie der Schreinerberuf. Nach Bölls Angaben (1959) seien die väterlichen Vorfahren während der Katholikenverfolgungen Heinrichs VIII. aus England emigriert und an den Niederrhein gelangt. Eine Neigung zu nonkonformistischem Verhalten gehörte also ebenso zur Tradition der Familie. Bölls Großvater, ein Schreinermeister, ist in Xanten geboren, zog aber später nach Essen, der älteste Sohn Heinrich war wiederum Schreiner, dessen Bruder Alfred wurde Geistlicher und hatte die Familie Krupp in seinem Pfarrbezirk; ein weiterer Onkel Bölls war Architekt und baute zahlreiche Kirchen und kirchliche Gebäude im Kölner Raum. Viktor Böll, der Vater des Autors, zog mit 25 Jahren nach Köln, um sich hier selbständig zu machen. Er spezialisierte sich vor allem auf neugotische Altarschnitzerei. Er war Autodidakt in wissenschaftlichen Studien, bildete sich aber in Abendkursen, besonders in

Kunstgeschichte, wobei er oft seine Kinder in Kurse und Museen mitnahm und so weiterbildete. Im Ersten Weltkrieg verstand er es, sich bis auf eine kurze Wachsoldatenzeit dem Kriegsdienst zu entziehen und vermittelte seine antimilitaristische Einstellung auch seinen Kindern. Die Familie Böll hatte nach einer Wohnung in der Teutoburger Straße 1923 ein neues Haus in der Kreuznacher Straße in Köln-Raderberg, einem noch dörflichen Vorort im Süden Kölns, bezogen, in dessen Nähe sowohl Arbeiter als auch ›Bürgerliche‹ wohnten und die verschiedensten Sozialkontakte zustande kamen, wobei Heinrich mehr mit den Kindern der ›Roten‹ spielte. Durch die Inflation 1923 und noch mehr durch die Wirtschaftskrise nach 1929 erlitt die Familie jedoch große Verluste. Wegen der Bürgschaft Viktor Bölls für eine kleinere Handwerkerbank, die zahlungsunfähig wurde, mußte er schließlich sein Haus wieder verkaufen und in Mietwohnungen umziehen, die wiederholt gewechselt wurden, weil sie stets zu anspruchsvoll waren. So lernten die Kinder auch die Lebenseinschränkungen in Mietwohnungen kennen (vgl. »*Der Husten meines Vaters*«). Trotz des ›sozialen Abstiegs‹ (der mit Verfallserscheinungen des Bürgertums parallel verlief) versuchte man, mit einem gewissen Hochmut (wie ihn Böll später charakterisierte) einen gehobenen Lebensstil beizubehalten. So sollten alle Kinder das Gymnasium besuchen und das Abitur ablegen, um studieren zu können.

Heinrich Böll besuchte von 1928 bis 1937 das Kaiser-Wilhelm-Gymnasium in der Kölner Innenstadt, das später geschlossen und im Krieg zerstört wurde. Ein besonders eifriger Schüler scheint er nicht gewesen zu sein. Vom damals besonders geschätzten Sportunterricht war er aus gesundheitlichen Gründen befreit, obwohl er ausgedehnte Fahrradtouren unternahm (1936 bis nach Bamberg). Seine Lieblingsfächer waren Mathematik, Latein und Geschichte (was ihm später als Nachhilfelehrer zustatten kam), nicht aber Deutsch (das in seinem Abiturzeugnis nur mit ›genügend‹ bewertet wurde). Vor 1933 erlebte er den rivalisierenden Streit und Straßenterror der radikalen Parteien. Ab 1933 verleidete ihm der NS-Terror unbekümmerte Spaziergänge durch die Stadt. Nach dem Verbot der katholischen Verbände und Jugendgruppen fanden mitunter Zusammenkünfte katholischer Jugendgruppen in der elterlichen Wohnung statt, an denen er teilnehmen durfte. Im Sommer 1936 nahm Böll zeitweise an ›Seminaren‹ des Pfarrers Robert Grosche teil, in dem er damals wie später den künftigen Kölner Kardinal sah. Aber er löste sich bald wieder aus diesem Kreis, weil er - wie er später schrieb - ahnte, daß er nicht dorthin gehöre. Später (im Interview »*Eine deutsche Erinnerung*« mit R. Wintzen) gestand Böll, daß er zwischen 1932 und 1936 jahrelang nicht zur Kirche und zu den Sakramenten gegangen sei, und bewunderte im Rückblick die religiöse Nachsicht seiner Eltern. Zeitweise verfiel er nun wie einige Familienmitglieder einer Pervitinsucht, die später durch eine Nikotinsucht abgelöst wurde. Von der Mitgliedschaft in der Hitlerjugend, seit 1936 obligatorisch, war Heinrich dann als bereits Achtzehnjähriger befreit, mußte dafür aber zusätzliche Schulleistungen aufbringen. Er suchte den Nazis, gegen die die gesamte Familie feindlich eingestellt war, auch sonst zu entgehen. Über seine Zukunft waren sich seine Familie und er zunächst nicht im klaren; es sollte »mit Büchern« zu tun haben (vgl. *»Was soll aus dem Jungen nur werden? Oder: irgendetwas mit Büchern«* 1983).

Im Frühjahr 1937, kurz nach dem (verkürzten) Abitur, begann Heinrich Böll eine Buchhändlerlehre in der Bonner Buchhandlung Lempertz, die gleichzeitig ein großes Antiquariat unterhielt, das es ihm auch ermöglichte, dort vorhandene, von den Nazis verbotene Bücher zu lesen, wie z.B. die Werke Sigmund Freuds, auch die Werke des französischen ›Renouveau catholique‹ (z.B. Bloy, Bernanos, Mauriac), nachdem er sich schon 1936 für Leon Bloys »Le sang des pauvres« (»Das Blut der Armen«) begeistert hatte. Zu seinen frühen Lieblingsautoren gehörte zudem der russische Dichter Dostojewski, dessen Werke er sich bereits als Schüler kaufte.

Nach einem Jahr brach er jedoch die Buchhändlerlehre ab und arbeitete zunächst im väterlichen Betrieb, setzte aber auch seine eigenen literarischen Versuche fort, über deren Inhalt jedoch seine Angehörigen nichts erfahren sollten. Sowohl Heinrich Böll selbst (vgl. *»Eine deutsche Erinnerung«*) als auch sein Bruder Alfred (vgl. »Bilder einer deutschen Familie«, S. 280) bestätigen die rege Schreibtätigkeit in dieser Zeit. (Welche Schriften von damals noch erhalten sind und in einer künftigen kritischen Gesamtausgabe erscheinen können und welche bei einem Bombenangriff im Mai 1942 vernichtet wurden (vgl. ESR 1, 175), ist unbekannt.)

Heinrich Böll rechnete 1938 mit seiner Einberufung zum Reichsarbeitsdienst und wollte sich deshalb beruflich nicht festlegen, zumal er sich eher zum Schriftsteller als zum Buchhändler berufen fühlte. Nach seiner Arbeitsdienstzeit vom Herbst 1938 bis zum Frühjahr 1939 immatrikulierte er sich zum Sommersemester 1939 an der Kölner Universität, wo er Germanistik und Altphilologie belegte.

Heinrich Bölls Phase der Kindheit und Jugend und Heimat im engeren Sinne, die mit der Einberufung zur Wehrmacht und in den Krieg zu Ende ging, ist von Christian Linder (»Böll« 1978) als entscheidend für die gesamte Dichtung Bölls angesehen worden. Nach

Linder habe Böll später in seinen Schriften wie auch in seinen positiven Figuren stets die ›heile Welt‹ seiner Kindheit und deren Werte gegen eine veränderte und sich verändernde verwaltete, bürokratische und industrialisierte Welt verteidigt, sogar bis in den Stil hinein. Mit der zunehmenden Andersentwicklung der Welt habe sich auch Bölls Haltung immer mehr radikalisiert und auf die Identifizierung mit allen Unterdrückten bezogen. Die Kindheit Bölls sei so zum »Protestpotential« des Autors geworden.

Kriegszeit

Bereits im Juli 1939 wurde Heinrich Böll zur Wehrmacht einberufen und erlebte seine Grundausbildung als Infanterist und Fernmelder in einer Kaserne bei Osnabrück, wo ihn am 1. September 1939 der Ausbruch des Zweiten Weltkriegs überraschte (vgl. *»Die Postkarte«*, *»Eine deutsche Erinnerung«*, *»Als der Krieg ausbrach«*). Böll hatte jedoch insofern ›Glück‹, als er erst nach Ende des Polenfeldzugs mit seiner Ausbildung fertig war und nach Polen (Bromberg) verlegt wurde; von dort kam er nach Frankreich, ebenfalls als der Frankreichfeldzug vorbei war (Sommer 1940). In der Picardie erkrankte er dann an schwerer Ruhr und kam in ein Lazarett nach Deutschland und von dort für ein Jahr in verschiedene Kasernen zwischen Köln und Bielefeld, wo er meistens Wachdienst hatte. Danach versetzte man ihn in ein Dorf an der französischen Kanalküste, wo er ein Jahr blieb und neben Wachdiensten auch beim Bunkerbau beschäftigt war oder als Dolmetscher fungierte. Im übrigen war diese Zeit für ihn die langweiligste des Krieges; in einigen Erzählungen und Kurzgeschichten hat er Eindrücke daraus verarbeitet (vgl. *»Das Vermächtnis«*, *»Unsere gute alte Renée«*).

Während eines Urlaubs heiratete er am 6. März 1942 die Mittelschullehrerin Annemarie Cech, die er schon vor dem Krieg kennengelernt hatte. Mit ihr führte er im Krieg einen sehr regen Briefwechsel. Die fast täglichen Briefe erreichten ihn mitunter nur bündelweise. In den Briefen beschränkte sich Böll nicht auf persönliche Mitteilungen, sondern schilderte auch Städte und Landschaften, wie dies publizierte Beispiele zeigen (vgl. *»Rom auf den ersten Blick«*, 1991 (dtv 11393), S. 11ff.), so daß er sich so bereits als Schriftsteller übte. Als Telefonist war es ihm sogar möglich, seine Frau öfter anzurufen.

Im August 1943 wurde Böll nach Rußland verlegt. Bereits beim Transport wurde er leicht verwundet, als der Zug von französischen Partisanen gesprengt wurde. Erst im Herbst gelangte er auf die inzwischen von sowjetischen Truppen abgeschnittene Halbinsel Krim, wo er monatelang im Stellungskrieg verbrachte, verwundet wurde und ins Lazarett kam, dann wieder zur Krim zurück, um erneut verwundet wieder nach Odessa geflogen zu werden und danach nach Deutschland zu kommen (vgl. *»Damals in Odessa«*, *»Wir Besenbinder«*, *»Eine deutsche Erinnerung«*). Es glückte ihm hier, seine Genesung durch ein vorgebliches Augenleiden zu verzögern. Doch wurde er im Mai 1944 nach Rumänien geschickt, wo er in Abwehrschlachten und Gegenvorstöße geriet, im Juni 1944 erneut verwundet wurde (durch Handgranatensplitter im Rücken, vgl. *»Die Verwundung«* und seinen Brief vom 19.6. 1944) und in ein ungarisches Militärlazarett kam (vgl. auch *»Wo warst du, Adam?«*). Mit Hilfe von gefälschten Verlegungspapieren gelang es ihm, statt an die Front nach Rumänien, nach Metz in Lothringen zu reisen, wobei er unterwegs seine Frau besuchen konnte. Aufgrund selbstausgestellter Papiere brachte er es fertig, sich fortan im Westen aufzuhalten, einige Zeit sogar infolge eines Fiebers, das er selbst durch Spritzen erregt hatte, ganz in der Nähe seiner Frau und seiner Schwester in Ahrweiler. Danach lebte er mit gefälschtem Attest einige Monate mit seiner Familie in einem Behelfsheim östlich von Köln. Obwohl Deserteure damals fast durchweg standrechtlich erschossen oder gehängt wurden, hielt er diese Zeit in Hunger, Kälte und ständiger Angst bis Anfang 1945 durch; dann meldete er sich wieder bei der Truppe, was ihm auch ohne Aufsehen gelang. Im Februar erreichte er es, erneut Urlaub bis zum 2.3. zu erhalten, den er selbst bis 25.3. verlängerte. Seine Hoffnung, von den Amerikanern ›befreit‹ zu werden, erfüllte sich aber nicht, so daß er sich wieder bei der Truppe zurückmeldete (vgl. *»Kümmelblättchen, Spritzenland und Kampfkommandantur«*, ausführlicher in *»Bericht an meine Söhne oder vier Fahrräder«* (1985)) und schließlich am 9. April 1945 in amerikanische Gefangenschaft geriet. In einem der verschiedenen Gefangenenlager glückte es ihm, zu den wenigen ›Arbeitsuntauglichen‹ zu kommen, so daß er bereits im September 1945 – nach Übergabe an die Briten, dann an die Belgier – entlassen wurde (vgl. *»Als der Krieg zu Ende war«*).

Außer der Mutter, die im November 1944 nach einem Bombenangriff an Herzversagen gestorben war, hatte die gesamte Familie Böll den Krieg überlebt. Heinrich Böll war in den sechs Kriegsjahren lediglich zum Obergefreiten befördert worden; einen Offiziersrang, den er als Abiturient leicht hätte erwerben können, lehnte er als »Verrat an der Masse der geschundenen Soldaten« ab (vgl. den Brief an seine Mutter vom 19.7. 1942).

In einem späteren Rückblick (im Gespräch *»Drei Tage im März«*

mit Christian Linder) hat Böll seinem Erleben des Krieges trotz der Risiken der Selbstversetzungen eine »romanhaft-spielerische Komponente« zugesprochen, die durch »Veränderung des eigentlich vorgeschriebenen Schicksals« zustande gekommen sei.

Nachkriegszeit

Heinrich Böll, der seine Familie in einem Dorf östlich von Köln antraf, war zunächst offiziell krank und arbeitsunfähig. Kurz nach seiner Rückkehr starb sein Sohn Christoph. Bald zog die Familie in das zu 70% zerstörte Köln zurück, wo im April 1945 etwa 40000 Menschen lebten, Ende 1945 aber bereits 400 000. Heinrich half anfangs etwas in der Schreinerei aus, die der Bruder Alois fortführte, half auch bei der Wiedererrichtung des gemeinsamen Trümmerhauses in der Schillerstraße, übernahm aber keine geregelte Arbeit und beteiligte sich auch nicht an den angeordneten öffentlichen Trümmerbeseitigungsarbeiten, sondern begann bald wieder, literarisch zu arbeiten. Offiziell galt er seit Wiedereröffnung der Universität Köln als Student, um so seine Lebensmittelkarten zu erhalten. (In einem Brief vom 24.6. 1946 schreibt er – entgegen anderen Darstellungen –, daß er die halbe Woche studiere.) In zunehmendem Maße brachten ihm auch Nachhilfestunden in Mathematik und Latein etwas ein. Schon im August 1947 hatte sich Böll vom Studium beurlauben lassen, um sich ganz »freien schriftstellerischen Arbeiten« widmen zu können, wie er an den Prorektor schrieb. Zugleich gab er 1948 etwa 40–50 Nachhilfestunden. Seit Ende 1945 bis 1.9. 1948, dann vom Herbst 1949 bis 1.4. 1952 konnte auch seine Frau trotz der Geburten der Kinder wieder als Lehrerin in Köln arbeiten (mit 325,– DM Monatsgehalt), so daß das Einkommen bei zusätzlichen schriftstellerischen Arbeiten und Vorschüssen des Middelhauwe-Verlages halbwegs gesichert schien (wenn auch nicht für Schwarzmarktpreise).

Politisch und gesellschaftlich hielt sich Heinrich Böll - wie viele seiner Alters- und Zeitgenossen - zunächst sehr zurück. Politische Entscheidungen trafen ohnehin vorerst die Besatzungsmächte. Die damals vielfach diskutierte und von manchen akzeptierte These von einer Kollektivschuld der Deutschen an den Verbrechen des Krieges konnte Böll ebensowenig für sich und seine Familie akzeptieren wie umgekehrt eine individuelle Schuld daran. Auch an den literarischen Neuansätzen der Zeit, etwa um die 1946 von Alfred Andersch und Hans Werner Richter neugegründete Zeitschrift »Der Ruf« (seit 1944 bereits als Kriegsgefangenenzeitschrift bekannt) oder um die von Richter begründete ›Gruppe 47‹, nahm Böll zunächst keinen Anteil (erst 1951 beteiligte er sich mit »*Die schwarzen Schafe*« an den Lesungen und gewann auch sogleich den Preis der Gruppe). Mehr bewegten ihn die deutsch-französischen Verständigungsversuche um die Zeitschrift »Dokumente/Documents«, die auch deutsche und französische Intellektuelle zusammenbrachten. Bei Böll war nach 1945 das Interesse an der Renouveau-catholique-Bewegung und ihren Autoren wieder wach geworden. Daneben interessierte er sich jetzt für die amerikanischen Kurzgeschichtenautoren, was seine eigene Kurzgeschichtenproduktion besonders befruchten sollte.

Das entscheidende Ereignis nach 1945 war für Böll zunächst die Währungsreform vom 20. Juni 1948. Die scheinbare Gleichbehandlung aller aufgrund der allgemeinen Umtauschquote von 40 DM je Person war für ihn in Wirklichkeit die Geburtsstunde der künftigen sozialen Ungleichheit, insofern als die Besitzer von Waren, Grundstücken und anderen Sachwerten beträchtliche Vorteile gegenüber den Nichtbesitzenden genossen. Die teilweise schon vorher gehorteten Waren jeder Art, die nun angeboten wurden, bedingten auch das Ende der Schwarzmarktzeit und damit eines freien Tauschhandels, an dem sich viele einstige Soldaten, darunter auch Böll, beteiligt hatten. Politisch bedeutete die Währungsreform in den drei Westzonen auch die faktische Trennung Westdeutschlands von Ostdeutschland, wo bereits durch andere Gesellschaftsreformen die Voraussetzungen für eine sozialistische Planwirtschaft geschaffen worden waren und die Abgrenzung später ständig verstärkt wurde. In den Westzonen dagegen, die sich 1949 mit der Annahme des Bonner Grundgesetzes als Verfassung zur Bundesrepublik Deutschland zusammenschlossen, trat die soziale Marktwirtschaft an die Stelle der verschiedenen humanitären Sozialismusutopien. Böll hat wiederholt die Entwicklung nach der Währungsreform bedauert, da so die Chancen für eine größere Brüderlichkeit und soziale Gerechtigkeit vertan worden seien. Auch persönlich traf ihn diese Entwicklung insofern, als manche Verleger vor der Währungsreform Manuskripte bezahlten, die sie dann in neuer Währung verlegten, ohne dem Autor noch etwas zu honorieren.

Bölls frühe Tätigkeit als Schriftsteller

Geht man von den Autoren aus, deren Lektüre Böll in seinen frühen Jahren vor und nach dem Kriege bevorzugte und die möglicherweise sein eigenes Schaffen beeinflußten, so sind es fast ausschließlich Erzähler, die hier zu nennen sind. Neben Kleist, Dostojewski, Kafka und Koestler sind es die Franzosen Bloy, Bernanos, Mauriac, Sartre und die Engländer und Amerikaner Greene, Hemingway, Faulkner und Capote, die Böll selbst als seine Lieblingsautoren aufzählt. Erzählende Texte sind dementsprechend auch Bölls bevorzugtes Genre, dem er sein Leben lang verbunden blieb.

Nach seinen eigenen Angaben begann Böll drei Wochen nach seiner Heimkehr, also noch im Herbst 1945, wieder zu schreiben. Welche Texte es am Anfang waren, wissen wir nicht, da der Autor sie nicht veröffentlicht hat; manche dieser Arbeiten hat er später als »Experimente« bezeichnet, die dazu dienten, seine Fähigkeiten zu testen (vgl. »*Eine deutsche Erinnerung*«). 1973 meinte Böll, er habe zwischen 1945 und 1947 etwa sechzig Texte (frz. nouvelles) in zehn verschiedenen Zeitschriften veröffentlicht (vgl. Reid 1991, 76); um welche Texte es sich dabei handelt, ist bisher ungeklärt. Von den veröffentlichten datierbaren Erzählungen werden die ersten nach ihrer Entstehung oder Publikation für das Jahr 1947 nachgewiesen (vgl. »*Aus der Vorzeit*«, »*Der Angriff*«, »*Über die Brücke*«, »*Kumpel mit dem langen Haar*«, »*Die Botschaft*«). Ins Jahr 1946 ist »*Der General stand auf einem Hügel*« zu rücken.

Nach seinen eigenen sowie nach den Angaben seines Bruders Alfred (vgl. »Eine deutsche Familie«) versuchte sich Heinrich Böll zunächst mit der Abfassung von Romanen, die bisher jedoch unbekannt blieben. Lediglich ein Werk, das er vergeblich für ein Preisausschreiben eingereicht hatte, ist später dem Titel nach bekanntgeworden: »*Kreuz ohne Liebe*« (s. Brot und Boden: Der Spiegel 15/1961, Nr. 50, 371ff.; Reid 1991, 75). Ein weiterer früher Roman erschien 1992 unter dem Titel »*Der Engel schwieg*«. Ein Kurzroman oder eine längere Erzählung »*Das Vermächtnis*« aus dem Jahre 1948 erschien erst 1982.

Literarisch faßbar sind zunächst Bölls *Kurzgeschichten*. Die Kurzgeschichte war in den späten vierziger und frühen fünfziger Jahren die am meisten bevorzugte literarische Gattung, nicht nur bei Böll, auch bei seinen Zeitgenossen. Genannt seien hier nur Wolfgang Borchert, Wolfgang Hildesheimer, Siegfried Lenz, Ilse Aichinger, Wolfdietrich Schnurre, Ernst Schnabel u.a.m.

Für das starke Aufleben der Kurzgeschichte war zum einen der Einfluß amerikanischer Autoren wie Hemingway, Salinger, Faulkner u.a. maßgebend, zum andern konnte sich Böll auch auf deutsche Formtraditionen berufen, z.B. bei Kleist, J.P. Hebel, Kafka und Brecht. Schließlich ist auch die Zeitsituation zu berücksichtigen, deren Umstände (Papierknappheit, Unterhaltungsbedürfnis u.ä.) den Abdruck kleinerer Texte in Zeitschriften und Feuilletons der Zeitungen begünstigten. Die dabei notwendige Konzentration des erzählten Geschehens in einen prägnanten Moment verlangte ein hohes Maß an Verdichtung, um die gehaltliche Aussage punktuell sichtbar zu machen. In der Kurzgeschichte konnten so die Zeitsituation oder das jeweilige menschliche Handeln wie in einer augenblicklichen Spiegelung aufleuchten. In zahlreichen Beispielen hat Böll diese Spiegeltechnik meisterhaft realisiert.

Bereits die erste Sammelausgabe von 25 der ersten veröffentlichten Kurzgeschichten, die 1950 unter dem Titel der markantesten dieser Erzählungen (*»Wanderer, kommst du nach Spa...«*) ediert wurde, bestätigte dies in eindrucksvoller Weise.

In den Jahren darauf erschienen noch weitere kleinere Kurzgeschichtensammlungen unter verschiedenen Titeln, die diesen ersten Eindruck bestätigten:

»So ward Abend und Morgen«, 1955.– *»Unberechenbare Gäste«*, 1956.– *»Doktor Murkes gesammeltes Schweigen und andere Satiren«*, 1958.– *»Die Waage der Baleks«*, 1958.– *»Der Mann mit den Messern«*, 1959.– *»Die Waage der Baleks und andere Erzählungen«*, 1959.– *»Der Bahnhof von Zimpren«*, 1959.

Manche Texte erschienen auch in Einzelausgaben:

»Die schwarzen Schafe«, 1951.– *»Nicht nur zur Weihnachtszeit«*, 1952.– *»Im Tal der donnernden Hufe«*, 1957.

Mit den gesellschaftlichen Wandlungen nach der Währungsreform und der Gründung der Bundesrepublik Deutschland hatten sich auch Thematik und Stil der Kurzgeschichten Bölls gewandelt. Nach der erfolgreichen, öffentlich diskutierten Weihnachtssatire *»Nicht nur zur Weihnachtszeit«* (1951) schrieb Böll eine Reihe weiterer Satiren, von denen die Funksatire *»Doktor Murkes gesammeltes Schweigen«* (1955) und die Offizierssatire *»Hauptstädtisches Journal«* besonders zu erwähnen sind.

Mit diesen Satiren war Bölls Name stärker in die öffentliche Diskussion gerückt worden. Gegen Ende der fünfziger Jahre schränkt Böll (ebenso wie andere Autoren) das Schreiben von Kurzgeschichten ein, was er selbst bedauert, obwohl er sie auch noch 1961 für die für ihn »reizvollste Prosaform« hielt und 1967 noch immer als die »schönste aller Prosaformen« ansah (vgl. Reid 1991, 69), der er bis kurz vor seinem Tod verbunden blieb.

Die ersten Romane und größeren Erzählungen

Über die ersten, noch unveröffentlichten Romane ist – wie schon betont – kaum etwas bekannt. Die erste größere Erzählung Bölls,

»*Der Zug war pünktlich*«, ist 1946/47 geschrieben, aber erst nach der Währungsreform im Verlag Middelhauwe-Köln veröffentlicht worden, nachdem zuvor ein anderer Verlag, der das Manuskript angenommen hatte, den wirtschaftlichen Neuanfang nicht überlebte. Bölls erstes Buch war kein literarischer Erfolg. Es dauerte sieben Jahre, bis die erste Auflage von 3000 Exemplaren verkauft war. In der Zeit der nun aufkommenden Landserromane und Kriegsmemoiren war ein pessimistisches Buch über den Krieg, wie dieses, wenig gefragt. Bölls vermutlich zweite größere Kriegserzählung, »*Das Vermächtnis*«, die wahrscheinlich 1948 entstand, gab er vorerst gar nicht in einem Verlag heraus (ebenso wie die 22 Kurzgeschichten, die 1983 unter dem Titel »*Die Verwundung*« erschienen), sondern publizierte sie erst 1982 im Lamuv-Verlag seines Sohnes. Sie ist im ganzen weniger spannend, enthält zudem einige belanglose Passagen und erzählerische Widersprüche, so daß sie der Autor vielleicht deshalb zurückgehalten hat. Zudem waren ja längere Erzählungen und Romane vor und unmittelbar nach der Währungsreform weniger gefragt.

1951 erschien Bölls erster und ihm liebster Roman: »*Wo warst du, Adam?*«, eine Kriegsgeschichte, die einzelne Soldatenschicksale, besonders das des Soldaten Feinhals, zwischen 1943 und dem Frühjahr 1945 schildert.

Im Werkstattgespräch mit Horst Bienek hat Böll darauf verwiesen, daß er farbige Figuren- und Verlaufsskizzen als Kompositionshilfen verwende. Einige solcher Kompositionshilfen sind veröffentlicht worden. In »*Wo warst du, Adam?*« werden neun relativ selbständige Kapitel in einer Art von Montagetechnik zusammengehalten. Trotz der moderneren Erzähltechnik, der größeren Figurenfülle und Erzählschärfe blieb auch diesem ersten Roman der Erfolg zunächst versagt. Im Juni 1952 wurde lediglich ein Hörspiel, »*Die Brücke von Berczaba*«, das auf dem achten Kapitel des Romans basiert, gesendet.

Das Jahr 1951 war für Heinrich Böll und seine Familie anfangs noch ein Notjahr. Nachdem ihr erster Sohn Christoph, der im Juli 1945 geboren war, schon nach wenigen Monaten gestorben war, hatte sich die Familie um drei weitere Söhne vergrößert: Raimund (1947 geb., 1982 gest.), René (1948 geb.), Vinzent (1950 geb.). Zu fünft lebten sie in zwei Zimmern in einem zerstörten und 1946 gemeinsam mit Heinrichs Brüdern wieder bewohnbar gemachten Haus der Stadt Köln in der Schillerstraße in Köln-Bayenthal. Heinrich hatte sich hier eine Dachmansarde als Arbeitszimmer eingerichtet. Von August 1950 bis Ende April 1951 arbeitete Heinrich Böll als Aushilfsangestellter für die Volkszählung 1950 im Statisti-

schen Amt der Stadt Köln. Als Böll im Mai 1951 den Preis der
›Gruppe 47‹ für seine Kurzgeschichte »*Die schwarzen Schafe*« er-
hielt, sandte er die 1000,- DM, die von der amerikanischen Werbe-
agentur McCann stammten, sogleich an seine Familie, weil seine
Kinder hungerten und im Kohlenkasten schliefen, wie er H.W.
Richter kommentierend dazu berichtete. Richter traf später Böll in
München wieder auf der Suche nach einem Verleger, der ihm mo-
natlich 300,- DM Vorschuß geben wollte.

1951 wechselte Böll dann seinen Verleger; an die Stelle des rechts-
liberalen Middelhauwe-Verlags, der Bölls Schulden von etwa
4000,- DM großzügig strich, trat der weiter links orientierte Kiepenheuer & Witsch-Verlag in Köln. Böll schrieb nun auch Verlags-
gutachten und Rezensionen, die ihm zusätzlich etwas einbrachten.
Witsch gewährte ihm einen Vorschuß von 400,- DM monatlich.

Nach dem Bekanntwerden als Preisträger der ›Gruppe 47‹ bes-
serten sich Bölls wirtschaftliche Verhältnisse, so daß er sich seit
1951 »freier Schriftsteller« nannte und seine Frau endlich ihre Leh-
rertätigkeit aufgeben konnte. Aber erst 1955 konnte er mit seiner
Familie in eine größere und bessere Wohnung in der Belve-
derestraße in Köln-Müngersdorf umziehen (vgl. »*Stichworte: 2.
Stichwort: Örtlichkeit*«), die er bis zu seinem Umzug in die
Hülchrather Straße (1969) bewohnte.

Eine andere Einnahmequelle wurde für ihn der Rundfunk. Einen
ersten Erfolg hatte er hier Ende 1951 mit der Satire »*Nicht nur zur
Weihnachtszeit*«, die mehrmals gesendet und erst danach gedruckt
wurde. Sie löste heftige Diskussionen aus. So wandte sich u.a. der
Leiter des Evangelischen Kirchenamtes für Rundfunkangelegen-
heiten, Hans Werner von Meyenn, in einem offenen Brief gegen
Böll, dem er die Verunglimpfung des deutschen Gemüts vorwarf, in
dem v. Meyenn einen Gegenpol gegen Rationalismus und kommu-
nistischen Kollektivismus sah. Böll wies ebenso scharf darauf hin,
daß dieses Gemüt nicht verhindert habe, daß gemütvolle SS-Män-
ner und Soldaten nicht vor den grausamsten Verbrechen zurückge-
schreckt waren. Die Probleme des Rückfalls in restauratives Verhalten, der Mangel an Einsicht in die geschehenen Greuel der
Kriegszeit und an der notwendigen »Trauerarbeit« (im Sinne der
entsprechenden Gedanken von A. u. M. Mitscherlich) sollten Böll
noch lange beschäftigen.

Im November 1952 hielt Böll seinen ersten Rundfunkvortrag
(»*Jünger Merkurs*«). 1953 kam es zu einer ersten Begegnung Bölls
mit französischen Autoren in Paris. Böll hatte damals in zwei Ma-
nifesten seine literarische Position fixiert: »*Bekenntnis zur Trümmerliteratur*« (1952) und »*Der Zeitgenosse und die Wirklichkeit*«

(1953). Der erstere Text, der zuerst in den damaligen ›Mittwochgesprächen‹ im Wartesaal des Kölner Hauptbahnhofes vorgetragen wurde, wandte sich gegen konservative Kritiker Bölls, vom Schlage eines Friedrich Sieburg etwa, der die Darstellung des Elends und der Not verwarf, weil sie ja inzwischen vom Staat beseitigt werde, der sich »von den Intellektuellen, den Künstlern und Schriftstellern darin nicht stören« lasse (vgl. Reid 1991, 109). Böll betonte dagegen die Notwendigkeit, daran zu erinnern, daß nicht alle den Krieg unversehrt überstanden hätten und daß es noch Leiden und Ungerechtigkeit und Ausbeutung gebe und der Schriftsteller demgegenüber eine Verantwortung trage.

Im zweiten Text betonte Böll seinen Standpunkt, wonach der Autor im Aktuellen, Alltäglichen lediglich einen Schlüssel zum Wirklichen, Wesentlichen vorfände, das darzustellen sei.

Der Verlagswechsel Bölls sollte sich 1953 günstig auswirken. Der nun erscheinende Roman »*Und sagte kein einziges Wort*«, von Autor und Verlag in der Werbung gut vorbereitet (u.a. am Erscheinungstermin durch ein Hörspiel »*Ein Tag wie sonst*« über das letzte Kapitel), wurde ein großer Erfolg und machte noch im gleichen Jahr eine zweite Auflage erforderlich. Der Erfolg basierte wahrscheinlich auch auf dem nun geänderten Sujet: Der Roman spielte nicht mehr im Krieg, sondern in der Gegenwart von 1952 und behandelte mit der Wohnungsnot einer jungen Familie im Gegensatz zur restaurativen Sattheit der Etablierten ein aktuelles soziales Thema. Der Gegenwartsbezug wird auch in der Betonung des Wirtschaftswunders und der Branchen- und Artikelwerbung deutlich.

Der Roman ist auch das erste Zeugnis des Einflusses der französischen katholischen Erneuerungsbewegung auf Bölls Werk. In der Kritik an der Äußerlichkeit der Kirche stimmt Böll mit Bloy, Bernanos und Mauriac überein. Auch wenn Böll sich später von Bloy distanzierte (wegen dessen Deutschenhaß im Tagebuch von 1916), so griff er dessen Antiklerikalismus doch auf. Es blieb nicht aus, daß Bölls Roman so zu Kontroversen aus kirchlichen Kreisen führte.

Der Erfolg dieses Romans verbesserte auch Bölls wirtschaftliche Verhältnisse. 1954 konnte er mit seiner Familie eine längere Reise nach Irland unternehmen, das später für ihn eine Art Wahlheimat wurde (1958 kaufte er sich dort ein Haus und fuhr dann öfter hin). Aus den Aufzeichnungen über diese Reise entstand das »*Irische Tagebuch*«, das ab Dezember 1954 in losen Folgen, 1957 als Buch ediert wurde.

Im Herbst 1954 erschien der nächste Roman »*Haus ohne Hüter*«, zunächst als Fortsetzungsroman in der FAZ, dann als Buch. Wiederum bildete eine Gegenwartsproblematik die Grundlage der Handlung und der Figurengestaltung: das wechselvolle Leben von zwei Kriegerwitwen und ihren Familien, wobei auch der soziale Gegensatz zwischen einer begüterten und gebildeten Mittelstandsfamilie und einer Arbeiterfamilie betont wird. 1955 setzte Böll diese Tendenz in der Funksatire »*Doktor Murkes gesammeltes Schweigen*« fort. Zwischen Juli und September 1955 schrieb Böll in Irland die größere Erzählung »*Das Brot der frühen Jahre*«, die ab Dezember 1955 in der FAZ als Fortsetzungsgeschichte und dann als Buch erschien. Sie spielt wiederum in der Gegenwart und schildert die Lebensempfindungen des jungen Waschmaschinenelektrikers Walter Fendrich, eines haßerfüllten und zugleich gleichgültigen Angehörigen der damaligen Ohne-mich-Generation. Mit dem ›Brot der frühen Jahre‹ sind hier die Hungerjahre nach dem Krieg gemeint, an deren Kontrast zur Gegenwart sich der Erzähler immer wieder erinnert.

Die Erzählung »*Im Tal der donnernden Hufe*« erschien 1957 im Insel-Verlag Frankfurt und Leipzig gleichzeitig, nachdem sie auszugsweise schon in der FAZ vorabgedruckt worden war. Geschildert werden hier die Erkenntnisse und Empfindungen zweier Vierzehnjähriger (der Titel entstammt deren Indianerphantasien), die mit ihren religiösen und sexuellen Problemen nicht fertig werden. Der Text spiegelt kaum gesellschaftliche und politische Probleme und wirkt so wie ein Relikt aus den Anfängen der fünfziger Jahre.

Zunahme der Gesellschafts- und Zeitkritik

Im Gegensatz dazu steht Bölls politisches Engagement, das sich etwa in der Mitte der fünfziger Jahre an den Bemühungen der Bundesregierung um eine Wiederaufrüstung und die Integration einer eigenen deutschen Armee in die NATO entzündete, also mit den Pariser Verträgen von 1955 und der Einführung der allgemeinen Wehrpflicht 1956. Böll sah nun die Gefahr einer restaurativen Erneuerung Westdeutschlands auch im militärischen Bereich und wandte sich außer in journalistischen Texten mit der Satire »*Hauptstädtisches Journal*« (1957) gegen diese Entwicklung. Außerdem bekundete er seinen Widerstand in einer Reihe von publizistischen Aktionen. 1958 hielt er im Rahmen der ›Woche der Brüderlichkeit‹ die Rede »*Wo ist dein Bruder?*«, in der er den westdeutschen Wohlstand und dessen Wertvorstellungen kritisierte. Auch setzte er sich für eine atomwaffenfreie Zone in Mitteleuropa ein und unterschrieb das Manifest »Kampf dem Atomtod«. Im gleichen Jahr besuchte er als einer der ersten deutschen Autoren Schweden und Polen und trat für die Oder-Neiße-Grenze als endgültige deutsche Grenze ein. Damals geriet er noch in Konflikt sowohl mit der CDU als auch mit der SPD. Ebenfalls 1958 trat er mit seinem »*Brief an einen jungen Katholiken*« an die Öffentlichkeit, in dem er das Versagen der katholischen Kirche gegenüber dem deutschen Militarismus in der NS-Zeit wie auch in der Gegenwart hervorhob, da sie eher die Gefahr sexueller Unmoral und weniger die politischer Unmoral gesehen habe.

Das nun stärkere politisch-gesellschaftliche Engagement Bölls sollte fortan auch in seinen literarischen Werken deutlich werden. Der 1959 erschienene Roman »*Billard um halbzehn*« rückt denn auch die Auseinandersetzung zwischen der monarchistischen und nationalsozialistischen Denkweise und der Gegenwart, die im »*Haus ohne Hüter*« nur angeklungen war, ganz in den Mittelpunkt. Die Vergangenheit wirkt hier so stark nach, daß die Personen gleichsam »die Gefangenen ihrer Erinnerung sind, unfähig, eine sinnvolle Beziehung zur Gegenwart zu finden« (Reid 1991, 167). Die Rezeption dieses Romans erweist sich schwieriger als die seiner Vorgänger, vor allem wegen der komplizierten Darbietungsform und Erzählweise, weniger wegen des zeitgeschichtlichen Gehalts und seiner symbolischen Einkleidung.

1959 beteiligte sich Böll auch an der Gründung der Kölner Bibliothek zur Geschichte des Judentums (›GERMANIA JUDAICA‹). Im gleichen Jahr griff er anläßlich der Verleihung des Von-der-Heydt-Preises an ihn in seiner ersten Wuppertaler Rede »*Die Sprache als Hort der Freiheit*« die Frage der Oder-Neiße-Grenze wieder auf und betonte die Verantwortung des Schriftstellers gegenüber der Sprache angesichts des Mißbrauchs durch Demagogen. In der zweiten Wuppertaler Rede verschärfte er diesen Gedanken und bezweifelte sogar die Möglichkeit der Verständigung zwischen dem Schriftsteller und der Gesellschaft.

Zur Verbreitung seiner Gedanken gründete Böll 1960 mit seinen Freunden Walter Warnach und HAP Grieshaber eine eigene Zeitschrift »Labyrinth«, die Werner von Trott zu Solz herausgab. Sie sollte auf eine Erneuerung des deutschen Katholizismus und eine Annäherung der beiden deutschen Staaten hinwirken. Böll steuerte hierzu die beiden Essays »*Hierzulande*« und »*Zwischen Gefängnis und Museum*« bei, die die geringen Lernerfolge der Deutschen aus Krieg und Kriegsfolgen bzw. die unterschiedliche Ausdrucksfreiheit in West- und Ostdeutschland beklagten. Das »Labyrinth« brachte es allerdings nur auf fünf Hefte, dann mußte die Zeitschrift wegen zu geringer Bezieherzahl eingestellt werden. Böll hat im Anschluß daran 1961-63 für die »Zeit« journalistisch gearbeitet, u.a. unter dem Pseudonym ›Lohengrin‹ mit neunzehn »*Briefe(n) aus dem Rheinland*«, in denen er aus der Sicht eines Dorfschullehrers Satiren über das Verhalten von CDU-Politikern, der katholischen Kirche und der Medien publizierte, später auch mit »*Briefe(n) an einen Freund jenseits der Grenzen*«, wo er DDR-Verhältnisse, die Zensur und die ›Zentralkomitees‹ auf beiden Seiten (das der SED und das der deutschen Katholiken) satirisch spiegelte.

Wie sehr Heinrich Böll 1961 bereits als Autor bekannt und anerkannt war, zeigt die Tatsache, daß in diesem Jahr eine erste größere Werkauswahl erscheinen konnte (»*Erzählungen - Hörspiele - Aufsätze*«), von der binnen eines Jahres 100000 Exemplare verkauft wurden.

Es beeinträchtigte daher den Ruf des Autors wenig, daß sich im gleichen Jahr sein erstes Drama »*Ein Schluck Erde*« bei der Aufführung in Düsseldorf als glatter Mißerfolg erwies. Es war Böll nicht gelungen, die Fabel des Stückes, das im Jahr 2500 nach einer Atomkatastrophe spielen soll, von ihrer Abstraktion zu lösen und in eine ansprechende dramatische Handlung umzusetzen.

Im Rahmen des Kulturaustausches zwischen der Bundesrepublik und der Sowjetunion reiste Böll im Herbst 1962 zusammen mit anderen Autoren (R. Hagelstange, R. Gerlach) erstmals in die Sowjetunion, wo Bölls Werke bekannt und (in Raubdrucken) weit verbreitet waren. Obwohl er über manche Details dieser Reise verärgert war, u.a. über die propagandistische Umformung seiner Aussagen, konnte er jedoch hierbei einige neue Freundschaften knüpfen, u.a. mit Lew Kopelew und Alexander Solschenizyn, die beide später nach ihrer Übersiedlung nach Deutschland seine Gäste sein sollten.

In verhältnismäßig kurzer Zeit schrieb Böll dann seinen nächsten Roman: »*Ansichten eines Clowns*«, der zunächst ab 6. April 1963 als Fortsetzungsroman in der »Süddeutschen Zeitung« und danach als Buch erschien. Weit stärker als in früheren Romanen (besonders in »*Und sagte kein einziges Wort*«) setzt Böll hier seine Kritik an der katholischen Kirche fort, vor allem an ihrem Einfluß auf Öffentlichkeit und Kultur in der Bundeshauptstadt. Obgleich er diese Kritik dem verbitterten Helden des Romans, dem gescheiterten Pantomimen Hans Schnier, in den Mund legt, der die Schuld am Weggang seiner Freundin Maria von ihm kirchlichen Vertretern anlastet, wurden diese Äußerungen als Bölls Auffassungen ausgelegt. Insbesondere der Berliner Prälat Klausener griff Böll im Berliner Bistumsblatt scharf an und warf ihm zynische rationalistische Kirchenkritik vor, die jede Autorität untergrabe; solche Kritik habe in der Weimarer Republik zu Hitler geführt. Böll antwortete in ähnlicher Schärfe und warf Klausener vor, eine Literatur ähnlich der Traktorliteratur der DDR zu wünschen. Der Roman, der einen starken Absatz hatte und auch in der Sowjetunion guten Anklang fand, durfte allerdings in der DDR nie erscheinen, weil in einer Romanszene in Erfurt Schnier die dortige Propaganda ablehnte. Es wäre aber verfehlt, wollte man nur die hier gebotene Kritik am politischen Katholizismus der Adenauerzeit in den Vordergrund stellen; ebenso deutlich wird nämlich Kritik am saturierten Bürgertum und am Kapitalismus in der Bundesrepublik geübt (vgl. S. 67ff.).

Die sechziger Jahre, etwa vom Rücktritt Adenauers (1963) bis zum Regierungsantritt Willy Brandts als Bundeskanzler (1969), waren für die Bundesrepublik Jahre der Umorientierung und Unruhe (die sich allerdings in den siebziger Jahren noch steigern sollte). Der Bau der Berliner Mauer (13.8. 1961) und die Abschottung der DDR hatten in der Bundesrepublik noch einmal ein Erstarken der konservativen Kräfte in der CDU/CSU zur Folge. Mit der von der FDP erzwungenen Ablösung Konrad Adenauers durch Ludwig Erhard (1963) zeigte sich allerdings bereits die innere Schwäche der konservativen Kräfte, die schließlich 1966-69 eine Große Koalition mit der SPD bildeten, die seit dem Godesberger Programm ihre einstigen Sozialismusvorstellungen zugunsten der Marktwirtschaft und somit eines gemäßigten Kapitalismus aufgegeben hatte. Heinrich Böll, nun in Distanz zu beiden großen Parteien, sprach damals davon, daß »die CDU ... in diesem Land das Christentum, die SPD ... den Sozialismus zerstört« habe (s. Reid 1991, 187). Nach der Erschießung des Studenten Ohnesorg am 2.6. 1967 durch einen Polizisten während einer Demonstration gegen den Schah von Persien verlagerte sich der politische Protest mehr und mehr auf die Straße. Es waren verschiedene Gründe, die besonders die Studenten und die Anhänger der APO, der ›Außerparlamentarischen Opposition‹, zu Demonstrationen veranlaßten. Neben studentischen Anliegen, wie etwa die der Verschlechterung der Studienbedingungen und fehlender demokratischer Strukturen an den Hochschulen, waren es Proteste gegen die geplanten und schließlich verabschiedeten Notstandsgesetze, gegen den amerikanischen Kriegseinsatz in Vietnam, gegen Kernkraftwerke und Atomrüstung u.a.m. Der Mordanschlag auf den Berliner Studentensprecher Rudi Dutschke am 11.4. 1968 und die studentenfeindliche Hetze der Springer-Zeitungen taten ein übriges, um die Unruhen anschwellen zu lassen.

Heinrich Böll hatte ein Jahr nach den *»Ansichten eines Clowns«* die Erzählung *»Entfernung von der Truppe«* veröffentlicht, zunächst wieder als Vorabdruck in der FAZ (27.7.–10.8. 1964). Der

Text berichtet, daß der Erzähler nach seiner Heirat nicht zu seiner Truppe zurückkehrt und empfiehlt eine solche ›Entfernung von der Truppe‹ als moralische Maxime, die jeder befolgen sollte, wobei als ›Truppe‹ jede Form von Organisation, die den einzelnen beherrschen will, gemeint sein kann, vom Militär bis zu den Kirchen und sogar der Staat. Damit greift Böll auf eigene Erlebnisse und Erfahrungen aus den Jahren 1944 und 1945 zurück, die zu Grunderfahrungen seines Lebens wurden und als Motive in zahlreichen Texten wiederkehren. Der anarchistische Zug, der in dieser ›Aussteiger‹-Haltung deutlich wird, konnte aber auch zum Motto für die nun zunehmende Haltung mancher Jugendlicher gegenüber der fast ›geschlossenen Gesellschaft‹ der Erwachsenen werden.

Auch formal weicht »Entfernung von der Truppe« durch den postmodernen Einbezug von Zeitungsausschnitten und anderen Montageelementen sowie durch Manipulationen des Erzählers (der in früheren ›modernen‹ Texten verschwunden war) vom Bisherigen ab.

Im Sommersemester 1964, genauer: zwischen dem 13. Mai und dem 8. Juli 1964, nahm Heinrich Böll die an der Universität Frankfurt eingerichtete Gastdozentur für Poetik wahr. Er nutzte die Gelegenheit, um in vier Vorträgen seine Vorstellungen über eine »Ästhetik des Humanen« zu verkünden, konnte aber nur einige Themen dieses Bereichs zur Sprache bringen (vgl. S. 146 f.).

Zwischen Ende 1965 und Mai 1966 schrieb Böll den novellistischen Roman »Ende einer Dienstfahrt«, der vom 18.8.–27.9. 1966 in der (Springer-)Zeitung »Die Welt« vorabgedruckt wurde und noch im gleichen Jahr als Buch erschien. Hier wurde die später von radikalen Studenten diskutierte (und probierte) ›Gewalt gegen Sachen‹ als eine Form des Protestes erstmals literarisch gestaltet am Beispiel der mutwilligen Zerstörung eines Bundeswehrjeeps. Böll hat über die Entstehung des Romans ausführlich berichtet (s. Reid 1991, 200) und darauf hingewiesen, daß drei Umstände die Entstehung dieses Textes beeinflußt haben: 1. die bei der Bundeswehr üblichen Routinefahrten von Fahrzeugen zur Erreichung bestimmter Kilometerzahlen, 2. die große Toleranz und Akzeptanz gegenüber Kunstwerken in der Bundesrepublik (wo die Kunst »die Freiheit einer Gummizelle« besäße) und 3. das Aufkommen von Spontankunst-Aktionen und Happenings, wie sie Böll aus den Gesprächen und Aktionen seines Freundes Joseph Beuys und von den Amsterdamer ›Provos‹ kannte. Der Text wurde, trotz mancher satirischer Ausfälle, etwa gegen Bundeswehr, Gerichtsbarkeit und Steuersystem, im Gegensatz zur Intention Bölls zu einem der unterhaltsamsten Werke, das dementsprechend eine hohe Auflage erzielte.

Noch vor dem Erscheinen der Buchausgabe dieses Werkes hielt Böll am 29.9. 1966 anläßlich der Eröffnung des neuen Theaters in Wuppertal seine dritte Wuppertaler Rede »Die Freiheit der Kunst«, in der er sich besonders für die Freiheit der Kunst bei der Durchbrechung sozialer Tabus einsetzte.

1967 erhielt Böll den Georg-Büchner-Preis, den angesehensten westdeutschen Literaturpreis. In seiner Dankesrede wies Böll auf verschiedene Gemeinsamkeiten zwischen Büchners Zeit und Bölls Gegenwart hin, verglich die Erschießung Ohnesorgs mit dem Mord an Büchners Kommilitonen Minnigerode und zitierte Büchners Satz gleichsam zur Kennzeichnung der Gegenwart: »Man wirft den jungen Leuten den Gebrauch der Gewalt vor. Sind wir denn aber nicht in einem ewigen Gewaltzustand?«

Im gleichen Jahr wurde Böll anläßlich seines 50. Geburtstages eine von Marcel Reich-Ranicki herausgegebene Festschrift »In Sachen Böll. Ansichten und Einsichten« (jetzt: dtv 730) mit 42 Beiträgen namhafter Germanisten und Schriftsteller überreicht. Außerdem erschien eine umfangreiche Sammlung von Reden, Essays und Rezensionen unter dem Titel »Aufsätze - Kritiken - Reden«.

Kurz vor seinem 50. Geburtstag erkrankte Böll schwer an Hepatitis; gleichzeitig wurde eine schwere Diabetes bemerkt, die ihn fortan zu täglichen Insulinspritzen zwang.

Beginn politischer Aktivitäten

Dennoch wurde das Jahr 1968 für Böll ein Jahr der politischen Aktivitäten. Kaum genesen, nahm er im April und Mai an den Aktionen gegen die Notstandsgesetze teil. Am 11. Mai hielt er anläßlich des Sternmarsches und der Großkundgebung im Bonner Hofgarten die Rede »Radikale für Demokratie« (ESR 2, 287ff.), am 28. Mai sprach er im Hessischen Rundfunk. Am 20. August 1968 erlebte er in Prag, wo er auf Einladung des tschechoslowakischen Schriftstellerverbandes weilte, den Einmarsch der Interventionstruppen des Warschauer Paktes und gab dazu mehrere Interviews und verfaßte mehrere Artikel.

Das Jahr 1969 brachte für die Bundesrepublik insofern eine Wendung, als nun erstmals eine sozialliberale Koalition und Regierungsbildung unter dem Sozialdemokraten Willy Brandt zustandekam. Heinrich Böll begrüßte diese Änderung und unterstützte von 1969 an indirekt und von 1972 an direkt die SPD und Willy Brandt wegen dessen Aussöhnungspolitik mit dem Osten, bewahrte aber zugleich erhebliche Bedenken wegen des von Brandt mitgetragenen Radikalenerlasses der Bundesländer vom 28.1. 1972, der Mitglieder und Sympathisanten radikaler Gruppen vom öffentlichen Dienst ausschloß.

1969 hatte Böll mit »*Aussatz*« ein zweites Drama verfaßt, das aber bei seiner Aufführung am 7.10. 1970 in Aachen ebenfalls einen Mißerfolg zeitigte, obwohl es sich hierbei um ein analytisches Kriminalstück um den Selbstmord eines jungen Priesters und die Verwicklung in eine Agentengeschichte handelte. Böll übte hierin erneut Kritik an der katholischen Kirche, aber auch an der Polizei, den Medizinern und der DDR (vgl. S. 104).

Am 8.6. 1969 hielt Böll anläßlich der Gründung des ›Verbandes deutscher Schriftsteller‹ (VDS), für die er sich besonders eingesetzt hatte, die Rede vom »*Ende der Bescheidenheit*« der Schriftsteller gegenüber den Verlegern und dem Staat. 1970 wurde Heinrich Böll zum Präsidenten des westdeutschen PEN-Clubs, 1971 sogar zum Präsidenten des Internationalen PEN-Clubs gewählt. Er nahm diese Funktionen, die ihm erhöhtes Ansehen, vor allem in den Medien, verschafften, sehr ernst und setzte sich besonders für Dissidenten in der Sowjetunion wie Bukowski, Amalrik und Solschenizyn ein, deren Ausreise schließlich erreicht wurde.

Nachdem Böll schon Jahre zuvor verschiedene Zimmer innerhalb und außerhalb Kölns als Arbeitszimmer angemietet hatte, zog er schließlich 1969 wieder in die Kölner Innenstadt, in eine größere Wohnung in der Hülchrather Straße, wo er bis zum Januar 1982 wohnen blieb.

Im Sommer 1971 begann Böll mit der Veröffentlichung seines vielleicht bedeutendsten und erfolgreichsten Romans »*Gruppenbild mit Dame*« in der FAZ. Als das Buch erschien, wurden binnen eines halben Jahres 150000 Exemplare verkauft. Böll rückte hier erstmals die Lebensgeschichte einer Frau in den Mittelpunkt des Textes, dazu in einer völlig neuartigen Form der vielfachen perspektivischen Spiegelung sowohl im Bericht eines ›Verfassers‹ (»Verf.«) als auch in Interviews, Erzählungen und Berichten anderer. Der Roman bietet zudem am Einzelschicksal der Leni Pfeiffer geb. Gruyten ein Panorama der von ihr erlebten Zeit, von der Vorkriegszeit über die Kriegs- und Nachkriegszeit bis in die sechziger Jahre und spricht so die verschiedensten Themen an.

Auch stilistisch weicht der Roman in mehrfacher Hinsicht von den bisherigen Werken ab. Neben der erwähnten Aufgliederung der Informanten gibt es hier unterschiedliche Erzählebenen, unterschiedliche Darbietungsformen, teilweise mit Dokumentmontagen, und unterschiedliche Stilhöhen.

Diese Ungewöhnlichkeiten gegenüber den bisherigen Werken Bölls führten zur recht uneinheitlichen Aufnahme bei den Kritikern. Der Verkaufserfolg widersprach allerdings der Skepsis einiger Kritiker.

Die große Resonanz, die »*Gruppenbild mit Dame*« nach entsprechenden Übersetzungen auch im Ausland fand, mag mit dazu beigetragen haben, daß das schwedische Nobelpreiskomitee sich entschied, den Nobelpreis für Literatur 1972 an Heinrich Böll zu geben. Die Verleihung fand am 10. Dezember 1972 in Stockholm statt. Am 2. Mai 1973 bedankte sich Böll dafür gesondert mit seiner Nobelpreisvorlesung »*Über die Vernunft der Poesie*«.

Auseinandersetzung mit der Springer-Presse und dem Terrorismus

Während Böll mit der Verleihung des Literatur-Nobelpreises weltweit geehrt wurde, hatte er in der Bundesrepublik eine erbitterte Pressekampagne hinter sich, die in der Folgezeit noch mehrere Fortsetzungen erleben sollte. Ausgelöst wurde sie durch Bölls wiederholten publizistischen Einsatz für die demonstrierenden Studenten, aber auch durch seine Versuche, auf radikale Gruppen mäßigend einzuwirken. Der bekannteste dieser Versuche steht im Zusammenhang mit der schon 1968 erfolgten Abwendung der um Andreas Baader, Gudrun Ensslin und Ulrike Meinhof konzentrierten Gruppe, die sich später ›Rote-Armee-Fraktion‹ (RAF) nannte, von den Methoden des friedlichen öffentlichen Protestes und ihrer Hinwendung zu Terror und Gewalt, die sich zunächst gegen Sachen (u.a. mit Brandstiftungen), dann seit 1970 auch gegen Menschen richteten. Als am 23.12. 1971 nach einem von Unbekannten verübten Banküberfall in Kaiserslautern, bei dem ein Polizist erschossen wurde, die BILD-Zeitung schrieb: »Baader-Meinhof-Gruppe mordet weiter«, ohne dafür Indizien zu haben (weshalb die Zeitung später vom Presserat gerügt wurde), antwortete Böll mit einem Arikel im »Spiegel«: »*Will Ulrike Meinhof Gnade oder freies Geleit?*«, in dem er die gewalttätige Gruppe, noch mehr aber die BILD-Zeitung angriff und deren Berichterstattung als »Verhetzung, Lüge, Dreck« bezeichnete. Die Reaktion auf diesen scharfen Artikel, der angesichts der Demagogie und Vorverurteilung durch die Springer-Blätter an rechtsstaatlichen fairen Mitteln gegen Ulrike Meinhof zweifelte, falls sie sich der Polizei stellen sollte, blieb nicht aus. Nicht nur seitens der Springer-Presse wurde Böll (ebenso wie der Hannoveraner Psychologie-Professor Peter Brückner, der Ulrike Meinhof in seinem Haus übernachten ließ und deshalb entlassen wurde) als Sympathisant der RAF-›Bande‹ beschuldigt und verleumdet. Bis Ende Februar 1972 füllten die Angriffe gegen Böll schon ein ganzes Buch (das dann Frank Grützbach herausgab). Als am 1.6. 1972 die Terroristen Baader, Meins und Raspe im Rahmen einer Großfahndung in Frankfurt gefaßt wurden, wurde auch Bölls Haus in der Eifel von Polizisten umstellt. Die Pressekampagne gegen ihn, die 1972 erst allmählich abflaute, reizte Böll zur literarischen Gestaltung in der polemischen Erzählung *»Die verlorene Ehre der Katharina Blum oder: Wie Gewalt entstehen und wohin sie führen kann«*, die im Juli/August 1974 in vier Folgen im »Spiegel« erschien und dann in Buchform bereits in sechs Wochen eine Auflage von 150000 Exemplaren erreichte.

Die Erzählung ist keine unmittelbare literarische Umsetzung des Pressekrieges gegen Böll; sie schildert vielmehr, wie eine bis dahin unbescholtene und unschuldige junge Frau von der Polizei der Zusammenarbeit mit einem angeblichen Terroristen verdächtigt und durch einen Journalisten eines Boulevardblattes verleumdet und verfolgt wird, bis diese Frau den Journalisten erschießt. Obwohl Böll hier Verständnis für die Gegengewalt Katharinas angesichts der gegen sie gerichteten Gewalt von Polizei und Presse wecken will und keineswegs irgendwelchen Terror gutheißt, reagierte die rechtsgerichtete Presse ebenso wie einige konservative Politiker erneut in scharfen Polemiken gegen Böll und mißverstand dieses literarische Produkt nur als politisches Pamphlet. Daß Böll hier ein künstlerisch (auch formal) eigenwilliges und zugleich gesellschaftskritisches Werk von angemessener Verdichtung gelungen war, wurde jedoch von der ernstzunehmenden literarischen Kritik anerkannt. Wie die meisten epischen Werke Bölls, so ist auch *»Katharina Blum«* unter der Regie von Volker Schlöndorff eindrucksvoll verfilmt worden (vgl. S. 215).

1974, im Erscheinungsjahr dieses Buches, erreichte der Terrorismus - und mit ihm die Überreaktion der Öffentlichkeit und des Staates - einen neuen Höhepunkt. Am 6.5. 1974 war Willy Brandt, Bölls Vertrauensträger in der SPD, aufgrund der Aufdeckung des DDR-Spions Guillaume in seinem engsten Mitarbeiterstab zurückgetreten; der Pragmatiker Helmut Schmidt rückte an seine Stelle. Walter Scheel (FDP) löste Gustav Heinemann (SPD) als Bundespräsident ab. Am 9.11. 1974 starb der RAF-Häftling Holger Meins an den Folgen seines Hungerstreiks; am 10.11. 1974 wurde der Berliner Kammergerichtspräsident von Drenkmann ermordet. Am 24.2. 1975 wurde die deutsche Botschaft in Stockholm überfallen, zwei der Angestellten wurden als Geiseln ermordet und die Botschaft gesprengt. Am 27.2. 1975 wurde der Berliner CDU-Abgeordnete Lorenz entführt und erst freigelassen, als fünf Terroristen in den Südjemen ausgeflogen wurden. Heinrich Böll, der ebenso wie seine Familie und seine Wohnungen in dieser Zeit zunehmender Gesinnungsschnüffelei mehrmals polizeilich untersucht wurde, verfaßte 1975 eine Satire »*Berichte zur Gesinnungslage der Nation*«, in der er die Bespitzelung von Bürgern durch die staatlichen Geheimdienste bloßzustellen suchte. Während frühere Satiren Bölls und auch »*Katharina Blum*« durch Handlung und Figurendarstellung ihre literarische Qualität erreichten, fehlen diese Struktureigenheiten hier völlig; lediglich durch die in den Berichten gebotene Bloßstellung der Schreiber und die Enträtselung der beobachteten Figuren ergibt sich ein gewisser unterhaltsamer Reiz. Gegenüber den älteren Satiren Bölls bedeutet diese offenbar von der Erbitterung und Spottlust des Autors beeinflußte kurze Satire einen qualitativen Abfall.

Das gleiche Thema der Überwachung und Bespitzelung von Personen ist von Böll 1979 erneut im Roman »*Fürsorgliche Belagerung*« aufgegriffen, aber völlig anders gestaltet worden. Inzwischen hatte sich die innenpolitische Situation der Bundesrepublik stark verändert, was nicht ohne Auswirkungen auf Bölls Leben und Schaffen blieb. Während ein Teil der deutschsprachigen Schriftsteller nach dem Abflauen der reformerischen Tendenzen der Ansätze von 1968 und aus der Regierungszeit Willy Brandts aufgrund einer ›Tendenzwende‹ in eine neue ›Innerlichkeit‹ flüchtete und gesellschaftsferne Themen bearbeitete (u.a. Peter Handke), blieb Böll mit einigen anderen Autoren weiterhin ein engagierter Zeitgenosse. Versuche, seine letzten Werke (»*Katharina Blum*«) der neuen ›Innerlichkeit‹ zuzuordnen (so von M. Reich-Ranicki, M. Durzak), erwiesen sich als irrelevant (vgl. Reid 1991, 250). Böll setzte sich auch weiterhin für verfolgte Autoren ein (Biermann, Bahro, Kocbek), gründete 1976 zusammen mit Günter Grass und Carola Stern eine neue Zeitschrift »L'76«, die 1980 als »L'80« fortgesetzt wurde (L nach der 1968 verbotenen tschechischen Zeitschrift »Literarni Listy«), und beteiligte sich an mehreren demokratisch-aufklärerischen Schriften: »*Briefe zur Verteidigung der Republik*« (1977); »*Briefe zur Verteidigung der bürgerlichen Freiheit*« (1978); »*Kämpfe für die sanfte Republik*« (1980); »*Zuviel Pazifismus*« (1981) und »*Verantwortlich für Polen*« (1982). Die hierin deutliche Kritik an der Zunahme von Intoleranz und Aggressivität in der Bundesrepublik stand in engem Zusammenhang mit dem Anwachsen des Terrorismus und der Gegenmaßnahmen von Parlament, Regierung und Öffentlichkeit.

Im Mai 1976 hatte Ulrike Meinhof, die 1974 zu acht Jahren Gefängnis verurteilt worden war, Selbstmord verübt; im April wurden die RAF-Terroristen Baader, Ensslin und Raspe zu lebenslanger Haft verurteilt. Am 7.4. 1977 wurde der Generalbundesanwalt Buback, am 30.7. 1977 der Bankier Ponto ermordet, am 5.9. 1977 wurde der Arbeitgeberpräsident Schleyer von RAF-Terroristen entführt, seine vier Begleiter wurden ermordet. Am 19.10. 1977 wird Schleyer ermordet aufgefunden, nachdem die Versuche der Entführer, die Freiheit von elf Häftlingen zu erpressen, gescheitert waren und Baader, Ensslin und Raspe im Gefängnis Selbstmord verübt hatten.

Durch ein Gesetz zur Anordnung von Kontaktsperren in Haftanstalten (1977) sowie durch verschärfte Anti-Terrorgesetze (1978) versuchte man von Parlament und Regierung aus, des Terrorismus Herr zu werden. Schlimmer war die repressive Vergiftung des öffentlichen Klimas, die u.a. zu Absetzungen und Verschiebungen von Theateraufführungen (u.a. von Sophokles' »Antigone« in Stuttgart) und zu verleumderischen Beschuldigungen gegen manche Autoren und Intellektuelle als »geistige Wegbereiter« des Terrorismus führte. Auch Heinrich Böll wurde in dieser Weise verleumdet. Ein Film mehrerer Autoren (»Deutschland im Herbst«, 1978), zu dem auch Böll einen Drehbuchausschnitt beisteuerte (»*Die verschobene Antigone*«), suchte die beklemmende öffentliche Atmosphäre festzuhalten. In einer Podiumsdiskussion in Paris am 21.3. 1978 mit dem damaligen bayrischen Kultusminister Mayer über das Thema »Die Bundesrepublik Deutschland: Ideale Demokratie oder Polizeistaat?« schien sich nach Bölls Ansicht die Entwicklung zum Polizeistaat abzuzeichnen, veranlaßt durch die Politiker, die nur Gefahren von links sähen und ihre repressiven Gesetze nicht mehr kontrollieren könnten.

1979 erschien Bölls Roman »*Fürsorgliche Belagerung*«, in den manche Zeiterfahrungen Bölls eingegangen sind. Am stärksten wirken natürlich die Ereignisse des Jahres 1977 nach, obwohl die Handlung in das Jahr 1978 verlegt ist. Böll verbindet aber mit den dargestellten terroristischen Vorgängen die fast grotesk übersteigerten Überwachungsmaßnahmen des Staates, die zugleich die Spontaneität, Individualität und Intimität des Familiären bedrohen und zerstören. Die Erzählwirkung schwankt zwischen Satire und Ernsthaftigkeit.

Die dominierende Gesellschaftskritik richtet sich hier sowohl gegen den Staat mit seinem fast totalitären Sicherheitsstreben und gegen die staatsverneinenden terroristischen Kräfte als auch gegen Pressekonzentrationen, die eine eigene Pressezensur und einen Meinungsterror verursachen. Daneben werden aber auch die Ma-

chenschaften des Kapitals, die Umweltzerstörung durch Industrie-
expansion, Kohlengruben, Kraftwerke und Autobahnen bloßgestellt. Mit den äußeren Verfallserscheinungen korrespondieren solche des inneren Verfalls der Wertordnungen und ihrer Verbindlich-
keit.

Im Unterschied zu anderen Werken Bölls besitzt *»Fürsorgliche
Belagerung«* eine Reihe von Erzählspannungen, die sich aus der Er-
wartung eines Attentats ergeben. Böll selbst hat daher den Roman
als einen »Krimi« bezeichnet, was allerdings auch parodistisch gemeint sein kann.

In der literarischen Wertung war die Meinung der Kritiker allerdings völlig divergent. Neben Würdigungen mit hohem Lob stehen
solche, die ihn als »total mißglückt« bezeichnen (so W. Schütte, FR
4.8. 1979).

Teilnahme an öffentlichen Protesten

Neben den Problemen, die mit dem Terrorismus und seinen Folgen
zu tun haben, greift Böll in *»Fürsorgliche Belagerung«* mit den Fragen der Umweltzerstörung auch Probleme der ökologischen Bewe-
gung der achtziger Jahre auf, die ebenso wie die Anliegen der Frie-
densbewegung sein Engagement in den letzten Lebensjahren entscheidend beeinflussen sollten. Dabei war dieses ökologische Interesse Bölls nicht neu. Schon in seinem ersten Schauspiel (*»Ein
Schluck Erde«*, 1961) hatte Böll auf den Wert der Erde und des Erd-
bodens hingewiesen. Ausführlicher ging er auf diese Probleme ein,
als er 1969 und 1972 die Warnungen des sowjetischen Physikers
und späteren Friedensnobelpreisträgers Sacharow vor den Gefahren der Industrialisierung und des Wettrüstens kommentierte. Bölls
Einsatz gegen alle Formen der Umweltzerstörung brachte ihn mehr
und mehr in die Nähe der Partei der Grünen, zumal sein Freund,
der Künstler Joseph Beuys, bei der Bundestagswahl 1980 für diese
Partei kandidierte.

Neben der ökologischen Zielsetzung ist es der gemeinsame Widerstand gegen Bundeswehr und Wettrüsten, der Böll zum Sympathisanten der Grünen werden ließ. 1979 hatte sich die damalige sozialliberale Bundesregierung unter Helmut Schmidt bei der NA-
TO-Tagung in Brüssel vor allem für den sogenannten Doppelbe-
schluß eingesetzt, der eine Verstärkung der Atomwaffen, besonders
der amerikanischen Mittelstreckenraketen, in Westeuropa und
gleichzeitige Verhandlungen mit der Sowjetunion über den beiderseitigen Raketenabbau vorsah. Wie viele Intellektuelle und Auto-

ren, aber auch viele jüngere Bürger, war Böll der Meinung, daß dadurch die Kriegs- und Vernichtungsgefahr in Europa wachse und daß man sich aktiv gegen eine solche Politik einsetzen müsse. Er nahm daher an den großen Protestkundgebungen z.b. 1981 und 1983 in Bonn als Redner teil, aber auch an gesetzwidrigen ›Sitzblockaden‹ vor amerikanischen Raketenstützpunkten, wie im August und September 1983 in Mutlangen bei Schwäbisch-Gmünd.

Neben der Springer-Presse, neben Politik und Staat, war die katholische Kirche in ihrer öffentlichen Repräsentation und Organisation die dritte Institution, mit der sich Böll fast ständig auseinandergesetzt hat. Eines der kritischen Themen, das Böll hier häufig zum Widerspruch reizte (insbesondere mit zunehmenden Auflagenzahlen und Steuerabgaben), waren die Kirchensteuern, die mit den Lohn- und Einkommensteuern vom Staat einbehalten und an die Kirchen abgeführt werden. Böll kritisierte wiederholt diese Zwangssteuer und die damit sichtbare Verquickung von Staat und Kirche. Die Auseinandersetzung führte dazu, daß Böll ab 1972 keine Kirchensteuer mehr zahlte und als diese schließlich durch den Gerichtsvollzieher eingetrieben wurde, 1979 aus der katholischen Kirche als Körperschaft austrat, ohne damit - wie er betonte - den Körper der Kirche zu verlassen und eine Abkehr vom kirchlichen Glauben zu bekunden (vgl. S. 134ff.).

Die letzten Lebensjahre

Bei seinen politisch-gesellschaftlichen Protesten verzichtete Böll nicht auf das Schreiben. Die letzten Lebensjahre Bölls sind vor allem durch erzählerische Nachträge sowie durch eine Reihe von Essays und Interviews bestimmt. So erschienen nach der von Bernd Balzer 1977/78 zum 60. Geburtstag Bölls edierten Werke-Ausgabe mit fünf Bänden »Romane und Erzählungen« und drei Bänden »Essayistische Schriften und Reden« sowie je einem Band »Interviews« und »Hörspiele, Theaterstücke, Drehbücher und Gedichte« noch weitere Essay- und Interview-Bände: *»Eine deutsche Erinnerung. Interview mit René Wintzen«* (1979); H. Böll/Lew Kopelew: *»Warum haben wir aufeinander geschossen?«* (1981); *»Vermintes Gelände«*. Essayistische Schriften 1977-81 (1982); H. Böll/L. Kopelew/H. Vormweg: *»Antikommunismus in West und Ost.«* Zwei Gespräche.(1982); *»Ein- und Zusprüche.«* Schriften, Reden und Prosa (1981-83), (1984); H. Böll/H. Vormweg: *»Weil die Stadt so fremd geworden ist.«* Gespräche. (1985). Posthum erschienen die Schriften und Reden von 1983-1985 unter dem Titel *»Die Fähigkeit zu trau-*

ern«. Dieser Titel entsprach nicht nur einer editorischen Reminiszenz an Bölls Tod 1985, sondern erinnert zugleich an eine Komponente im Wesen des späten Heinrich Böll, die er selbst als »Melancholie« bezeichnet hat, die sowohl die Resignation gegenüber der veränderten Gesellschaft als auch die Alterserinnerung und -hoffnung vereinigt. Das Element der ›Erinnerung‹, das gleichfalls ein Leitprinzip des Schreibens und Redens Heinrich Bölls war und in allen seinen großen Interviews dominiert, prägt auch die späte erzählerische Schrift über seine Jugend: *»Was soll aus dem Jungen bloß werden? Oder: Irgendwas mit Büchern«* (1981), die durch M. Reich-Ranicki angeregt worden war. Die gesellschaftlichen Spannungen in der Folge des Radikalenerlasses von 1972 spiegelt die Titelgeschichte einer Sammlung früher und später Kurzgeschichten: *»Du fährst zu oft nach Heidelberg«* (1979). Bölls Sichtung seiner unveröffentlichten Manuskripte förderte schließlich auch die Texte zu zwei weiteren Erzählbänden zutage: *»Das Vermächtnis«* (1982) und *»Die Verwundung und andere frühe Erzählungen«* (1983).

In der größeren Erzählung *»Das Vermächtnis«*, die schon 1948 entstanden ist (s.S. 88f.), schildert Böll die Erschießung eines oppositionellen Leutnants durch seinen einstigen Schulkammeraden. Im Kurzgeschichtenband *»Die Verwundung«* ist die Titelgeschichte der umfangreichste Text, der die Verwundung des Erzählers und seine Erlebnisse beim Transport ins Lazarett schildert, während die übrigen Texte kleinere Episoden aus der Kriegs- und Nachkriegszeit erzählen oder auch nur skizzenhaft andeuten.

Bei aller Rückwärtsgewandtheit in den letzten Lebensjahren vergaß Böll als Autor nicht die Gegenwart. Als 1984 der frühere BILD-Kolumnist Peter Boenisch Bundespressesprecher der Regierung Kohl (seit 1982) wurde, stellte Böll 27 Reportagen von Boenisch aus den Jahren 1970-1983 zusammen, druckte sie als Faksimiles ab und kommentierte sie, vor allem nach ihrer sprachlichen Aussage, in dem Band *»Bild Bonn Boenisch«*.

Die letzte große epische Arbeit Heinrich Bölls, der ›Roman in Dialogen und Selbstgesprächen‹ *»Frauen vor Flußlandschaft«*, der nach einer Vorankündigung von Anfang 1985 »Bonn geistig-politisch als Gesamtphänomen« erfassen sollte, war im November 1984 vollendet, erschien aber erst im September 1985, zwei Monate nach Bölls Tod. Dieser letzte Roman hat keine geschlossene Handlung, spiegelt vielmehr die politischen und privaten Erlebnisse einzelner Figuren aus einem konservativen Politikerkreis während eines Ministerwechsels. Die in diesem Werk enthaltene Gesellschaftskritik wirkt schal und klischeehaft, die stilistische Gestaltung wenig durchgeformt, so daß der ›Roman‹ wie nicht fertig bearbeitet erscheint und deshalb von den meisten Kritikern negativ bewertet wurde. Möglicherweise hatte Bölls Nachlassen der Kräfte und frühes Lebensende eine nochmalige Durchgestaltung verhindert.

Bereits Ende 1979 und im Januar 1980, im Rahmen einer Reise zu seinem Sohn Vinzent in Ecuador, wurde Böll wegen starker Durchblutungsstörungen mehrmals operiert; nach der Rückkehr nach Deutschland wurden ihm mehrere Zehen amputiert. Anschließend wurden ihm tägliche Gehübungen (mit Krücke) auferlegt, die allerdings in der urbanen, aber unruhigen Umgebung der Hülchrather Straße in Köln kaum möglich waren und einen Umzug in die Voreifel erforderlich machten. Nach der Übersiedlung in die Nachbarschaft seines Sohnes René nach Merten half er in dessen Verlag mit. Im Sommer lebte er meistens in seinem Bauernhaus in Langenbroich/Eifel. 1983 beteiligte sich Böll erneut am Wahlkampf im Rahmen der Aktion »Rettet die Republik«, wobei er in einer Rede in Essen zur Systemveränderung ermutigte. Zudem nahm er an den Protestaktionen gegen die Stationierung von Mittelstreckenraketen teil (s.o.). Zum 40. Jahrestag der deutschen Niederlage im Zweiten Weltkrieg verfaßte er einen »*Brief an meine Söhne oder vier Fahrräder*«, in dem er sein Erlebnis des Kriegsendes noch einmal in Erinnerung rief.

Ende Juni 1985 klagte Heinrich Böll über starke Bauchschmerzen, kam sogleich in eine Spezialklinik für Gefäßerkrankungen und wurde operiert. Am 15.7. nachmittags wurde er nach Langenbroich in der Eifel entlassen, verstarb dann jedoch plötzlich und unerwartet, wahrscheinlich an einer Embolie, am nächsten Morgen, dem 16.7. 1985. Auf Wunsch der Familie wurde er am 19.7. 1985 auf dem Friedhof Bornheim-Merten bei Bonn beigesetzt, trotz seines Kirchenaustritts nach katholischem Ritual. An der Beerdigung nahm neben zahlreichen Autoren auch der Bundespräsident Richard von Weizsäcker teil.

G. Kalow 1955; L. Hoffmann 1958; H. Stresau 1964; [6]1974; K.H. Berger 1967; W. Lengning 1968; [5]1977; U. Burbach, G. Kothy u.a. 1975; C.G. Hoffmann 1977; 1986; J. Vogt 1978; C. Linder 1978; A. Böll 1981; R.C. Conard 1981; K. Schröter 1982; R. Böll u.a. 1987; H. Falkenstein 1987; V. Böll 1990; J.H. Reid 1991.

1.2 Ehrungen Heinrich Bölls

1951 Preis der Gruppe 47; 1952 René-Schickele-Preis; 1953 Kriti-
kerpreis für Literatur; 3. Erzählerpreis des Süddeutschen Rundfunks; Wahl zum Mitglied der Deutschen Akademie für Sprache
und Dichtung; Ehrengabe des Kulturkreises im Bundesverband der
Deutschen Industrie; 1954 Preis der Tribune de Paris; 1955 Mitglied
des PEN-Zentrums der Bundesrepublik Deutschland; 1958
Eduard-von-der-Heydt-Preis der Stadt Wuppertal; 1959 Großer
Kunstpreis des Landes Nordrhein-Westfalen; 1960 Mitglied der
Bayrischen Akademie der Schönen Künste; Charles-Veillon-Preis;
1961 Literaturpreis der Stadt Köln; 1965 Premio d'isola d'Elba;
1967 Georg-Büchner-Preis der Deutschen Akademie für Sprache
und Dichtung; 1970-72 Präsident des deutschen PEN-Zentrums;
1972-74 Präsident des Internationalen PEN; 1972 Nobelpreis für
Literatur; 1973 Ehrendoktor der Universitäten Dublin, Birming-
ham und Uxbridge; 1974 Ehrenmitglied der American Academy of
Arts and Letters; Carl-von-Ossietzky-Medaille der Internationalen
Liga für Menschenrechte; 1975 Mitglied der Akademie der Künste
Berlin; 1979 vorgesehene Verleihung des Bundesverdienstkreuzes
(abgelehnt); 1982 Ehrenbürger der Stadt Köln; Ernennung zum
Professor durch den Ministerpräsidenten von Nordrhein-Westfa-
len; 1984 Ernennung zum Commandeur im ›Ordre des Arts et des
Lettres‹ durch den französischen Kultusminister.

2. Bölls literarisches Werk

2.1 Autobiographische Texte

In dieser ersten Gruppe sind diejenigen Texte zusammengefaßt, in denen Böll in narrativer, mitunter auch in essayistischer Form Fakten und Erinnerungen aus seinem Leben, wie z.b. das Erlebnis des Kriegsbeginns oder Kriegsendes, tatsachengetreu oder teilweise fiktiv modifiziert wiedergibt oder auch mit fiktiven Elementen vermischt (Vollständige Liste siehe S. 161). Die aufgeführten Texte, deren Gattungszugehörigkeit strittig ist, sind später vom Autor als ›Erzählungen‹ oder auch unter den »Essayistischen Schriften und Reden« (=ESR) publiziert worden.

Sie wurden hier zusammengefaßt, weil sie entweder über Bölls eigene Entwicklung (z.b. seine Kindheit), über von ihm Erlebtes (z.b. die Währungsreform) oder etwas über seine Vaterstadt Köln, wie er sie erlebt und beschrieben hat, oder über kölnische Eigenarten aussagen. Weitere Einzelheiten darüber, die hier nicht aufgeführt sind, finden sich in Interviews bzw. Gesprächen mit Christian Linder (»*Drei Tage im März*«), René Wintzen (»*Eine deutsche Erinnerung*«), Wilhelm Koch und Heinrich Vormweg (»*Weil die Stadt so fremd geworden ist*«).

Im folgenden sei kurz auf den Inhalt dieser autobiographischen Texte hingewiesen:

Böll beginnt diese Textart mit einer kurzen Würdigung seiner Vaterstadt (»*Köln eine Stadt - nebenbei eine Großstadt*«), die er eine »vollkommene Stadt« und »nebenbei« eine Großstadt nennt. Worin seine Sympathie wurzelt, vermag er nicht zu sagen. Er liebt sie vor allem wegen der Menschen hier, die das Leben leicht nehmen und mit sich reden lassen. Am Beispiel einer Straße (»*Straßen wie diese*«) sucht er das Urbane dieser Stadt zu verdeutlichen. Später (»*Stadt der alten Gesichter*«, »*Der Zeitungsverkäufer*«) begründet er die Vertrautheit mit dieser Stadt an alten, ihm aus der Vorkriegszeit bekannten Gesichtern. In einer Kindheitserinnerung an die erste Wohnung im Grünen (»*Raderberg, Raderthal*«) berichtet er vom ersten Umzug und dem frühen Erlebnis sozialer Gegensätze unter Kindern. Das Spielen in einer Stadtwohnung nach dem Verlust des Hauses im Grünen verbindet er mit satirisch übertriebenen Angaben über den Husten seines Vaters (»*Der Husten meines Va-*

ters«). An seine frühe Gymnasialzeit und an die Erlebnisse in einer katholischen Jugendgruppe erinnert er sich in einer Würdigung an den Jesuitenpater Schuh (*»P. Alois Schuh S. J. - 65 Jahre Jesuit«*).

Am ausführlichsten hat Böll seine Schulzeit zwischen 1933 und 1937 in einer selbständigen Schrift beschrieben (*»Was soll aus dem Jungen bloß werden? Oder: Irgendwas mit Büchern«*). Hier erinnert er sich nicht nur an die letzten fünf Jahre auf dem Gymnasium, sondern berichtet auch von zeitgeschichtlichen Ereignissen, soweit er sie in Erinnerung hatte, z.B. vom 30. Januar 1933, vom Aufkommen und Terror der Naziorganisationen, von der Hinrichtung junger Kommunisten, vom Übertritt vieler Klassenkameraden zu den Nazis, aber auch von der Toleranz und Resistenz mancher Lehrer und vom eigenen Durchmogeln durch die Zeit bis zum fast geschenkten Abitur.

Zu den elementaren Erinnerungen und Erlebnissen gehört mit der Stadt Köln auch ihr Strom, der Rhein, den er in einem frühen Text *»Undines gewaltiger Vater«* nennt und in seiner dunklen gewaltigen Erscheinung im Nebel-Herbst und Eisschollen-Winter beschreibt. Er charakterisiert ihn als »Weintrinker-Rhein« bis Bonn und als »Schnapstrinker-Rhein« ab Köln und erinnert an die verschiedenen Uferfeuer in früher Zeit: an die römischen Hirtenfeuer der linken Seite und die germanischen Opferfeuer der rechten Seite, wo heute mehr Schlote rauchen. Weitere historische Reminiszenzen, z.B. an die verschiedenen Heere, die den Rhein überschritten, ergänzen den Text.

Ähnliche Erinnerungen finden sich in späteren Rhein-Texten Bölls (*»Der Rhein«* 1960, *»Der Rhein«* 1966). In dem letzten, an HAP Grieshaber (wegen seines Köln-Bildes) gerichteten Text (*»Der Rhein« 1966*) erweitert er das Rhein-Bild durch Assoziationen und Phantasien, z.B. über das Fehlen des Rheins, der Domtürme, über preußische und französische Rheinland-Vorstellungen, über Siegfrieds Drachenblut, über die Verletzlichkeit und Unverletzlichkeit der deutschen Industrie, über Heine und Stefan George und über den »Rheinischen Merkur« und die »Rheinische Zeitung«.

Den Kriegsbeginn (bzw. die Mobilmachung) 1939 hat Böll bereits als Soldat in einer Kaserne bei Osnabrück erlebt und in einer eigenen Erzählung (*»Als der Krieg ausbrach«*) detailreich und unpathetisch geschildert. Er berichtet hier von den unterschiedlichen Kameraden, insbesondere von seinem Freund Leo, der ihm Telefonverbindungen zur Kölner Freundin vermittelte, dann vorzeitig nach Polen mußte und noch vor Kriegsbeginn erschossen wurde, ferner von den mechanisch-stupiden Verladearbeiten, an denen der Autor beteiligt ist, und den ständigen Abmärschen kriegsbereiter

Truppen, stets mit der gleichen Musik zu »Muß i denn...«. Böll vermittelt so den Eindruck einer sich langsam in Gang setzenden Kriegsmaschinerie.

Böll hat viele seiner Erlebnisse der Soldatenzeit und des Krieges in seinen frühen Erzählungen und Romanen sowie in zahlreichen Kurzgeschichten in fiktiver Umformung dichterisch gestaltet. Er übermittelt aber auch in einigen Texten seiner »Essayistischen Schriften und Reden« eigene Kriegserinnerungen. Diese Texte seien hier wegen des autobiographischen Gehalts mit aufgeführt.

So nutzt Böll seinen offenen »Brief an einen jungen Katholiken« dazu, einen (fiktiven) jungen Soldaten des Jahres 1958 vor der auf kirchlichen Einkehrtagen verkündeten Gleichsetzung von Moral und Sexualmoral zu warnen, indem er von seinem eigenen Erlebnis eines solchen Einkehrtages 1939 und von seinen Erlebnissen als Soldat berichtet, als er z.b. an der französischen Küste morgens die Bordelle von Gegenständen der deutschen Soldaten säubern mußte und Gespräche mit den Prostituierten führte und sie als Menschen schätzen lernte. Die körperliche Liebe, die sogar »Substanz eines Sakramentes« sei, sei für die Soldaten weniger gefährlich als etwa die NS-Verhetzung Zehnjähriger mit Liedern wie »Wenn das Judenblut vom Messer spritzt...« oder das kirchliche Ignorieren Hitlers und des Antisemitismus oder die Sinnlosigkeit und Langeweile des Soldatendaseins, der man dann mit Zynismus, Korruption oder Selbstmord begegne, selten mit Bildung. Böll warnt den jungen Soldaten schließlich noch vor scheinbar menschenfreundlichen und systemkritischen Offizieren und Pfarrern, die aber weder die Autorität des Papstes noch die der CDU anzweifelten. Auch die Führung der Katholischen Jugend kritisiert er, weil sie nichts anderes gegen die Wiederbewaffnung unternommen habe, als sich Sorgen um ein Soldaten-Gebetbuch zu machen. Als einzige Instanz gegen alle sittlichen Gefahren empfiehlt Böll das Gewissen, nach dem auch die Männer des 20. Juli 1944 gehandelt hätten.

Auch der Text (»An einen Bischof, einen General und einen Minister des Jahrgangs 1917«), den Böll an einen Bischof, einen General und an einen Minister seines Geburtsjahrgangs (1917) richtet, ist trotz des fiktiven Briefcharakters und der entsprechenden Aufforderung zum Miterzählen anhand zugewiesener Stichwörter aus Bölls Zettelkasten ein teilweise autobiographischer Text. Bei der wortreichen Umschreibung des angeblich vom Bischof gewählten am häufigsten gesprochenen Wortes seines Jahrgangs (= Scheiße) setzt der Autor zwar noch eine Portion Satire ein, bei der Wortwahl des Generals über »Blumen aus dem Beethovenpark« fügt er jedoch Berichte über zwei Wohnungen im Krieg ein, die bis zu ihrer Zerstörung nur zum Umkleiden und zum Telefonieren genutzt wurden. Auch das dem Minister zugesprochene Stichwort »Schweizer SS-Mann« wird zur Erzählung eines Lazaretterlebnisses Bölls benutzt. Das literarische Spiel Bölls mit den Repräsentanten von Kirche, Militär und Staat verweist zugleich auf die Lebensbereiche, die Bölls besondere Kritik immer wieder herausforderten.

Zu den relativ häufig erzählten Begebenheiten seines Lebens gehören die Ereignisse des Kriegsendes 1945. Böll hat die Schlußphase des Krieges, wie er sie erlebte, mehrmals geschildert (*»Kümmelblättchen, Spritzenland, Kampfkommandantur«, »Stichworte: 5. Stichwort: 1945«, »Bericht an meine Söhne oder vier Fahrräder«*): seine eigenmächtige Abänderung von Marschbefehlen und Urlaubsscheinen, seine Rückmeldungen bei der Truppe, sein letzter Kriegseinsatz und seine Gefangennahme; ebenso die Heimkehr aus der Kriegsgefangenschaft (*»Als der Krieg zu Ende war«, »Kümmelblättchen, Spritzenland, Kampfkommandantur«*) und den Neuanfang im zerstörten Köln (*»Kümmelblättchen, Spritzenland, Kampfkommandantur«*), wo die Großfamilie Böll sich gemeinsam eine ihr zugewiesene Hausruine wohnlich herzurichten suchte und Heinrich Böll sich eine Mansarde als winziges Arbeitszimmer für seine ersten schriftstellerischen Arbeiten zurechtzimmerte (*»Am Anfang«, »Hoffentlich kein Heldenlied«*). In kurzen Rückblicken auf sein Leben (*»Selbstvorstellung eines jungen Autors«, »Über mich selbst«*) hat der Autor auf diese ersten Schreibversuche nach dem Krieg hingewiesen.

Auch die Wandlungen des Lebens mit der Währungsreform 1948 hat er in mehreren Texten festgehalten (*»Mit vierzig Mark begannen wir ein neues Leben«, »Die wenig wunderbare Brotverringerung«*). Daneben tauchen auch immer wieder Erinnerungen an die NS-Zeit und das politisch-sittliche Versagen vieler Deutscher, an die Kriegszeit und an die Nachkriegsjahre und Geschäftemacherei auf (*»Ein Fall für Herrn F., Herrn D. oder Herrn L.?«, »Hierzulande«*).

Gelegentlich hat Böll auch das zerstörte und das im Aufbau befindliche moderne Köln (das ihm weniger gefiel) verglichen (*»Heimat und keine«*).

Mit neuen Wohnlagen am Stadtrand und in der Nähe des Rheins beschäftigen sich weitere Texte (*»Stichworte: 2. Stichwort: Örtlichkeit«, »Hülchrather Straße Nr. 7«*). Das Wesen des Kölnischen sucht Böll anhand eines Bildes von Max Ernst und anhand eines imaginären Kölner Wappens zu ergründen, wobei er die Begriffe Pilgerstadt, großes Ohr (Gottes und der Beichte?), gotischer Dom und zerstörte romanische Kirchen, halber Bischofsstab (als Symbol des Streites zwischen Stadt und Bischof um die Stadtherrschaft), Madonna, Bankhaus, zwei Hände (die sich einander waschen), ein Grielächer, der Rhein, Brücken, römische Mauern und Gefängnis (Klingelpütz) zu verbinden sucht (»was ist kölnisch?«).

Zuletzt sei auf einen Text hingewiesen, der gleichsam in »*Suchanzeigen*« seine Mutter und seinen Vater und dann seine Frau und sich als Zehnjährige zu erfassen sucht.

2.2 Bölls Kurzgeschichten und kürzere Erzählungen

Die »Sondergattung« (G. v. Wilpert) der Kurzgeschichte, in Deutschland nach dem Vorbild der amerikanischen ›short-story‹ seit den zwanziger Jahren heimisch und besonders in der Nachkriegszeit seit 1945 beliebt, war die erste literarische Form, in der Böll publizierte und Erfolge erzielte. (Erst seit einigen Jahren wissen wir, daß sich Böll zuvor auch schon in - bisher nur wenig veröffentlichten - Romanen versucht hat.) Die Kurzgeschichte mit ihrer Technik der kurzen pointierten Situationsspiegelung oder Handlungsverdichtung blieb auch bis in die späten fünfziger Jahre Bölls beliebteste literarische Ausdrucksform, und noch in den späten siebziger Jahren schrieb er einzelne Kurzgeschichten, von der späten Publikation früher Kurzgeschichten in »*Die Verwundung*« 1983 abgesehen. Böll hat den Einfluß amerikanischer ›short-stories‹ auf sein Werk nicht geleugnet, aber auch auf deutsche Erzähltraditionen bei Hebel, Kleist, Storm und Brecht verwiesen, die ihn beeinflußt haben. Von amerikanischen Autoren haben ihn besonders Faulkner und O. Henry beeindruckt, dessen Texte Böll übersetzt hat.

Eine Poetik der Kurzgeschichte hat Böll nicht entwickelt, auch keine Definition. So wie er unter den amerikanischen Autoren zahlreiche »Sensibilitäts-Variationen« entdeckte (vgl. M. Durzak [2]1983, 126), so hat er selbst verschiedenartige Formen geschaffen. Vielleicht sind es kurze Texte »mit Spannung und Pointe«, die ihn besonders beeindruckt haben, wie man aus einer Rezension Bölls über Kurzgeschichten Truman Capotes folgern könnte (vgl. M. Durzak [2]1983, 125). Eine formale Typisierung der Böllschen Kurzgeschichten ist jedenfalls noch nicht versucht worden. Es empfiehlt sich, sie - wie im folgenden - nach inhaltlichen Gesichtspunkten zu gruppieren.

Thematisch wie inhaltlich lassen sich Bölls Kurzgeschichten verschieden gliedern. Zwischen 1947 und 1951 dominieren zunächst

Soldaten- und Kriegserzählungen, die allerdings nicht den Krieg, d.h. Kampf und Sieg oder Niederlage in den Mittelpunkt rücken, sondern menschliche Schicksale, Bedrohungen und Bewährungen. Zur gleichen Zeit richtet sich Bölls Interesse schon auf Texte über Kriegsfolgen und Nachkriegssituationen, Geschichten der »Trümmerliteratur« also, zu der der Autor 1952 ein eigenes »*Bekenntnis zur Trümmerliteratur*« verfaßt hat. Als dritte thematische Gruppe ließen sich die moralisch oder religiös-ethisch betonten Kurzerzählungen aus den fünfziger Jahren zusammenfassen, die im äußeren oder inneren Niedergang oder Beharren Formen der Bewährung oder des Versagens verdeutlichen und Hoffnung aufblitzen lassen. In einer vierten Gruppe kann man schließlich die satirischen und ironischen Kurzgeschichten zusammenfassen, in denen Böll Mißstände und Fehlhaltungen durch Übertreibungen und Verzerrungen aufzeigt.

In der Form sind die Kurzgeschichten ebenfalls nicht einheitlich; durch eine Formenvielfalt vermeidet Böll den Eindruck des Stereotypen und erweist sich auch darin als Meister der Gestaltung. Hier ließen sich knappe und längere, sukzessiv aufbauende wie analytisch-rückblickende Texte ebenso unterscheiden wie subjektiv-fiktive Ich-Erzählungen und personal distanzierte Berichtformen, wobei die Ich-Erzählungen mit ihrer Perspektiveneinengung und Fiktion größerer Glaubwürdigkeit dominieren.

Böll hat seine Kurzgeschichten zunächst (bis auf wenige Ausnahmen) in verschiedenen Zeitschriften und Zeitungen einzeln veröffentlicht. 1950 erschien die erste Sammlung unter dem Titel der eindrucksvollsten Erzählung »*Wanderer, kommst du nach Spa...*«. Weitere Sammlungen folgten.

Im Anhang (S. 163 ff.) findet sich eine chronologische Aufstellung der über 100 Kurzgeschichten Bölls nach der vorgenannten thematischen Gliederung unter Angabe von Entstehungs- und Erscheinungsdatum (n. Lengning u. Balzer), Inhalts- und Problemcharakterisierung und Literaturhinweisen.

M. Durzak [2]1983; M. Benn 1975

2.2.1 Kriegserzählungen

Bölls ›Kriegserzählungen‹ sind eigentlich ›Anti-Kriegserzählungen‹. Sie kennzeichnen den Krieg als sinnloses, mörderisches, inhumanes Geschehen, das dem einzelnen allenfalls in begrenztem Rahmen menschliche Bewährung erlaubt. Häufiger aber zeigen sie sein Ausgeliefertsein an die Kräfte der Zerstörung und Vernichtung auf.

Schon Bölls erste Erzählung über das Soldatenleben vor dem Krieg (der ›Vorzeit‹) spiegelt die starke Abneigung des Autors gegen die Einübung in soldatische Kommandostrukturen.

Böll gruppiert seine ›Kriegsgeschichten‹ unter den Kurzgeschichten um bestimmte typische Situationen, wie er sie als Soldat wiederholt beobachten und entsprechend komponieren konnte. Es sind Vorgänge des Kampfgeschehens und des Soldatentodes oder der Verwundung, Bilder aus Ausbildung und Etappenleben sowie Situationen der Zivilbevölkerung im Krieg.

Eine der ältesten, atmosphärisch verdichteten Kampferzählungen ist »Der Angriff«, in der der Autor den Soldatentod eines voranstürmenden Leutnants und eines jungen Rekruten bei einem Sturmangriff sowie die Rettung des erfahrenen Soldaten Paul beim russischen Gegenangriff schildert. Von ähnlicher Thematik und Struktur ist der Text »Ein unbekannter Soldat«, wo ebenfalls der Tod eines kriegsunerfahrenen Soldaten im ersten Angriff dargestellt wird (vgl. auch: »Der General stand auf einem Hügel«).

Das Thema des Angriffs spielt auch in der Kurzgeschichte »Der Mord« insofern eine Rolle, als sich der ruhmsüchtige Vorgesetzte (»Alte«) des Erzählers stets vor einem Angriff betrinkt. Als dies wieder einmal der Fall ist, entfernt sich Heini, der Kamerad des Erzählers, von ihm, wenig später sieht man Licht am Bunker des ›Alten‹, der anschließend von einer Bombe eines Nachtfliegers getötet wird, so daß der Angriff entfällt und rd. 20 Soldaten vom Tod verschont bleiben. Nur der Titel legt hier nahe, daß Heini die Bunkerdecke weggezogen hat. Der Tod durch eigene Landsleute wird auch in der Erzählung »In der Finsternis« realisiert, als nämlich Wachposten einen Leichenfledderer entdecken, der die Gefallenen um ihr Zahngold beraubt, und ihn erschießen.

In der Zeitenverknüpfung differenzierter ist die Kurzgeschichte »Wir Besenbinder«, insofern sie Schulerinnerungen (das Versagen in Mathematik und den Spott des Lehrers), Erzählgegenwart (die Beobachtung eines wirklichen Besenbinders vor dem Flugplatz in Odessa) und die Erweiterung in eine Erlebniszukunft (Absturz mit dem brennenden Flugzeug) miteinander verknüpft. Das unrealistische, weil unwahrscheinliche Erzählen der Ereignisse bis in den eigenen Tod durch einen Ich-Erzähler oder personalen Erzähler findet sich bei Böll in mehreren Kurzgeschichten.

In einigen Texten läßt der Autor die todgeweihten Soldaten vor ihrem Tod noch längere Gespräche führen oder Karten spielen (ähnlich in »Der Zug war pünktlich«). Der bekannteste Text dieser

Art ist »*Wiedersehen in der Allee*«, wo der Erzähler mit seinem Leutnant in einem Bunker an der Front eine ›Trinkstunde‹ erlebt und gehalten ist, das Erinnerungsgespräch des betrunkenen Leutnants an einem bestimmten Punkt abzubrechen. Als er dies unterläßt, rennt der Leutnant aus dem Bunker, um sein Mädchen in der Allee zu treffen, wird aber von einem Scharfschützen getötet. Die solidarisierende ›Trinkstunde‹, in der die sozialen Unterschiede aufgehoben und die Kriegsereignisse vergessen, die Friedenserlebnisse vergegenwärtigt werden, hat in der humanen Sicht Bölls als Akt der Menschlichkeit einen tieferen Sinn.

Erinnerte Liebesgeschichten erotischer Art sind es in »*Jak der Schlepper*«, die zum Verpassen eines Warnschusses zweier Horchposten führen und ihren Tod bedingen. Das Kartenspiel des Erzählers mit einem Kameraden spielt in »*Siebzehn und vier*« eine wichtige Rolle; es scheint, als kündige sich hier der Tod durchs Telefon an.

In »*Die Essenholer*« versucht der Erzähler zusammen mit anderen Kameraden, einen verstümmelten toten Pionier ins Dorf zu tragen, erlebt aber, daß der Tote immer schwerer wird (»die Last der Welt«), bis schließlich ein Granateinschlag den Erzähler dieser Last enthebt und ihn vor die Stimme Gottes zitiert. Auch hier wird also der eigene Tod des Erzählers als eine fiktive Realität vorgeführt. Diese Realität des nicht mehr Sagbaren erscheint auch in den beiden Verwundungserzählungen Bölls.

In »*Wiedersehen mit Drüng*« erkennt der verwundete Erzähler beim Erwachen aus der Bewußtlosigkeit im scheinbar toten Nebenmann seinen früher wenig beachteten Schulkameraden, der nun mit ihm spricht und ihm mögliche Schuld verzeiht und dann mit ihm im Tod vereinigt wird. Das vorübergehende (wirkliche oder erträumte) Wachsein der beiden Verwundeten wird so zum Akt des gegenseitigen Erkennens und Verzeihens.

Die bekannteste und am häufigsten interpretierte Kriegsgeschichte Bölls ist »*Wanderer, kommst du nach Spa...*«, jene Bewußtseinsspiegelung eines schwerverwundeten jungen Soldaten, der anhand der wahrgenommenen heroischen und militaristischen Bilder und schließlich am Zustand des Zeichensaales erkennt, daß er in seine eigenen Schule zurückgebracht worden ist, die er erst einige Wochen zuvor verlassen hatte und die nun als Notlazarett dient. Zuletzt erkennt er sich selbst als zerschossenen Krüppel wie auch den Hausmeister Birgeler. Die Wirkung dieser Kurzgeschichte beruht vor allem auf der Konfrontation des Schwerverwundeten mit seiner ihm vermittelten Bildungswelt, die zu seinem jetzigen Zustand geführt hat. Dabei spielt das fragmentarische Titelzitat, der

Satz des Simonides für die spartanischen Thermopylenkämpfer (in Schillers Fassung) eine wichtige Rolle.

Den Darstellungen des unmittelbaren Kriegsgeschehens mit Kampf und Tod stehen die zahlreichen Kurzgeschichten gegenüber, in denen Soldaten abseits von der Front im seelenlosen Drill der Ausbildung stehen oder in Einzelerlebnissen Vergessen von den erlebten oder vor den bevorstehenden Schrecknissen suchen.

Als eine der ältesten Kurzgeschichten gilt »*Aus der Vorzeit*«. Hier erlebt der Soldat Renatus die Kaserne als einen Ort geistloser Öde und als eine würdelose Askese in einer Hierarchie des Stumpfsinns, in der die Menschen wie seelenlose Puppen reagieren. Die bilder- und reflexionsreiche Erzählung, eine noch unausgeglichene Mischung von Handlungs- und Ortsbeschreibung und satirischer Charakterisierung, umfaßte ursprünglich 18 Seiten und wurde vor dem Erscheinen auf eineinhalb Seiten verkürzt.

An Bölls eigenen Flug von Odessa zur Krim mag die Kurzgeschichte »*Damals in Odessa*« erinnern, in der der Erzähler schildert, wie er mit zwei jungen Kameraden der Langeweile der Kaserne entflieht, um in einer russischen Kneipe eine »Entfernung von der Truppe« zu realisieren und durch Essen und Trinken die ›elementaren Dinge des Lebens‹ zu genießen, bevor es an die Front geht, von der sie - wie sie wissen - niemals zurückkehren. Auch die Kurzgeschichten »*Trunk in Petöcki*« und »*Aufenthalt in X*« schildern ähnliche Situationen, nur handelt es sich um Fluchtversuche einzelner Soldaten in Kneipen und zu Mädchen, bevor es zurück an die Front geht.

Die Sinneswahrnehmungen eines Soldaten während der Liebesbegegnung mit einer Frau schildert in sorgfältiger Detailmalerei »*Die Liebesnacht*«. Ganz anders ist die Situation in »*Vive la France*«:

Hier erlebt ein nikotinsüchtiger Wachposten voller Haß die nächtlichen Ausschweifungen der Offiziere und erschießt einen betrunkenen Leutnant, als dieser die falsche Parole sagt: »Vive la France«.

Die Beziehungen zwischen den Soldaten und der Zivilbevölkerung bilden einen weiteren Themenkreis in den ›Kriegsgeschichten‹ Bölls. Zu den eindrucksvollsten Texten dieser Gruppe gehört »*Auch Kinder sind Zivilisten*«, wo der Verkauf von Kuchen durch ein kleines russisches Mädchen an den Erzähler geschildert wird. Der Titel der Geschichte charakterisiert als Zitat des Wachtpostens der Kaserne das Verbot eines solchen Kontaktes zu ›Zivilisten‹ in seiner unterschiedslosen Inhumanität. In »*Unsere gute alte Renée*« schildert der Erzähler die französische Kneipenwirtin eines Dorfes und ihr humanes Verhältnis zu den deutschen Soldaten. In der erst spät publizierten Kurzgeschichte »*Todesursache: Hakennase*« erzählt Böll den vergeblichen Versuch eines deutschen Leutnants, seinen versehentlich verhafteten russischen Hauswirt bei einer Massenerschießung zu retten, indem er ihn schwerverletzt in ein Krankenhaus bringt, wo er jedoch stirbt. Der Titel, das Zitat eines deutschen Arztes, kennzeichnet den unmenschlichen Zynismus bei den deutschen Massenerschießungen von Juden. In »*Eine Kiste für Kop*« werden in den Gerüchten und Vermutungen über den Inhalt der Kiste die Sehnsüchte und Wünsche der notleidenden Menschen gespiegelt.

Völlig abweichend von der bisher skizzierten Thematik ist der Inhalt der parabelartigen Geschichte »*Im Käfig*«, die schon durch ihren Titel die Gleichsetzung eines gefangenen Menschen zwischen Stacheldrahtzäunen, Latrinen und Hungergestalten mit einem Tier ausdrückt. Der so in einem Gefangenenlager oder KZ Gefangene stürzt sich schließlich in den Stacheldraht, aus dem er dann herausgeschnitten wird.

2.2.2 Kurzgeschichten aus der Nachkriegszeit

Etwa gleichzeitig mit den Kurzgeschichten über Kriegsgeschehnisse beginnt Böll damit, solche über Begebenheiten der Nachkriegszeit zu schreiben. Kurzgeschichten zum Krieg und zu den Kriegsfolgen wechseln bis in die fünfziger Jahre einander ab. Geht man von dem Böll-Zitat in der »*Botschaft*« aus (dessen (eingeschränkten) Programmcharakter B. Balzer, Ausg.S.13 unterstreicht), wonach »der Krieg niemals zu Ende sein würde, niemals, solange noch irgendwo eine Wunde blutet, die er geschlagen hat«, so gehörte ja die Mehrzahl der Nachkriegserzählungen noch zu den Kriegserzählungen. Dennoch sind die Themen und Probleme hier anderer Art. Es sind vor allem die Probleme der Heimkehrer, ihr Wiedereinfinden in die Berufs- und Arbeitswelt, in Ehe - und Partnerbeziehungen und die Erinnerungen an die Vorkriegszeit und Kriegserlebnisse bei Kindern und Erwachsenen, auch die Veränderungen an Kirchen und Häusern, die jetzt zur Gestaltung drängen.

In der Form ergeben sich hier kaum Unterschiede gegenüber den Kurzgeschichten um das Kriegsgeschehen; nur gelegentlich stößt man nun auf Straffungen gegenüber mancher früheren Weitschweifigkeit (vgl. z.B. »*Mein teures Bein*«, »*An der Brücke*«).

Bei den Nachkriegsgeschichten unter den Kurzgeschichten Bölls lassen sich zunächst die Texte abheben, die inhaltlich noch eng mit dem Kriegsgeschehen verbunden sind, etwa dadurch, daß noch der Tod von Soldaten gemeldet wird, Leid und Erinnerungen andauern, alte Ängste wach werden, Not fortbesteht; es gibt aber auch Geschichten, die Neues ankündigen, neue berufliche Möglichkeiten, neue Bindungen, allerdings auch Hinweise auf das Fortbestehen alter Zustände im neuen Leben.

Die Kurzgeschichte »*Die Botschaft*«, die von der Überbringung einer Todesnachricht an die Frau eines verstorbenen Kameraden des Erzählers berichtet, galt lange Zeit als ältester publizierter Text Bölls, bis noch frühere entdeckt wurden. Mit dem Erzählerresümee, er wußte »daß der Krieg niemals zu Ende sein würde, niemals, solange noch irgendwo eine Wunde blutet, die er geschlagen hat«, galt dieser sprachlich mitunter zu bilderreich und pathetische Text zugleich als programmatisch für die ›Trümmerliteratur‹ Bölls. Eine motivisch ähnliche Geschichte bietet »*Grün ist die Heide*«; doch verzichtet der Erzähler hier auf die Übermittlung der Todesbotschaft, als er im Hause des Toten einem Liebespaar begegnet. Das ähnliche Motiv der Heimkehrerbefragung nach Vermißten leitet in »*Die blasse Anna*« zur Begegnung mit der kriegsverletzten Braut des Vermißten über.

Eine Heimkehrergeschichte ist auch »*Abschied*«, wo sich der Erzähler von seiner Geliebten trennt, die nach Schweden reist, um dort einen anderen zu heiraten. Wie die Liebe zu einer Frau Männerfreundschaften zerstören kann, zeigt der Text »*Einsamkeit im Herbst*«; wie Einsamkeit wiederum zu neuen Bindungen führen kann, verdeutlicht die Erzählung »*In Friedenstadt*«.

Die Erzählung »*Ich kann sie nicht vergessen*« bestätigt am Beispiel eines Kusses im Krieg, daß solche Kriegserinnerungen noch lange wach bleiben und beunruhigen. Die bedrohende Lebendigkeit und Nachwirkung der Trauer um einen Toten wird in »*Steh auf, steh doch auf*« vergegenwärtigt, wo sich der Icherzähler auf dem Heimweg vom Grab der Geliebten so verfolgt fühlt, daß er schließlich zusammenbricht und der visionären Toten folgt.

Angesichts der zahllosen Zerstörungen und Veränderungen konnte etwas Unverändertes ebenfalls zum Anlaß für eine Kurzgeschichte werden. So beobachtete der Erzähler in »*Über die Brücke*« vor dem Krieg beim Vorbeifahren an einem Haus, wie dort eine Frau regelmäßig zur gleichen Zeit putzte; nach dem Krieg sieht er die Tochter bei der gleichen Arbeit. Selbst die stets schiefe Dachrinne (»*Die Dachrinne*«) wird für ein Liebespaar zum Symbol des sich Gleichbleibenden. Und auch ein Dorf kann für den Betrachter aus der zerstörten Stadt zum Sinnbild der Unveränderlichkeit werden; nur kommen auch hier nicht alle Menschen aus dem Krieg zurück

(»*Wiedersehen mit dem Dorf*«). Wie sehr auch kleine Gegenstände Erinnerungswert für größere Lebensabschnitte erlangen, verdeutlicht der Erzähler am Beispiel der Postkarte (»*Die Postkarte*«), mit der er zum Militär einberufen worden war.

Von Bölls Nachkriegsinhalten in seinen Kurzgeschichten sind am meisten die Heimkehrererzählungen bekannt geblieben, in denen die beruflichen Neuanfänge der einstigen Soldaten geschildert werden. In »*Der Mann mit den Messern*« etwa wird erzählt, wie sich ein einstiger Oberleutnant als Messerwerfer durchs Leben schlägt und sogar den Erzähler zum Mitmachen als Modell überredet. In »*An der Brücke*« (später umbenannt in »*Die ungezählte Geliebte*«) berichtet ein Beinverletzter, wie er als Passantenzähler an einer neuerbauten Brücke arbeitet, dabei aber ein von ihm verehrtes Mädchen aus den Zahlen für die erfolgssüchtigen Statistiker ausläßt. In »*Mein teures Bein*« rechnet ein anderer Beinamputierter, der ein Arbeitsangebot als Schuhputzer in einer Toilette abgelehnt hat, einem Beamten vor, was sein Bein wert war, indem er selbst vielen das Leben gerettet hatte. Über einen Berufswechsel unabhängig von der Heimkehrersituation berichtet »*Der Wellenreiter*«.

Eine Möglichkeit zum Überleben bot manchem heimkehrenden Soldaten der Schwarzmarkt. Böll vermittelt Erfahrungen von Schwarzhändlern in »*Kumpel mit dem langen Haar*«, wo ein solcher Händler auf der Flucht eine Lebensgefährtin findet, und in »*Geschäft ist Geschäft*«, einer melancholischen Erzählung eines Heimkehrers, der die Umstellung seines einstigen Schwarzhändlers auf eine geschäftliche Sachlichkeit bedauert. Die Erlebnisse eines Städters, der ein Hemd bei Bauern auf dem Land gegen Lebensmittel eintauschen will, schildert Böll in »*Ein Hemd aus Seide*«. Einen Weg zum Varieté-Kassierer findet ein einstiger Schwarzhändler in »*So ein Rummel*«. Diese Kurzgeschichte beeindruckt allerdings am meisten durch die hier genannten Spiele der Kinder der ›Dame ohne Unterleib‹, die nämlich zu makabren Spielen wie »Neandertaler«, »Bunker«, »Flüchtling«, »Totalgeschädigt«, »Bomben« und »Sterben« angeregt werden und so im kindlichen Spiel vor allem das Grauen des Krieges neu heraufbeschwören.

Damit rückt Böll auch die leibliche und seelische Not der Kinder in der Nachkriegszeit in den Blick. Sie ist am eindrucksvollsten in »*Lohengrins Tod*« dargestellt, einer Kurzgeschichte, die die letzten Stunden eines beim Kohlenklauen schwer verunglückten Jungen schildert, der sich noch im Sterben um seine jüngeren Geschwister sorgt. Melancholisch stimmt auch eine weitere Kindergeschichte Bölls aus dieser Zeit: »*Der Tod der Elsa Baskoleit*«, in der der Erzähler von seiner Kinderliebe zu Elsa, der Tochter des ostpreußischen Obsthändlers Baskoleit berichtet, von der er nach dem Krieg aus dem Mund des verwirrten Vaters nur erfährt, daß sie gestorben ist. Die Verantwortung eines Kindes für seine Familie rückt Böll auch in »*Am Ufer*« in den Blick, indem er von einem Jungen erzählt, der die Lebensmittelkarten der Familie verloren hat und sich nun aus Verzweiflung ertränken will, aber von einem amerikanischen Soldaten gerettet und versorgt wird.

Am Schluß dieses Abschnittes sei noch auf »*Der Geschmack des Brotes*« hingewiesen, ein kurzes Erinnerungsbild an die Hungerjahre der Kriegs- und Nachkriegszeit, in dem Böll den andächtigen Genuß eines alten Brotes durch einen Hungernden schildert und so die besondere, für Böll sogar sakrale Bedeutung des Brotes hervorhebt.

2.2.3 Moralisch und religiös bestimmte Texte

Ein eigener moralischer und religiöser Standpunkt, der nicht in allem identisch ist mit der konventionellen bürgerlichen oder kirchlichen Moral oder Religiösität, findet sich in den meisten Erzähltexten Bölls. Neben seinen Kriegs- und Nachkriegsgeschichten existiert eine Gruppe von Kurzgeschichten, die unabhängig von diesen zeitlichen Fixierungen sich vorwiegend auf die Darstellung bestimmter religiöser oder moralischer Vorgänge und Haltungen konzentriert. Es empfiehlt sich, diese von den bisher aufgeführten Texten abzutrennen und gesondert aufzuführen.

Bei den hier zusammengefaßten Kurzgeschichten handelt es sich um Texte der religiös-moralischen Reaktivierung oder der Korrumpierung des Gewissens, symbolische Vorgangs- und Zustandsbeschreibungen, eine legendenartige Erzählung, Texte zur Säkularisierung von Festtagen, verschiedene moralische Aspekte in Liebesbeziehungen und eine sozialkritische historische Erzählung.

So wirkt in »*Kerzen für Maria*« das Beispiel eines jungen Liebespaares auf den Erzähler, einen erfolglosen Kerzenhersteller, anregend, zur Beichte zu gehen und alle seine Musterkerzen vor der Madonna anzuzünden. In »*Das Abenteuer*« treiben Gewissensskrupel nach einem Ehebruch mit einer Kundin einen Vertreter zur Beichte.

Eine Gewissensentscheidung anderer Art trifft der Schuldirektor Daniel in »*Daniel der Gerechte*«, als er in Erinnerung an seine eigenen Schulängste sich nicht für die Aufnahme eines Neffen in die eigene Schule einsetzen will. In »*Wie in schlechten Romanen*« wird ein jungverheirateter Tiefbauunternehmer durch seine Frau und die Frau des Kommissionsvorsitzenden gedrängt, einen öffentlichen Auftrag durch Kostenänderungen und Bestechungsgelder an den Kommissionsvorsitzenden für sich zu gewinnen und seine Gewissensbedenken zu überwinden. In »*Aschermittwoch*« nutzt ein arbeits- und wohnungsloser Mann die Teilnahme eines Geschäftsinhabers am Gottesdienst aus, um sich von seiner einstigen Geliebten (oder seiner Schwester?) Geld zu erbitten. Auch in »*Krippenfeier*« ist der (säkularisierte) Heiligabend mit Geschäftsmusik und Werbung nur Hintergrund für eine größere Geschäftigkeit. Beide Feste entbehren so ihres sakralen Charakters.

Den Weihnachtsgedanken sucht Böll jedoch in »*Die Kunde von Bethlehem*« und in »*So ward Abend und Morgen*« zu vermitteln.

Die Legendenerzählung »*Die Kunde von Bethlehem*« bezieht sich auf die Verkündigung der Weihnachtsbotschaft an die Hirten, an die ein Wirt in Bethlehem glaubt, als er den Schreiner Joseph zu einer Türreparatur holen will und einen grauen Boten mit Blumen antrifft, der wenig später in der Stadt Blumen an die Kinder von Bethlehem verteilt und Joseph zur sofortigen Flucht auffordert, da Soldaten in die Stadt eindringen. In »*So ward Abend und Morgen*« geht es um die Wiederherstellung einer gestörten Kommunikation zwischen jungen Eheleuten am Weihnachtsabend, nachdem der Ehemann die eingekauften Weihnachtsgeschenke in der Gepäckaufbewahrung vergessen hat und nicht mitbringen kann. Einen mehr symbolischen Sinn dürfte »*Die Besichtigung*« haben, eine Beschreibung einer zerstörten Kirche, bei der das Seitenschiff erhalten ist. Auch »*Der Engel*«, ein Marmorengel, der wie der Sarg bei einer Beerdigung im Schlamm versinkt, scheint eine sinnbildliche Funktion zu haben (vgl. »Der Engel schwieg« S. 93).

Die bekannteste und am häufigsten interpretierte Kurzgeschichte Bölls ist seine einzige historisch-sozialkritische Erzählung, »*Die Waage der Baleks*«. Die darin geschilderte Entlarvung des falschen Gewichts der zur Jahreswende 1900 gerade geadelten Gutsbesitzersfamilie Balek und ihrer damit verbundenen Betrügereien an den Dorfbewohnern und Kindern durch den damals noch kindlichen Großvater des Erzählers führte zum Aufstand des Dorfes, der schließlich von den Gendarmen niedergeschlagen wurde und der kleinen Schwester des Großvaters das Leben kostete. Die Kirche und das Lied »Gerechtigkeit der Erden hat dich, o Herr, getötet« bleiben zunächst als einzige Zuflucht, bis auch das Lied in der Kirche verboten und die Familie des Großvaters ausgewiesen wird. Unterwegs singen sie das Lied und erzählen ihre Geschichte.

Die Interpretationen dieses Textes konzentrieren sich auf gehalt-

liche, strukturelle und sozialkritische Aspekte und auch um ihre di-
daktische Vermittlung. Die Mittelpunktfigur des Jungen, der sagen-
hafte Hintergrund, die Waage als Dingsymbol, die religiöse Dimension in Lied und Gottesdienst, der stufenmäßige Textaufbau und
die sozialgeschichtliche Exemplarität bieten hier mögliche Inter-
pretationskerne.

In den weiteren Kurzgeschichten dieser Gruppe geht es um die
rechte Wertung erotischer und sexueller Begierden und die eheliche
Treuebindung. So bietet *»Die Kirche im Dorf«* (*»Das sechste Gebot:
Du sollst nicht ehebrechen«*) keine Schilderung eines Ehebruchs,
sondern lediglich der möglichen Vorgeschichte eines solchen, insofern als sich hier ein Steuerkontrolleur in die verheiratete Lehrerin
eines Dorfes verliebt, jedoch vor einer weiteren Bindung gewarnt
wird. In *»Bis der Tod Euch scheidet«* geht es um den Rückblick einer gerade geschiedenen Frau auf ihre Ehe und auf ihre Treubrüche.
In *»Rendezvous mit Margret oder: Happy End«* trifft der Erzähler
anläßlich einer Beerdigung auf eine einstige Jugendfreundin, die er
seit vierunddreißig Jahren nicht mehr getroffen hatte und nun von
neuem begehrt.

2.2.4 Ironische und satirische Erzählungen

Als letzte Gruppe der Kurzgeschichten und kurzen Erzählungen
Bölls sei hier die der ironischen und satirischen Erzählungen aufgeführt. Böll hat auch in seinen Kurzgeschichten (wie in den Romanen) Mittel der satirischen Darstellungsweise verwendet. Sie unterscheiden sich von der Gesellschaftskritik der realistischen Erzählungen und Erzählpartien vor allem durch die darstellerischen Mittel der Handlungswiederholung, -dehnung, -übertreibung (›Linienverlängerung‹) sowie die sprachlichen Mittel der Ironie, des
Spottes und der Übertreibung. Manche dieser Satiren Bölls (z.B.
»Nicht nur zur Weihnachtszeit«, *»Doktor Murkes gesammeltes
Schweigen«*) haben inzwischen das literarische Ansehen des Autors
entscheidend gefördert. Nicht immer wird hinter den ironisch-satirischen Abweichungen eine ideale Norm erkennbar.

Auch diese Kurzgeschichten Bölls, die nicht auf Kriegsgeschehnisse bezogen sind und erst ab 1950 von ihm publiziert werden,
dann allerdings in zunehmenden Maße, lassen sich inhaltlich-the-
matisch in Gruppen zusammenfassen.

Die größte Gruppe bilden hier die ›Berufssatiren‹, in denen es um
Übertreibungen und Bloßstellungen bestimmter Tätigkeiten und
ihrer gesellschaftlichen Hintergründe geht, meistens in der Form

ungewöhnlicher Erweiterungen dieser Tätigkeiten (= ›Linienverlängerungen‹), die Böll als mathematische Konstruktionen von Satiren bezeichnet hat.

Als eine der frühesten Berufssatiren kann man »*Der Zwerg und die Puppe*« ansehen, insofern hier die Tätigkeit des Interviewers ironisiert wird, wenn z.B. der Erzähler irrtümlich von einer Kollegin interviewt wird. Der Texttitel bezieht sich allerdings auf den beobachteten Wechsel der Bewohner eines Hauses und auf die Requisiten im Fenster ihrer Wohnung. Ausgeprägter ist die Berufssatire in »*Der Lacher*«, der als »eine Art subtiler Claqueur« eine Gesellschaft, die nichts zu lachen hat oder nicht mehr lachen kann, zum Lachen anregt. Mehr liebevoll ironisch charakterisiert Böll die Figur eines Briefträgers als einen »*Jünger Merkurs*«. Im »*Bekenntnis eines Hundefängers*« wird ein städtischer Hundekontrolleur (wie es ihn mancherorts gibt) wegen der Nichtanmeldung seines eigenen Hundes in Gewissensnöte gebracht. Auch der Text »*Meines Bruders Beine*«, der vom bedrohten Einkommen des Erzählers als Masseur und Koch seines Bruders, eines nicht sonderlich intelligenten Fußballstars, berichtet, kann zu den Berufssatiren gezählt werden. Zugleich als Wissenschaftssatire kann man »*Im Lande der Rujuks*« kennzeichnen, wo von der Erforschung einer aussterbenden Sprache, ihren Erforschern und ihren Sprechern berichtet wird. Eine modernere Form der Berufs- und Wissenschaftssatire (n. Feinäugle unter Verwendung des Motivs von Schein und Sein) findet sich in »*Keine Träne um Schmeck*«, wo ein selbstgefälliger Soziologieprofessor, der Forschungsergebnisse seines Assistenten als eigene ausgibt, bloßgestellt wird. Der ›Beruf‹ des Schriftstellers wird in »*Die Suche nach dem Leser*« als solcher angezweifelt, da er oft erfolglos bleibe, was am Beispiel von Werbetaktiken eines Verlags verdeutlicht wird, die jedoch statt neuer Leser einen neuen Autor gewinnen. »*Es wird etwas geschehen*« greift dagegen das Motto eines besonders aktiven Chefs und der Sekretärin einer Firma auf, in die der Erzähler als weiterer Aktivist eintritt. Nach dem plötzlichen Herztod des Chefs findet der Erzähler eine neue Beschäftigung als Berufstrauernder bei einem Beerdigungsinstitut. »*Der Wegwerfer*«, der Tätigkeitsbericht eines professionellen Drucksachenaussortierers, der mit seinen Ideen schon heutige Müllprobleme vorausdenkt, ist in der satirischen Struktur des Textes von K. Jeziorkowski ausführlich untersucht worden, der hierbei besonders Bölls demaskierendes Verfahren der ›Linienverlängerung‹, der fiktiven Übersteigerung einer Möglichkeit, hervorhob. Auch Bölls früh verfaßte, doch spät publizierte Kurzgeschichte »*An der Grenze*«, in der die schnelle Karriere eines Abiturienten geschildert wird, der gegen den Willen der Familie nicht studiert, sondern Zollbeamter wird und zugleich Fachbücher schreibt, ließe sich als Berufssatire auf einen bestimmten Beamtentyp auffassen.

Mit den Berufssatiren vergleichbar sind jene Texte, die bestimmte Erscheinungen aus dem Wirtschaftsleben kritisieren. »*Der Bahnhof von Zimpren*« ist eine solche Satire auf rein wirtschaftliches Konjunkturdenken. Der Text berichtet von einem Bahnhof, der während eines kurzen Erdölbooms für hunderttausend Menschen gebaut wurde, jedoch verödete, als die Menschen wieder wegzogen, und nun zum Ziel von Strafversetzungen wurde. Die »*Anekdote zur Senkung der Arbeitsmoral*« persifliert dieses Konjunktur- und Profitdenken in einem Gespräch zwischen einem südländischen Fischer und einem Touristen, der den dösenden Fischer zu mehrmaligem Auslaufen, größeren Fischfängen und kapitalistischer Vorratswirtschaft und Industrie überreden will, aber über den Sinn solcher Mehrarbeit keine rechte Antwort weiß. Der Gegensatz von Konsumwerbung und Armut und Wohnungsnot bestimmt die satirische Kurzgeschichte »*Ich bin kein Kommunist*«, die mehrere Parallelen zum Roman »*Und sagte kein einziges Wort*« enthält. Da die Frau des Erzählers in Ermangelung einer Leiter verunglückt ist, eine Fehlgeburt hatte und nun schon wieder schwanger ist, könnte er schon zum Kommunisten werden, weist den Gedanken aber im Titelzitat von sich und macht so erst recht auf seine soziale Situation aufmerksam.

Das Gegenteil findet sich in »*Mein Onkel Fred*«, der Geschichte eines Heimkehreres, der zunächst monatelang nichts tut, dann plötzlich einen Blumenhandel beginnt, der sich ständig vergrößert, so daß der Neffe schließlich Volkswirtschaft studieren kann.

Eine wichtige Gruppe unter den Kurzgeschichten dieser Art bilden die politischen Satiren. Eine der ersten war der in der Nachahmung von George Orwells negativer Utopie »1984« stehende Text »*Mein trauriges Gesicht*«, der berichtet, wie ein Mann, der wegen eines staatlich verbotenen glücklichen Gesichts fünf Jahre in Haft war, kurz nach seiner Entlassung wegen eines nunmehr verbotenen traurigen Gesichts erneut verhaftet und mißhandelt wird. Konkreter auf westdeutsche Verhältnisse, nämlich auf die Wiederaufrüstung bezogen ist das »*Hauptstädtische Journal*« des neuen Generals von Machorka-Muff, der zugleich nach seiner Ernennung sein Lieblingsobjekt, die ›Akademie für militärische Erinnerungen‹ einweiht und dabei die hohen Verluste der Truppen eines Nazigenerals zu rechtfertigen sucht. Daß dieser Militarist als achter Gatte eine Ehe mit der Geldadligen Inniga von Zaster-Pehnunz eingeht, unterstreicht den Charakter der satirischen Bloßstellung. Anspielungen auf die in den fünfziger Jahren häufigen Attentate und Palastrevolten in einstigen Monarchien und Diktaturen enthalten die »*Erinnerungen eines jungen Königs*«, die vom Sturz seines Vaters, seiner kurzen Herrschaft, seiner Zwangsheirat, einem Militärputsch und seiner Flucht ins Nachbarland berichten, wo er nun als Zirkuskassierer arbeitet.

Eine sozialpolitische Satire ist dagegen die »*Erwünschte Reportage*«, die davon erzählt, daß ein Land- und Forstarbeiter eines Grafen seine von der Gewerkschaft durchgesetzte Lohnerhöhung als »rote Groschen« an seinen Arbeitgeber zurückgab, der das Geld daraufhin vertrank. Gegen die ›Berufsverbote‹ von Mitgliedern und Sympathisanten kommunistischer und als verfassungsfeindlich verdächtigter Gruppen, die manchen Studenten den Zugang zu staatlichen Ausbildungen versperrten, richtet sich Bölls Erzählung »*Du fährst zu oft nach Heidelberg*«, die die Abweisung eines jungen Philologen vom Referendardienst schildert, weil er ständig Kontakte zu chilenischen Asylanten in Heidelberg hatte. Satirische Übertreibungen oder Verzerrungen werden hier vermieden; ironisch wirkt allenfalls das mehrfach wiederholte Titelzitat. Eine etwas simple Satire auf das früher in der Sowjetunion bestehende Reiseverbot in das westliche Ausland stellt das »*Geständnis eines Flugzeugentführers*« dar, eines Mannes, der mit einer selbstgeschnitzten und mit Schuhcreme gefärbten Holzpistole ein Flugzeug nach Dänemark entführen wollte und nun vor Gericht steht.

Einen politischen Hintergrund hat die amüsante Geschichte über »*Beziehungen*«, wo von Versuchen die Rede ist, über die Bekanntschaft mit der Fußpflegerin der Tochter eines Ministers in Bonn zu Einfluß zu gelangen, was aber trotz Geschenken und Bestechungsgeldern an die Fußpflegerin und ihre Familie nicht gelingt.

Politische Anklänge finden sich auch in der (trotz seiner häufigen Kirchenkritik) einzigen Kirchensatire Bölls »*Veränderungen in Staech*«, einer Geschichte um ein staatlich subventioniertes Benediktinerkloster, das man gern ausländischen Staatsgästen vorführt, dessen Mönche aber lieber auf Reisen und zu Vorträgen sind als am Chorgesang teilzunehmen, so daß man ihre Zahl schließlich durch eingekleidete und bezahlte Demonstranten und Gammler ergänzt.

Andere Satiren knüpfen an Sonderlinge und Außenseiter der Gesellschaft an und weisen durch deren normabweichendes Verhalten auf die Fragwürdigkeit gesellschaftlicher Normen zurück. Mit der ersten Satire dieser Art, »*Die schwarzen Schafe*«, gewann Böll 1951 den Preis der ›Gruppe 47‹. Es ist der Bericht eines Erzählers über seinen Onkel, der viel wußte und mit allen gut reden konnte, sich aber stets Geld lieh. Als er kurz vor seinem Tod in der Lotterie gewann, konnte sein Neffe die genau notierten Gläubiger auszahlen, gewann dann selbst in der Lotterie und sucht nun einen passenden Erben. In »*An der Angel*« beschreibt Böll einen anderen Sonderling, der wegen eines unvollständigen Telegramms (es fehlte das Datum) stets zum Bahnhof rennt, um seine angekündigte Geliebte abzuholen; er vermag nichts anderes mehr zu tun, verarmt dabei immer mehr und wird zuletzt immer aggressiver, bis schließlich doch noch das Mädchen kommt. »*Husten im Konzert*« scheint eine Satire auf die bürgerliche Kunstandacht darzustellen, die durch das ständige Dazwischenhusten des Vetters des Erzählers gestört wird. Außenseiter anderer Art sind die beiden Hauptpersonen in »*Unberechenbare Gäste*«, die in ihrem Haus Zirkusleute und Zirkustiere beherbergen und Hausierern ihre Waren abkaufen, solange sie es vermögen.

Andere satirische Texte spiegeln den Gegensatz von Schein und Sein. So verdeutlicht der Erzähler in »*Die unsterbliche Theodora*«, daß die Muse des frühverstorbenen und nun gefeierten Lyrikers Bodo Bengelmann niemand anders als die Schuhverkäuferin Käthe Barutzki war, der er aus Schüchternheit nie seine Liebe gestanden hatte.

In »*Hier ist Tibten*« versucht der Erzähler, ein Mann mit zweifachem Doktorgrad, als Ortsansager des Bahnhof den Reisenden den Ort als antiken Wallfahrtsort anzupreisen und auf die von ihm vertauschten Grabbeigaben des Tiburtiusgrabes hinzuweisen.

Auch das Motiv der verkehrten Welt wird von Böll satirisch genutzt: In »*Die Decke von damals*« z.B. spöttelt er über die unzureichenden Versuche, alte Stuckdecken zu überputzen, was wegen des Herabfallen des Putzes zum Tragen von Hüten im Haus (statt draußen) veranlaßt. Das Thema des Hutes kehrt wieder in »*In guter Hut*«, womit das Krankenhaus gemeint ist, in dem der Erzähler landete, als er seinen Hut gegen Brote vertauschte und deshalb erkrankte. Eine Reihung unerwarteter politisch konträrer Kombinationen bietet Böll in den »*Deutschen Utopien I/II*«. Auch in der Aufzählung von Gesetzesübertretungen und der Erzählung des Bankraubes einer Mutter für ihren Sohn in »*Höflichkeit bei verschiedenen unvermeidlichen Gesetzesübertretungen*« finden sich Gegensätze zu den gesellschaftlichen Normerwartungen. Ein Gegensatz in der Entwicklung vom pessimistischen Anfang, der Arbeitslosigkeit und Armut eines Zeitungsredakteurs, zum optimistischen Ende, der Heirat einer reichen Frau aufgrund eines zufälligen Namensaufrufs in einem Zug, findet sich in »*Eine optimistische Geschichte*«. Die Vorzüge des Friedens gegenüber dem letzten Krieg stellt Böll in »*Undertakers for Peace*« dadurch heraus, daß er zeigt, daß im Frieden keine KZs und Massengräber üblich sind und somit die Sargmacher und Bestatter mehr Arbeit und Einkommen haben. Ähnlich argumentativ erfährt Böll bei einem Gespräch mit einer Schnee-Eule im Zoo (»*Weggeflogen sind sie nicht*«) den Unterschied zwischen einer Scheinfreiheit, wie sie den Kranichen auf den Wiesen zuteil wurde, denen man aber die Flügel gestutzt hat, und der Freiheit im Käfig, wie sie die unversehrte Schnee-Eule genießt.

Eine Möglichkeit, Zeitgeschichte kritisch zu spiegeln, besteht in der Darstellung der Lebensgeschichte bestimmter Gegenstände. Böll hat dies sowohl in »*Das Schicksal einer henkellosen Tasse*« mit der Spiegelung bürgerlicher Lebensverhältnisse als auch in »*Abenteuer eines Brotbeutels*« mit der Darlegung von Ausschnitten aus Soldatenschicksalen genutzt.

Die größte Gruppe der ironisch-satirischen Kurzgeschichten machen die Texte mit literarischen Parodien oder literarischen Anspielungen aus. So weist »*Ein Pfirsichbaum in seinem Garten stand*« deutlich auf Fontanes Gedicht vom Herrn Ribbeck auf Ribbeck im Havelland und seinen Birnbaum hin, das hier sogar in einer Art Kettenbrief vorkommt, vom Pfirsichbaumbesitzer aber in den Anspielungen nicht verstanden wird. Eine Art Selbstparodie Bölls bietet er in »*Selbstkritik*«, wenn er dort Trümmerstaub als Voraussetzung zum Schreiben schmutziger Geschichten verlangt (den er in anderen Texten ernsthaft als zum Milieu gehörend erwähnt). Indem Böll ein Kapitel zum anonym verfaßten Buch mehrerer Autoren »*Der Rat der Welt-Unweisen*« beisteuerte, ließ er sich auf ein Unternehmen ein, das als Ganzes als eine Parodie bezeichnet werden kann. Auch mit der umständlichen Erklärung »*Warum ich kurze Prosa wie Jakob Maria Hermes und Heinrich Knecht schreibe*«, worin der Autor angeblich das Rezept der idealen Kurzgeschichte finden will, leitet er ein parodistisches Spiel mit dem Leser ein. Eine Parodie auf den antiken Mythos des Raubes der Europa durch den in einen Stier verwandelten Zeus stellt »*Er kam als Bierfahrer*« dar, in der ein griechischer Gastarbeiter namens Tauros (=Stier) eine Schankwirtin in der Nähe von Aachen entführt. Eine stilistische Parodie von Adalbert Stifters »*Nachsommer*«, in der die sonstige Leidenschaftslosigkeit des Romans durch einen leidenschaftlichen Fehltritt des Helden unterbrochen wird, findet sich im »*Epilog zu Stifters ›Nachsommer‹*«. Mehr eine Travestie zu Günter Eichs Maulwurftexten stellt Böll mit »*Weiterentwicklung der maulwürfe für, nach und in memoriam günter eich*« dar, wobei er schon seine eigene Geheimdienstthematik mit einfügt. Einem weitergehenden, an Dadaismus oder an die ersten Sprachorientierungsversuche eines Hirngeschädigten erinnernden Sprachexperiment, das angesichts der sonstigen kritischen Texte Bölls wie eine ironische Spielerei wirkt und deshalb hier stehen mag, begegnen wir in »*In welcher Sprache heißt man Schneckenröder?*« Schließlich enthält auch einer der letzten, autobiographisch geprägten Texte Bölls, »*Oblomov auf der Bettkante*«, literarische Anspielungen, insofern hier die Überwindung der eigenen Trägheit geschildert wird, Oblomov, der Held im gleichnamigen Roman des russischen Autors Gontscharov aber als Muster an Faulheit und geistiger Trägheit gilt.

Überblickt man die Vielzahl der Kurzgeschichten Bölls, so ist man immer wieder erstaunt über die reichhaltige Phantasie und die differenzierte Themenvielfalt, die hier zum Ausdruck kommen und die die Kurzgeschichten des Autors als eine den Romanen gleichwertige Leistung erscheinen lassen.

2.3 Größere Erzählungen und Romane

Heinrich Böll besaß zu den literarischen Gattungen ein wenig differenzierendes Verhältnis. Es ist sowohl nach den Neigungen des Autors als auch nach pragmatisch-ökonomischen Aspekten bestimmt. Während die zeitweise vorherrschende Vorliebe für Kurzgeschichten und Hörspiele zumindest teilweise auch aus wirtschaftlicher Notwendigkeit erwuchs - Böll brauchte in den literarischen Anfängen Geld, um sich und seine Familie durchbringen zu können-, galt seine literarische Hauptneigung von Anfang an dem Roman, der für ihn die literarische Großform schlechthin war. Bereits in seiner frühesten Zeit als Autor, vor dem Zweiten Weltkrieg, schrieb er nach späteren Angaben Romane, die jedoch teilweise im Krieg verbrannten. Erst aus späten oder posthumen Veröffentlichungen (1982 »*Das Vermächtnis*«, 1992 »*Der Engel schwieg*«) wissen wir, daß Böll auch in der frühen Nachkriegszeit wieder Romane zu schreiben versuchte, und nicht nur Kurzgeschichten.

Allerdings ist Bölls Romanbegriff ebenso wie andere epische Gattungsbegriffe weder quantitativ noch qualitativ genau festgelegt. So bestehen z.B. zwischen »*Wo warst du, Adam?*« und »*Frauen vor Flußlandschaft*«, dem ersten und dem letzten Roman Bölls, bedeutende Unterschiede. Auch Texte wie »*Das Vermächtnis*« (um 1950 geschr., 1982 veröff.) einerseits und »*Ende einer Dienstfahrt*« (1966) andererseits schwanken in der Möglichkeit einer Zuordnung zu Novellen oder Erzählungen. So sind denn im folgenden die epischen Texte Bölls zusammengefaßt, die nicht mehr bei den Kurzgeschichten eingefügt werden konnten.

»*Der Zug war pünktlich*«
(1949)

Der Soldat Andreas verabschiedet sich vor der Rückreise an die Ostfront auf einem Bahnhof von seinem Freund, einem Kaplan, und betont wiederholt, er wolle nicht sterben. Doch während der Fahrt verdichtet sich die Ahnung, bald zwischen Lemberg und Czernowitz sterben zu müssen, immer mehr zur Gewißheit. Im Zug wird er von den betrunkenen Soldaten Willy und Siebental zum Kartenspiel eingeladen und gewinnt oft. Unterwegs erfährt er, daß der eine seinen Urlaub abbrach, weil seine Frau ihm untreu war, der andere von einem homosexuellen Feldwebel verführt worden war. In Lemberg führt Willy die beiden anderen in ein Bordell und zahlt für alle. Andreas trifft hier die »Opernsängerin« Olina, eine Musikstudentin, die dem polnischen Widerstand angehört. Als Andreas ihr seine Todesangst gesteht, will sie die drei retten, indem sie ihnen das Auto überläßt, das sie zu einem General bringen soll. Unterwegs wird es aber von Partisanen überfallen. So sterben sie dort, wo Andreas es geahnt hat.

Böll schrieb diesen Text schon im Winter 1946/47. Er konnte aber erst 1949 erscheinen.

Die Sekundärliteratur hebt drei Aspekte der Interpretation besonders hervor: die Form, die Wandlung in der zweiten Hälfte und den Schluß.

Von einigen Autoren (H. Plard, H.M. Waidson) wird der Text als kurzer Roman angesehen, von anderen (H. Stresau, K. Becker) als Erzählung, von den meisten jedoch als Novelle (F. Wagner, G. Kalow, T. Ziolkowski, H.J. Bernhard u.a.). H.J. Bernhard betont die »novellistische Struktur«, die jedoch nicht voll ausgeschöpft werde. R. Nägele (1976, 23ff.) hebt die beiden Ebenen des Krieges und des Bewußtseins und die Plötzlichkeit der Gedanken hervor. H.J. Reid hat den konsequenten Verlauf des Textes mit dem klassischen Drama verglichen. Wie bei Ödipus, so führen hier alle Versuche, dem Verhängnis des Todes zu entkommen, nur tiefer in es hinein. Storms Wort von der Novelle als der Schwester des Dramas scheint hier realisiert zu sein. Dabei steht auch die mitunter pathetische Sprache des Erzählers dem idealistischen Drama nahe. Durch die oft betonte Todesgewißheit und Vorahnung des Unsagbaren gerät die Sprache in die Gefahr pathetischer Übersteigerung. Der wiederholte Wechsel zwischen berichtendem Imperfekt und berichtendem und zugleich vergegenwärtigendem Präsens in der Form »verkappter innerer Monologe« (H.J. Bernhard 1970, 21) und die Konzentration auf Erinnerung, Hoffnung und Gebet sowie auf das Erzählen der Vorgeschichten im zweiten Teil schaffen hier Gegenkräfte gegen die bedrückenden Ängste der Todesvoraussagen (Vogt [2]1987, 38). Die Musik dient schließlich der letzten Flucht vor der

Wirklichkeit (J.H. Reid 1991, 79). Eine romantische Stimmung, gepaart mit Musik, Lächeln und Tränen, schafft den Kontrast zum Grausigen des vorhergeahnten Todes.

Während G. Kalow den Text als »wie aus einem Guß« lobte, sahen P. Demetz, H. Schwab-Felisch und H. Waidson mit dem Ende der Bahnfahrt einen Bruch in der Erzählung, vom Abgleiten in den Kitsch in der Bordellszene wurde sogar gesprochen. Andererseits bietet diese Szene und nicht (wie H.J. Bernhard betont) die Todesgewißheit im Sinne einer Novellencharakterisierung Goethes die ›unerhörte Begebenheit‹, die den gemeinsamen Lebensplan Olinas und Andreas' ermöglicht, wobei Andreas' Todesangst ihn weiter lähmt und Olina allein handeln läßt. Der Entschluß beider, in ein Karpatendorf zu fliehen, ist zugleich ein Rückzug aus dem Krieg unter Verzicht auf jede patriotische Bindung. Die hierbei gebotene Kritik am Krieg differenziert nicht zwischen aggressivem und defensivem Krieg. Jede Tötung erscheint hier als Mord, dem man sich entziehen will, was H.J. Bernhard als »Humanismus ohne Vaterland« kennzeichnet.

Dem Mangel an geschichtlicher Perspektive, den H.J. Bernhard und G. Wirth beklagen, steht mit dem Tod als schicksalhafter Gewißheit eine transzendente Perspektive gegenüber, die verschieden gedeutet wird. Während G. Kalow u.a. die Perspektive einer religiösen Transzendenz betonen und damit eine Abwertung irdischen Glücks verbinden, H.J. Bernhard von einer »Utopie (vom ewigen Heil) als Transzendenz« spricht, J.H. Reid dagegen jansenistische Züge im Eintritt der Todesverheißung sieht, vermißt G. Wirth hier christliche Auffassungen von der Vorsehung Gottes (Christliches sieht er nur im Gebet der Hauptpersonen) und betont statt dessen die Vermischung fideistischer Glaubensvorstellungen mit kabbalistisch-kosmischen Vorstellungen und existentialistischen Deutungen.

W. Zimmermann 1954; W. Helmich 1960; W. Liersch 1962; J. Hoffmann 1962; Dormagen/Klose 1965; E. Neis 1966; G. Wirth 1969, 44-57; H.J. Bernhard 1970, 16-39; A. Bernáth 1975; [3]1982; R. Nägele 1976, 23f., 124f.; A.A. Abu Hasha 1986, 57-62; J. Vogt [2]1987, 35-40; H. Gerber 1988; 1989; K. Becker o.J.; J.H. Reid 1991, 77-80.

»Wo warst du, Adam?«
(1951)

Der Titel »Wo warst du, Adam?« geht auf ein Zitat des deutschen philosophischen Schriftstellers Theodor Haecker (1879-1945) aus

dessen »Tag- und Nachtbüchern« zum 31.3.1940 zurück (ersch.
1947), in dem der Krieg als Alibi der persönlichen Rechtfertigung
(gemäß Adams Rechtfertigung nach dem Sündenfall Gen 3,9) erscheint.

In einer Reihe von Einzelepisoden schildert Böll Kriegserlebnisse einzelner
Soldaten während des deutschen Rückzugs aus Rumänien und Ungarn und
zuletzt in Westdeutschland (Sept. 1944- April 1945). Der Text beginnt mit
dem Vorbeigang eines müden Generals (ohne Ritterkreuz) an den angetre-
tenen Soldaten, dann eines schneidigen Obersten (mit Ritterkreuz und Ei-
chenlaub) vor einem anderen Quartier, nach weiterem Marschieren folgt ein
Hauptmann vor der kleiner gewordenen Truppe. Dann wird das Schicksal
des Architekten Feinhals geschildert, der durch Granatsplitter verwundet
wird und in ein Feldlazarett kommt, ebenso wie der Oberst Bressen, der
stets nach Sekt verlangt, und ein Hauptmann, der stets »Bjelogorsche« mur-
melt. Als das Lazarett zurückverlegt wird, bleiben Feinhals wie der Feldwebel Schneider und der Arzt Dr. Schmitz zurück. Feinhals trifft die unga-
risch-jüdische Lehrerin Ilona, in die er sich verliebt. Doch zu einem späteren Treffen kommt es nicht: Er wird von einer Militärstreife aufgegriffen
und an die Front gebracht, sie mit einem Judentransport in ein KZ, wo sie
der Laune des KZ-Kommandanten gemäß zur Gesangsprobe muß und, als
sie die Allerheiligenlitanei vollendet schön vorträgt, wütend von ihm erschossen wird, der auch die übrigen Juden erschießen läßt. Feinhals gelangt
nach dem Fronteinsatz und Rückzug zum Aufbau einer zerstörten Brücke,
die jedoch sogleich nach Fertigstellung wieder gesprengt wird, weil sich der
Feind nähert. Zuletzt gelingt es Feinhals, sich bis in das Nachbardorf seines
Heimatortes durchzuschlagen, das bereits von Amerikanern besetzt ist,
während sein Heimatort im Niemandsland liegt und weiß beflaggt ist, aber
von deutschen Soldaten beschossen wird. Auf der Schwelle zum Elternhaus
wird Feinhals schließlich von einer Granate getötet.

Gemeinsames Thema der verschiedenen Episoden des Romans ist
der Krieg, wie er von einzelnen in einem bestimmten Zeitraum
(meistens vor dem Tode) erlebt wird. Die neun Kapitel des Textes
sind verschiedenen Figuren gewidmet; insofern gleicht das Werk
eher neun verschiedenen Erzählungen als einem traditionellen Roman. Die wichtigste Figur, der Soldat Feinhals, rückt erst im 6. und
dann im 9. Kapitel in den Vordergrund und ist so auch kein Held im
traditionellen Romansinn. Er ist zugleich der rangniedrigste Soldat
und der, der am längsten überlebt.
    In allen anderen Kapiteln stehen andere Figuren und Ereignisse
im Mittelpunkt, entsprechend wechselt auch die Perspektive, die
stets eine begrenzte bleibt und nie zur Gesamtperspektive wird, etwa in der Frage nach tieferen Ursachen des Krieges.
    Neben dem an Filmtechniken gemahnenden Szenen- und Figu-
renwechsel ist es auch der Motivwechsel, der diesem Roman den

Charakter eines Montageromans verleiht und schon die spätere Darstellungstechnik Bölls vorwegnimmt. Es sind ganz bestimmte eigenwillige Verhaltensweisen, durch die sich die Vordergrundfiguren dem Leser einprägen: der Oberst Bressen etwa durch seine Sektwünsche, der Hauptmann Bauer durch sein Bjelogorsche-Gestammel, der Oberleutnant Dr. Greck durch sein Luftschaukelerlebnis und seine Darmkoliken, der Feldwebel Schneider durch seinen Tod durch den Blindgänger, der KZ-Kommandant Filskeit durch seinen Chor-Tick, Feinhals durch seinen Tod vor dem Elternhaus, Ilona durch ihre Anmut und ihren Litaneigesang.

Hinzu kommen bestimmte Leitmotive wie die Betonung oder Nichtbetonung der Orden bei den Offizieren, das Vorkommen bestimmter Farben (rot, grün, weiß in Ungarn!) u.a.m. Recht unterschiedlich ist auch die Schaffung von Tiefenperspektiven bei den Figuren aufgrund von Erinnerungen und Erzählungen: So vergleicht der Oberst Bressen die militärische Hierarchie mit der eines Hotels, wo er früher tätig war. Oberleutnant Dr. Greck, einstiger Jurist, hält sich noch immer an die Weisungen aus dem konservativen Elternhaus, selbst wenn er zu einer Prostituierten geht; der Soldat Fink, der den Koffer mit organisierten Tokaierflaschen selbst aufs Schlachtfeld und in den Tod schleppt, entpuppte sich zuvor als der Weinhändler aus Feinhals' Nachbardorf. Nur von Feinhals erfahren wir nicht mehr als seinen Beruf.

Im Gegensatz zu zahlreichen Kurzgeschichten verzichtet Böll hier auf die elementaren Dinge wie Essen, Trinken, Lieben als Signale des Humanen fast völlig. Die Liebe zwischen Feinhals und Ilona bleibt eine flüchtige, rein geistige Begegnung. Ilona scheut eine Liebe, »die nur für Augenblicke wirklich war, während es eine andere, ewige Liebe gab«. Der Grundton des Romans bleibt pessimistisch, noch in letzter Minute wird z.B. Feinhals' Rettung vereitelt, auch die Lebenspläne anderer werden zerstört. Positive Perspektiven fehlen. Selbst ein tragender metaphysischer Grund erscheint machtlos. Ilona erklärt, man müsse beten, »um Gott zu trösten«. Ihren Gesang der Allerheiligenlitanei aber zerfetzen Filskeits Schüsse. Böll steht hier einem ›christlichen Existentialismus‹ nahe, wie er ihm aus der Lektüre französischer Autoren vertraut war. Der Text spiegelt zudem eine Reihe von Gegensätzen und Sonderentwicklungen.

So ist das Eingangsbild vom ständigen Kleinerwerden der Truppen vordeutend für den weiteren Verlauf. Das Thema der Langeweile im Krieg kommt besonders in den Reflexionen der slowakischen Bäuerin (8. Kapitel) zum Ausdruck. Hier spiegelt sich auch die Sinnlosigkeit im Bau und in der Zerstörung der Brücke. Eine besonders interessante Darstellung kann man in der Konfrontation Ilonas mit dem KZ-Kommandanten Filskeit sehen, in der Böll lange vor Peter Weiß gleichsam ein Psychogramm eines SS-Offiziers mit der »Kombination von ästhetischer Empfänglichkeit und größter Brutalität« (M. Durzak 1971, 34) entwirft, das auch in der historischen Realität manche Entsprechungen hatte (vgl. z.B. den Violinspieler Himmler und den verhinderten ›Maler‹ Hitler). Filskeit setzt hier im KZ sowohl die Pedanterie seiner Bankbeamtenzeit als auch seine Vorliebe für den Chorgesang fort, wenn er die Neuankömmlinge zuerst vorsingen läßt und nach Zensurnoten beurteilt und ihr Weiterleben davon abhängig macht. Seine Toleranzschwelle wird jedoch überschritten, als ihm in Ilona eine Jüdin gegenübertritt, die »Glaube und Schönheit« (um ein NS-Programm zu zitieren) und vollendete Gesangskunst, realisiert an liturgischen Gesängen, vereinigt.

Es scheint, daß Böll in diesem Text den Aufweis oder das Fehlen von Menschlichkeit in den wechselnden Situationen des Krieges als durchgängiges Sinnprinzip anstrebte. Wie H.J. Bernhard (1970) und später Bernáth (1991) betonen, realisiert Böll bereits das Gruppenprinzip bei den Figuren. Bestimmte Figuren, zumeist die höheren Offiziere, erweisen sich hierbei als Versager, andere (z.B. Schneider, Ilona, Feinhals) gehen dabei in den Tod. Eine religiöse Fundierung wird eigentlich nur bei Ilona deutlich, Feinhals wird durch sie zu einer Neubesinnung veranlaßt.

A. Andersch 1951; Dormagen/Klose 1965; E.R. Hipp 1967; H.J. Bernhard 1970, 40-66; R. Nägele 1976, 125-127; M. Durzak 1979; J. Vogt [2]1987, 40-47; K. Jeziorkowski 1983, 273-282; A.A. Abu Hasha 1986, 57-62; H. Gerber 1988; 1989.

»Nicht nur zur Weihnachtszeit«
(veröff. NDR Weihnachten 1951)

Der Erzähler erfährt durch seinen Vetter Franz, daß im Hause seines Onkels Seltsames vor sich geht: Seit der zweiten Nachkriegsweihnacht besteht Tante Milla darauf, daß der Weihnachtsbaum nicht abgeputzt wird, daß vielmehr täglich von neuem die Weihnachtsbescherung im Familienkreise stattfindet, da sie sonst in unaufhörliche Schreikrämpfe verfällt. Im Laufe der Zeit vollziehen sich dabei Veränderungen: Zunächst bleibt der Pfarrer weg, für den protestierenden Kaplan springt ein alter Prälat ein. In der Folge aber verfällt die Familie: Die Cousine Lucie erleidet einen Nervenzusammenbruch und bleibt weg, ihr Mann beschäftigt sich mit Auswanderungsplänen, der Vetter Johannes wird Kommunist, der Vetter Franz wird Boxer, später geht er ins Kloster, der Onkel selbst läßt sich wie die Söhne durch Schauspieler vertreten und beginnt ein außereheliches Verhältnis. Zuletzt werden sogar die Kinder durch Wachspuppen ersetzt. Die Feier aber geht weiter.

Bölls Weihnachtssatire, die das Maß von Kurzgeschichten überschreitet und fast als satirische Novelle bezeichnet werden kann, hat große Beachtung gefunden, Zustimmung wie Kritik ausgelöst. Böll mußte sich sogar gegen den Vorwurf der Blasphemie verteidigen (vgl. seinen Brief an den Pfarrer von Meyenn, s. S. 11). Dabei ging es ihm nicht um einen Angriff auf den Weihnachtsgedanken und den Sinn des Festes, wohl aber gegen das Beharren oder Rückfallen in äußeren Festprunk, in Konsumdenken und leere Traditionen sowie gegen das Diktat der konventionellen Familienfeiern und die bloße kirchliche Ornamentik des Festes. In der ›Linienverlängerung‹ des Festes ins Unendliche, der Umkehrung des Einmaligen ins Alltägliche, ließen sich die Hohlheit des Brauchtums und die Instabilität der konventionellen Familie leicht aufzeigen. Dabei verdeutlichen die extremen Haltungen der einzelnen Mitglieder das Fehlen der rechten Substanz. Die Ersetzung der Figuren beim Fest verdeutlicht die Dominanz des Scheins gegenüber dem Sein. Der Erzähler selbst, wenn auch nur entfernter Verwandter der Familie, wird als Außenbeobachter unsicher zwischen Verwunderung, Ablehnung und Anteilnahme.

Diese frühe Satire Bölls (1950) hat zahlreiche Interpretationen erfahren. So betont etwa H.M. Enzensberger (1958) die bedrohliche Nähe der Satire, N.Feinäugle (1982, 156ff.) die Diskrepanz von Sein und Schein, R.C. Conard (1984) die Zeitlosigkeit der Satire.

H. M. Enzensberger 1958; W. Jacobs 1962; E. Neis 1966; G. Uhlig 1969; N. Feinäugle 1982; R.C. Conard 1984; H. Gerber 1988; B. Sowinski 1988

»Und sagte kein einziges Wort«
(1953)

Der Telefonist Fred Bogner arbeitet bei einer kirchlichen Behörde, lebt aber nach fünfzehnjähriger Ehe seit zwei Monaten von seiner Frau Käthe getrennt, weil er nach der Arbeit den Lärm und die Unruhe der Kinder in der Einzimmerwohnung nicht mehr ertragen konnte. Zu Intimitäten trifft er sich mit seiner Frau in billigen Hotelzimmern, wofür er sich mitunter noch Geld leihen muß, da er wenig verdient, seiner Frau Geld gibt und viel raucht, gelegentlich auch trinkt, weshalb er als Trinker verleumdet wurde und keine bessere Wohnung erhielt. Seine Familie wohnt bei der bigotten Katholikin Franke, die täglich zur Kommunion geht und einmal im Monat den Ring des Bischofs küßt und für ihre Sprechstunden für die kirchliche

Fürsorge sogar noch ein eigenes Zimmer beansprucht. Bogners Familie gegenüber verhält sie sich herablassend, aber auch neugierig und zynisch. Frau Bogner, die schon zwei Kinder verloren hat, erwartet nun nach fünf Geburten ein weiteres Kind; sie kämpft mit starkem Gottvertrauen und Beten gegen alle Schwierigkeiten an, denkt aber schließlich auch daran, sich trotz ihrer Liebe zu ihm von ihrem Mann zu trennen. Der Text, der von beiden Partnern in abwechselnden inneren Monologen und eingefügten Dialogen und Berichten vorgetragen wird, spiegelt zugleich die äußere Umwelt der zerstörten Stadt, in der neben großem Reichtum auch viel Elend herrscht. Als gleichzeitige äußere Ereignisse stehen eine prunkvolle kirchliche Prozession mit dem Bischof sowie eine mit großem Werbeaufwand (u.a. für Verhütungsmittel) begleitete Drogistentagung im Vordergrund. Bei einem erneuten Treffen mit Fred, das den größten Teil des Romans umspannt, wird es Käthe übel, sie erholt sich jedoch im Hotel wieder. Wenige Stunden, nachdem sie sich am nächsten Morgen in der ihnen vertrauten Imbißstube getrennt haben, sieht Fred Käthe zufällig vor sich in der Stadt und ist daraufhin völlig verwirrt. Ein verständnisvoller Prälat schickt ihn dann »nach Hause«.

Dieser erste sozialkritische Roman aus dreizehn Kapiteln mit ständigem Perspektivenwechsel, Bölls erster Romanerfolg, konzentriert sich auf den gemeinsamen Hotelbesuch am Tag der kirchlichen Prozession und des Drogistentreffens. Im Mittelpunkt »der Kernhandlung und der Erinnerungshandlung« (H.J. Bernhard 1970, 116) steht die Eheproblematik, deren Schwierigkeiten vor allem durch die Frau beharrlich ertragen werden, gemäß der Titelzeile aus einem Spiritual, die auf das Leiden Jesu bezogen ist, das so dem Leiden der Bogners analog erscheint. Obwohl einerseits bigottes Christentum wie auch kirchliche Hierarchiebetonung und Veräußerlichung, die fast satirisch dargestellt werden, das kirchliche Ansehen diskreditieren, der Bischof, ein Danteforscher, von Fred sogar als »dumm« bezeichnet wird, andererseits die Drogistenwerbung mit den Verhütungsmitteln Alternativen anpreist, halten Käthe und Fred Bogner an ihrer katholischen Sexualmoral fest. Die Kraft dazu findet Käthe im Gebet, wozu sich jedoch Fred kaum noch bereitfindet. Die Drogistenwerbung (»Vertrau Dich Deinem Drogisten an!«) erscheint auch als Kontrast zur katholischen Beichtpraxis. Demgegenüber begegnet den Bogners in dem Mädchen, das die Imbißstube betreibt und ihren Vater sowie ihren schwachsinnigen Bruder liebevoll umsorgt, eine positive Beispielfigur, worauf H. Stresau (⁶1974) besonders hinweist. Nach M. Durzak (1971, 45) sind hier neben den sozialen Anklagen gegen die ungerechte Wohnungsverteilung die beiden Motivkomplexe der katholischen Kirche und des Drogistenverbandes gegenübergestellt. Die katholische Kirche wird hier als Verwaltungsbehörde, im

Klerus und in ihrer Lehre verkörpert. Fred Bogner, der keinen Beruf erlernt hat, im Kriege aber als Telefonist tätig war und nun so in der Kirchenbehörde arbeitet, lernt die Kirche und ihre Mitarbeiter als Verwaltungsapparat kennen, auch das zynische Verhalten mancher Prälaten, dem allerdings der Schluß widerspricht. Negativ repräsentiert wird die Kirche vor allem im Bischof, einem einstigen Offizier mit »fürstlichem Schritt«. Ähnlich erscheinen manche Geistliche, die auf der Durchreise in der nahen Kirche zelebrieren, deren Pfarrer, ein »kritischer« Bauernpriester, bei dem Käthe beichtet, sich von dieser Haltung distanziert. Am stärksten wirkt die kirchliche Lehre, besonders die Sexuallehre auf beide Hauptfiguren ein, die die von der Drogistenwerbung propagierte Geburtenregelung ablehnen und durch eine weitere Schwangerschaft ihre Notsituation noch vergrößern. Während Fred Bogner sich von der Kirche bereits zu distanzieren sucht, bejaht Käthe die Schwangerschaft und die damit verbundenen Opfer. Durzak sieht allerdings in der mitunter aufdringlichen Verabsolutierung der religiösen Aura als Ingredienz der allgemeinen Wirklichkeit und nicht als eingegrenzte Erscheinung einen Mangel des Romans. Auch die Drogistenwerbung mit ihren Hinweisen auf die Geburtenregelung durch Gummiwaren, deren Kartons sogar bei der bigotten Familie Franke herumstehen, und der Bitte um Vertrauen zum Drogisten wirke so als aufgepfropfte Konstruktion. Die Kontrastfunktion dieser Slogans wird dagegen von K.L. Schneider (1968) unterstrichen. Umstritten ist das Verhältnis zwischen der kirchlich-religiösen und der gesellschaftlichen Komponente. Während W.A. Coupe (1963/64) fast nur die religiösen Aspekte hervorhebt, im Roman die Überwindung der Angst durch den Glauben betont, an dem es Fred Bogner mangelte, sieht D.F. Best (⁷1980, 89ff.) Fred als Opfer seines Glaubens an und seine Anpassung an eine ihm fremde Welt. Die Rolle des Privaten und des mitunter zu sehr sentimentalisierten Gefühls betont P. Härtling (⁷1980, 233ff.). Der Marxist H.J. Bernhard (1970, 137ff.), der die gesellschaftlichen Aspekte besonders kritisch untersucht, konstatiert dagegen in der Glaubensgemeinschaft der Bogners deren einzige Kraft, durch die sie die soziale Not und Entfremdung durch die kapitalistischen Verhältnisse und die kirchliche Veräußerlichung überwinden. Im Appell an die Kraft der Liebe (und nicht an die Beseitigung der kapitalistischen Verhältnisse) sieht er das moralische Anliegen Bölls in diesem Roman wie in anderen Texten dieser Zeit. Ein anderer Aspekt, den J.H. Reid (1991, 126ff.) unterstreicht, ist Bölls kritische Sicht der traditionell-bürgerlichen Geschlechterrollen. Im Gegensatz zur sexuellen Dominanz des Mannes erscheint dieser ohne jeden beruflichen Ehrgeiz in fast nihilistischer Lethargie, während die Frau die dynamischer und aktivere ist. Die Bewertung des Romans war und ist unterschiedlich. Während die Mehrzahl der Kritiker ihn wegen der Neuartigkeit des Sujets und der Form positiv würdigen, überwiegt die Kritik z.B. bei M. Durzak (1971) und J.H. Reid (1973, 41). Auch R. Nägele (1976, 133) konstatiert: »Der Roman dokumentiert in seiner Widersprüchlichkeit eine Übergangsphase in Bölls Entwicklung, in der es Böll noch nicht gelingt, die sozialistische Perspektive mit seinen existentialistischen und christlichen Tendenzen zu vermitteln.«

Allgemein wird die nüchterne, unpoetische Sprache des Romans hervorgehoben, die der tristen Gesamtstimmung eher entspricht als die mitunter pathetische Sprache anderer früher Werke.

M. Walser 1953; M. Lange 1953; R. Wiegenstein 1953; C. William 1954; W. Helmich 1962; K. Migner 1962; W.A. Coupe 1963/64; A.F. Bance 1968; P. Härtling 1968; [7]1980, 233ff.; K.L. Schneider 1968; G. Wirth 1969, 64-86; G. Uhlig 1969; H.J. Bernhard 1970, 116-143; M. Durzak 1971, 38-49; R.O. Withcomb 1972; 1973; J.H. Reid 1973; E. Bahr 1976, 33-39; R. Nägele 1976, 131-133; M. Durzak 1979; E. Ribbat 1981; J. Vogt [2]1987, 48-61; A.A. Hasha 1986, 98-104

»Haus ohne Hüter«
(1954)

Am Beispiel der Mütter der beiden befreundeten Jungen Heinrich Brielach und Martin Bach wird das Schicksal von Kriegerwitwen nach dem Krieg dargestellt. Beide entstammen verschiedenen sozialen Schichten und werden in unterschiedlicher Weise mit ihrer Situation fertig. Während Heinrichs Mutter einfachen Verhältnissen entstammt, ihr Mann war Autoschlosser, ist Nella Bach begütert und gebildet. Ihr Mann, Rai Bach, war ein anerkannter Lyriker. Er ist im Krieg von dem jungen Leutnant Gäseler aus Haß zu einem sinnlosen Spähtruppunternehmen ausgewählt worden und dabei gefallen. Martins Großmutter hat dies dem Jungen wiederholt eingeschärft, ebenso streng wie die Katechismusfragen und -antworten. Gäseler hält später Vorträge über moderne Lyrik und sucht dabei auch Rai Bach zu feiern, was sich Nella Bach trotz der Einwände von Rais Freund, Albert Muchow, zunächst gefallen läßt, bis sie Gäseler eines Tages auch bittere Wahrheiten vorhält, Muchow ihn sogar verprügelt. In ähnlicher Weise ohrfeigt Nellas Mutter, die Fabrikantin Holztege, den einstigen Naziredakteur und jetzigen Kulturreferenten Schurbiegel. Den »Onkel Albert«, der sich als einziger verständnisvoll um die Jungen kümmert und Nella verehrt, weist diese allerdings ab.

Martins Freund Heinrich hat es dagegen schwerer. Seine Mutter läßt sich wiederholt in Männerbekanntschaften (»Onkelehen«) ein, läßt sogar ein Kind abtreiben, bis sie schließlich bei einem Bäckermeister unterkommt, der sie jedoch ebenfalls ausnutzt. Heinrich lernte schon früh die Sorgen und Probleme des Lebens kennen, da er das Geld der Mutter zu verwalten hatte. Neben den »Vereinigungen« der Mütter sind es Fragen der Sexualität und der Erwachsenensprache darüber, die den Jungen Grübeleien bereiten; so diskutieren sie wiederholt über Begriffe wie »unmoralisch« und »unschamhaft«. Am Schluß, nach neuen Entscheidungen der Frauen, treffen sich alle im idyllischen Bietenhahn bei Alberts Mutter.

Der Roman rückt vor allem die sozialen und psychologisch-sexuellen Probleme der Kriegerwitwen und der Kinder ohne Väter in den Blick, allerdings ohne – wie bei H. Ahl (1962, 61ff.) – darin aufzugehen. Während sich Heinrichs Mutter wiederholt sexuell ›ausbeuten‹ läßt, sucht Martins Mutter in ästhetischen und religiösen Zirkeln geistige Erfüllung, bis sie in Hysterie und Langeweile verfällt, aber zuletzt zu Einsicht und neuer Entscheidung gelangt. Am Beispiel Nella Bachs wird auch die Frage der Vergangenheitsbewältigung aufgegriffen, allerdings nur als Protest gegen Einzelfiguren behandelt. Böll übt hier vor allem Kritik an der ästhetischen Kulturpflege, die sich der Verantwortung gegenüber der Vergangenheit entzieht. Eine weitere Erzählschicht bieten die Probleme der jugendlichen Pubertät und des Hineinwachsens der Jungen in die Erwachsenenwelt. Durch die Erweiterung auf zwei Erzählstränge und mehrere Erzählperspektiven bietet dieser Roman einen narrativen Fortschritt gegenüber früheren Werken. Zwischen den beiden Figurengruppen steht Albert Muchow als Vermittler, der sich zunächst Nella Bach, später Heinrichs Mutter nähert. Beide Frauen werden durch ihre von Männern bedrohte Lage zu Entscheidungen gezwungen. Die soziale Verschiedenheit der Jungen und ihrer Mütter vermittelt unterschiedliche soziale, geschichtliche und kulturelle Erfahrungen. Dabei spielt die Problematik des Vergessens eine wichtige Rolle; dagegen zeigt Albert den Jungen den Ort der NS-Folterungen und ergänzt so die Reden der Großmutter Martins. In der Zusammenkunft der Angehörigen beider Familien in Bietenhahn sieht H.J. Bernhard (1970, 170ff.) in der Form einer Idylle eine Utopie als Gegensatz zur Pseudokulturwelt der Gäseler und Schurbiegel und der Geldwelt der Großmutter Holztege. Das Vorbild für diese vorübergehend klassenlose Gesellschaft vermutet H.J. Bernhard in bestimmten Irland-Eindrücken Bölls. Im Roman wird eine Irland-Assoziation auch in der Vorvergangenheit Alberts sichtbar, der mit einer Irin verheiratet war, die ihm nahegelegt hatte, aus Deutschland nach Irland zu kommen, selbst aber dann in England im Krieg umkam. Von der relativ knappen Forschungslite-

ratur erwähnt schon R. Nägele (1976, 127ff.) die Beiträge von G.
Wirth (1969) (dessen Betonung des religiösen Aspekts, der Haus-
symbolik und dessen Charakterisierung der Großmutter er für
übertrieben hält) sowie von H. J. Bernhard, J. H. Reid, T. Ziolko-
wsky, R. Pascal und W.J. Schwarz. Während H. J. Bernhard (1970,
149ff.) inhaltliche Momente, wie z.b. die Darstellung »nationaler
Erfahrungen« und die ansatzweise Aufhebung von moralischer und
geschichtlich relevanter Verantwortung sowie die Aufhebung sozialer Unterschiede und Klassengegensätze in der Idylle von Bietenhahn, hervorhebt, rücken die genannten übrigen Autoren formale Aspekte in den Vordergrund: J. H. Reid (1973, 46) untersucht
die musikalische Struktur der Leitmotivtechnik und das Film-Mo-
tiv; T. Ziolkowski (1960, 219) betont die enge textliche Verknüp-
fung der Strukturelemente, R. Pascal ([7]1980, 65) analysiert die
Technik des Erinnerns und die Ablösung der inneren Monologe
durch die Er-Erzählung, und W. J. Schwarz (1967, 28) konstatiert
hier sogar zuviel an Technik, an Ausführung eines fertigen Gerüsts
durch Figuren, Handlungen, Monologe, Phrasen und Gedan-
kengänge.

Neben dem Ausdruck der kindlichen Erzählperspektiven in den
inneren Monologen, deren Differenzierung nicht immer angemessen gelingt, und den idyllischen Beschreibungen bleiben satirische
Sprachzüge, besonders in der Erfassung Gäselers, Schurbiegels und
der »Onkel« Heinrichs peripher.

G. Wirth 1969, 87-112; G. Uhlig 1969; H.J. Bernhard 1970, 144-181; R. Nägele 1976, 127-129; J. Vogt [2]1987, 48-61; E. Lehnardt 1984

»Das Brot der frühen Jahre«
(1955)

Der Erzähler Walther Fendrich, der nach allerlei Ansätzen im Berufsleben
schließlich als Elektriker und Reparateur von Waschmaschinen sein Aus-
kommen in der Großstadt gefunden hat, berichtet im Rückblick von seinem
bisherigen Leben, seiner Kindheit, seinen Eltern, seinen Berufs- und Liebes-
erfahrungen, seiner »Brot- und Eßsüchtigkeit«, seinen Hungerjahren und
von dem Tag, an dem sein Leben eine entscheidende Wende nahm. Es ist der
Tag an dem ein Mädchen namens Hedwig Muller, dem er zuvor auf Drängen seines Vaters eine Wohnung besorgt hatte, als Studentin in die Stadt kam
und er sich sogleich in sie verliebte und schließlich nach einigen Verwirrun-
gen und einigem Sträuben auch ihre Gegenliebe erreichte. Er hatte früher
Egoismus, Rücksichtslosigkeit und Brutalität der Menschen kennengelernt,
und auch jetzt in der Zeit des ›Wirtschaftswunders‹ entdeckte er sie noch.

Brot, wo es verschenkt wurde, wurde ihm dagegen zum fast sakralen Symbol für Selbstlosigkeit und Liebe, sonst für Hartherzigkeit und Gleichgültigkeit. In der Hingabe des Mädchens lernt er nun eine neue Form der Liebe und des Verstehens kennen, die sein Leben verändert.

Die zwischen Juli und September 1955 in Irland abgefaßte Erzählung ist auf einen Tag hin konstruiert, umgreift aber das gesamte bisherige Leben des jungen Mannes, vor allem seine Erlebnisse der Hungerzeit. Viel Wert wird dabei auf Detailmalerei aus den Berufserfahrungen gelegt. Die Charakterentwicklung, besonders die des Mädchens, gerät weniger in den Blick, weshalb die plötzliche Wende vom Nihilismus des Jungen zu einem neuen Idealismus nicht in allem überzeugend empfunden wurde. Stärker sind die gesellschaftskritischen Züge der Erzählung herausgearbeitet. Die Menschen, denen Fendrich begegnete und die ihn positiv oder negativ beeindruckten, werden von ihm danach beurteilt und bewertet, ob sie ihm in der Not Brot gaben oder gegeben hätten. Es ergibt sich dabei, daß die negativen Typen auch stets die berechnenden und entschlußstarken Geschäftemacher sind, wie z.B. sein Chef Wickweber und auch dessen mit Fendrich befreundete Tochter Ulla. In dieser subjektiven, vorurteilsbestimmten Gruppierung wie auch in Fendrichs »Leistungsverweigerung« nimmt Böll als Autor Darstellungsweisen vorweg, die später in den »Ansichten eines Clowns« noch stärker und sublimer angewandt werden sollten, nur daß der Protagonist dann nach enttäuschter idealer Liebe urteilt, während er hier erst am Beginn dieser Liebe steht. In der Erhebung des Brotes zum moralischen Wertmaßstab nimmt Böll eine Erzählkontraktion, eine Reduktion anderer erzählerischer Aspekte vor, schafft aber – nach der positiven Deutung M. Durzaks (1971) – zugleich eine symbolische Verdichtung der Erfahrungen der Nachkriegsjahre und der verschiedenen Bedeutungsschichten des Textes im fast mythischen und sakralen Zeichen des Brotes, dem Böll nach Aussage der »Frankfurter Vorlesungen« (1963) eine eigene »Poetik des Brotes« widmen wollte.

Die Begegnung mit der religiös-besinnlichen Studentin Hedwig Muller, die für Fendrich den Bruch mit der Teilhabe am gewinnbringenden Arbeitsleben, aber auch mit Ulla Wickweber auslöst und den Beginn eines neuen Lebens evoziert, steht auch im Zeichen des Brotes, um das ihn Hedwig bittet. Durch sie wird die Erzählung, deren Titel nur auf Fendrichs »Brotsucht« hindeutet, zu einer Liebesgeschichte, die (n. M. Durzak 1971, 53) »den Absprung in die Sentimentalität« meidet, indem sie durch Aussparung entsprechender Metaphorisierungen glaubhaft bleibt. Lediglich durch eine eingefügte Farbensymbolik (rot für die sündhaft erotische Beziehung bei Ulla, grün und weiß für die schuldfreie Zuneigung zu Hedwig) wird die neue Bindung zeichenhaft unterstrichen.

Am Ende der Erzählung, wo man (n. Durzak) die »Liebeserfüllung« vermuten kann, erscheint schließlich eine Bilderkette, nach der der Erzähler die Todesschreie der Kinder von Bethlehem und der christlichen Märtyrer ebenso vernimmt wie das Schreien eines abgestürzten Arbeitskollegen, die Sole des Meeres schmeckt und ungesehene Landschaften erblickt. Während P. Leiser im Anschluß an G. Blöcker und W.J. Schwarz hierin eine »pathetische Verirrung« sieht, ist nach M. Durzak (1971, 60) »diese sprachliche Eruption einer in Wallung geratenen Prosa« »der konsequente Höhepunkt einer sorgfältig gesteigerten Struktur, die diese Erzählung zu einem der vollkommensten Prosastücke des frühen Böll macht.« R. Nägele (1976, 130) hält Durzaks emphatische Deutung jedoch für eine »Überbewertung« und verweist dabei besonders auf den nicht überzeugenden »Sprung in die unbedingte Liebe, die ein ganzes Leben radikal verändert«; allerdings kennzeichnet er diese plötzlichen Umschwünge an anderer Stelle (ebd. 22ff.) als ein typisches Gestaltungselement Bölls, das nach Nägele auf existentialistischen Einflüssen beruhen könnte.

H. Schwerte 1956; C. Hohoff 1956; G. Kalow 1956; G. Blöcker 1962; Dormagen/Klose 1965; R. Hartung, 1968, [7]1980, 188ff.; G. Uhlig 1969; M. Durzak 1971, 85-97; M. Stone 1974; P. Leiser 1975; H. Kaiser 1979; U. Plüddermann 1979; M. Eben 1982; A. May-Johann 1985

»Doktor Murkes gesammeltes Schweigen«
(veröff. in: »Frankfurter Hefte« 12, Dezember 1955)

Der Rundfunkredakteur Dr. Murke fährt jeden Morgen den Paternoster des Funkhauses aufwärts bis zur Kehre und zurück. Seit zwei Tagen meidet er dies jedoch, weil er die Reden des Essayisten Bur-Malottke überarbeiten muß, der wünscht, daß in allen seinen seit 1945 gesendeten Beiträgen das Wort »Gott« durch die Formulierung »jenes höhere Wesen, das wir verehren« ersetzt werde, weil er zu den Anschauungen von vor 1945 zurückgekehrt sei. Als Bur-Malottke zum Vorsprechen erscheint, wird er von Murke, der ihn wegen seiner Aufgeblasenheit haßt, schikaniert. Der Intendant erweist sich jedoch dem Schönredner gegenüber als sehr servil und genehmigt ihm ohne weiteres die Zeitüberziehung in seinen Korrekturen. Murkes Hobby ist es, freie Tonbandschnipsel mit ›Schweigen‹ zu sammeln. Selbst seine Freundin muß mit ihm minutenlang schweigen, was sie als unmenschlich empfindet. Die herausgeschnittenen »Gott«-Schnipsel gibt Murke einem Hörspielredakteur, der so ›Schweigen‹ durch »Gott« ersetzen kann.

Die Rundfunkgeschichte Bölls zielt mit ihrer Satire in mehrere Richtungen: Mit der Figur des Bur-Malottke trifft sie die opportunistischen Schönredner, die nach religiös anmutenden Gesinnungskonversionen von 1945 nun wieder kryptofaschistisch reden; mit der Charakterisierung des Intendanten und der Redakteure trifft er den Opportunismus des Funkbetriebs, mit dem »gesammelten Schweigen« Murkes wendet sich Böll gegen die unaufhörliche Rede- und Sendetätigkeit und mit dem Spiel um die Gott-Zitate gegen die zunehmenden unverbindlichen religiösen Gedanken und Formulierungen in seiner Zeit. Dabei wird die satirische Wirkung vor allem durch Übertreibungen (›Linienverlängerungen‹) erreicht. Die Scheinwelt des Funkbetriebs wird zudem durch Beschreibungen aus dem Funkhaus demaskiert (z.B. dem Interieur, Aschenbecher). Auch stilistische Unterschiede werden in den Funkbeiträgen sichtbar (vgl. den Leserbrief von Jadwiga Herchens wegen Tiersendungen).

K. Becker o.J.; J.Hoffmann 1962; A.Schweckendieck 1966; W.Zimmermann 1966; D.E. Zimmer 1968; G.Uhlig 1969; J.Vogt ²1987, 62ff.; B.Sowinski 1988, 62ff.; H.Gerber 1988; 1989; J.H. Reid 1991, 164ff.

»Im Tal der donnernden Hufe«
(1957)

Der Junge Paul steht vor einem Beichtstuhl, bringt es aber nicht fertig zu beichten, weil er immer wieder an Frauen, die er begehrt, an Todsünden bei Frauen, an die Pistole seines Vaters, die dieser oft reinigte, denken muß. Draußen vor der Kirche hört er dann die Starterrufe und Schreie von der Ruderregatta, an der auch seine Schwestern teilnehmen, und eilt zu seinem Freund Griff, wo sie sich über die Beichte, die richtige Größe für Vierzehnjährige, über das Ruderfest und über Pistolen und Selbstmord unterhalten sowie über ihre Lieblingsträume, Griff über das Fischen nach Lachsen, Paul über die Beobachtung von Wildpferden im Tal der donnernden Hufe reden. Frustriert werfen sie Marmeladengläser gegen die Zimmerwand und sprechen über das Mädchen Mirzow, über das Zeichnungen und Beschreibungen in der Schule verkauft worden waren. Dann holt Paul die Pistole seines Vaters.

Im 2. Kapitel beobachtet das Mädchen Mirzow mit einem Fernrohr die Umgebung. Als sie Paul mit der Pistole entdeckt, ruft sie ihn zu sich und zeigt ihm ihre Brüste. Dazu reden sie über Sünde, über die Begierden mancher Männer und gegen den Selbstmord. Dann verabschiedet sie sich von Paul, da sie sogleich zum Bahnhof muß, um zu ihrem Vater nach Wien zu fahren. Als sie an den Jungen vorbeifährt, schreit sie zweimal laut: »Jerusalem!« Die Jungen schießen nun vergeblich auf Tennisbälle und ein Marmeladenglas und gestehen sich schließlich die Unwahrheit ihrer Lieblingsträume. Griff will nun nicht mehr in sein Zimmer zurück, sondern sogleich zu seinem Onkel nach Lübeck fahren, um in dessen Fischfabrik zu arbeiten. Paul gibt ihm sogar sein Feriengeld dazu. Er will zum Abschied noch die Waffenbierwerbung zerschießen, was ihm auch gelingt. Daraufhin wird er von einem Polizisten nach Hause gebracht.

Diese längere Erzählung (42 S.) schildert die Probleme junger Menschen in der Pubertätszeit, ihre sexuellen Sehnsüchte und religiösen Skrupel.

Der Text, der mit einer beklemmenden Beichtszene beginnt, die bereits auf die Probleme des Jungen Paul verweist, und mit dem befreienden Schuß auf die Bierreklame endet (anstelle des ursprünglich geplanten Selbstmordes), umfaßt mehrere Einzelszenen mit jeweiligem Orts- und Figurenwechsel, wobei die Thematik variiert, aber die gleiche bleibt die Spannung zwischen Lust und Liebe, Begierde und Beseeligung in einem Jungenherzen, die im Text gemildert, aber letztlich nicht aufgehoben wird, nicht aufgehoben werden kann.

Curt Hohoff hat in seiner knappen Interpretation dieses Textes auf den Symbolwert des Anfangsbildes mit den roten und weißen Fliesen hingewiesen, die Reinheit und Keuschheit einerseits, Liebe und Leidenschaft andererseits symbolisieren, und aufgezeigt, wie hier heidnisch-vitale und christlich-sakramentale Liebesauffassungen gegenüberstehen und unvereinbar bleiben, besonders dort, wo überlieferte Ansichten in moralischen Konventionen das Empfinden verkrüppeln. Der Krampf der Beichtszene werde in der Begegnung mit dem Mädchen Mirzow und dem Anblick der Schönheit ihrer Brüste gelöst. Das ungläubige Mädchen hilft dem bedrängten Jungen zu freierer Einsicht und zur Belehrung über die Greifbarkeit Gottes in Christus, zugleich zerstört es die umlaufende eigene Fama von einem sündhaft-unzüchtigen Mädchen. Zum Abschied jubelt sie ihm das Symbolwort »Jerusalem« zu, das Paul später dem Polizisten als eigenen Wohnort angibt, wo es identisch ist mit dem »Tal der donnernden Hufe«, dem indianischen Himmel.

C. Hohoff 1968

»Billard um halbzehn«
(1959)

Der Roman beginnt mit einem inneren Monolog der Sekretärin Dr. Robert Fähmels, die dabei über seine Gewohnheiten reflektiert, so auch über seinen täglichen Billardbesuch von halb zehn und bis elf Uhr im Hotel »Prinz Heinrich«, wo Robert mit dem Liftboy spielt und ihm vieles bruchstückhaft aus dem Leben seiner Familie und über die Abtei Sankt Anton erzählt, die Roberts Vater Heinrich Fähmel erbaut, Robert im Krieg zerstört und Roberts Sohn Joseph wieder mitaufgebaut hat. Die verschiedenen Erzähleinsätze verdeutlichen Roberts Feindschaft zum NS-System (den »Büffeln«) und zu allen, die ihm gedient haben (die vom »Sakrament des Büffels« gegessen haben), während die Gegner dem »Sakrament des Lammes« gedient haben. Zu den ersteren zählen Figuren wie ein Sohn der Familie sowie Nettlinger, der- obwohl einst überzeugter NS-Anhänger- nun wieder in hoher amtlicher Stellung erscheint, während zu letzteren Robert und sein Freund Schrella, Roberts Mutter Johanna, die in eine Nervenheilanstalt gebracht worden war, und das Mädchen Edith, Roberts Frau, gehören. Besonders Schrella hat Flucht, Folterung und andere Leiden auf sich nehmen müssen. Die Handlung, die meistens mit Rückblenden und Einblendungen durchsetzt ist, konzentriert sich auf einen Tag, den 80. Geburtstag Heinrich Fähmels am 6. September 1958. Der Festakt soll vor dem Hotel stattfinden; der Minister soll ihm auf dem Hotelbalkon beiwohnen. Am gleichen Tag findet ein Aufmarsch der Blauuniformierten, einer rechtsradikalen Organisation, statt. Die Handlung kulminiert in einem Schuß auf den Minister, der zuvor die Rechtsradikalen begrüßte, durch Johanna Fähmel, deren Motive jedoch nicht völlig klar werden. Robert Fähmel dagegen adoptierte zuvor den Liftboy Hugo und vererbt ihm den gesamten Grundbesitz der Fähmels. Zur Schlußfeier in Fähmels Atelier erhält der Jubilar das Modell der Abtei als Torte und zerstört es, indem er Robert das erste Stück reicht.

Der Roman befremdete die Böll-Leser zunächst durch die eigenwillige Form, die in der Art der Romankompositionen Faulkners eine Fülle von indirekten inneren Monologen in erlebter Rede aneinanderreiht, aus dem der Verlauf der Kernhandlung und ihrer Vorgeschichte rekonstruiert werden muß. Die Komplexität des Erzählten wird dadurch gesteigert, daß nicht nur die Erinnerungen der Hauptfiguren auf diese Weise dargeboten werden, sondern auch die Rückblicke mancher Nebenfiguren.

Die Erinnerungsmonologe der einzelnen Figuren, vor allem der Hauptfiguren Heinrich, Johanna und Robert Fähmel, dienen nicht nur der Erklärung und Motivation der Vorgeschichte des novellistischen Gegenwartsgeschehens am 6. September 1958; sie bieten auch die Umdeutung und Umstrukturierung der subjektiv erlebten geschichtlichen Vorgänge in die allegorisch-symbolische und zugleich augustinisch-heilsgeschichtlich fundierte Sicht (nach den Antithesen des »Gottesstaates«) einer Auseinandersetzung zwischen Büffeln und Hirten und Lämmern, wobei die Büffel (nach Dan. 7.7, aber auch literarischen Anklängen) die gewaltliebenden, angeblich »anständigen«, militaristischen und faschistischen Gruppen (Repräsentant: Hindenburg), die Lämmer die gewaltfreien passiven Opfer, die Hirten die aktiven unter ihnen darstellen. Gegen diese mehr allegorische Gruppierung sind manche Einwände vorgebracht worden (z.b. von W.J. Schwarz (1967, 37), P.K. Kurz (1971, 26), H. Haase (1964, 220f.), K. Deschner (1964, 19), M. Reich-Ranicki (1963, 37), G. Blöcker (Krit. Lesebuch 1962, 288)), wogegen J.H. Reid (1973, 53) Bölls Typisierung positiv deutete, W. Sokel (1967, 28) eine zusätzliche über die Böllsche Dichotomie hinausgehende Figurendifferenzierung konstatiert, die auch Fehler der Fähmels, besonders ihren Snobismus und Stolz, sichtbar machte, weshalb R. Burns (1973, 35f.) die Familie zwischen Lämmern und Büffeln einordnet. Auch andere Symbolbezüge sind nicht selten. Die symbolische Umstrukturierung bedeutet zugleich einen Verzicht Bölls auf eine konkrete historische Festlegung und Ursachenermittlung zugunsten einer ästhetisch-poetischen Umformung (H.J. Bernhard).

Angeregt war der Roman (n. Bölls Interview m. H.Bienek) durch die Hinrichtung von vier jungen Kommunisten 1935 in Köln. Die hiervon nachempfundene Verfolgung Unschuldiger und Machtloser durch eine brutale Gruppe fand ihre poetische Umsetzung in der Hinrichtung Ferdi Progulskes und in der Schlagballszene des 3. Kapitels, wo Schrella zum Opfer wurde, den Robert Fähmel durch das Wegschleudern des Balls rettete und so selbst zum Verfolgten wurde. Das Kennenlernen des Genter Altars der Gebrüder van Eyck durch Böll habe ihn zur Zuordnung zu den »Lämmern« veranlaßt und die weitere Umdeutung der Zeitgeschichte angeregt.

Neben der symbolischen Umformung historischer Vorgänge steht die Zeitproblematik und Zeitgestaltung im Mittelpunkt der Forschung zu diesem Roman (Th. Poser, M. Durzak, H.J. Bernhard, K. Jeziorkowski, H. Kügler). Die auffallende Tatsache, daß in den Erinnerungsmonologen die Sukzession des Erzählens weitgehend aufgehoben wirkt, hat zu unterschiedlichen Auffassungen über die Zeitlosigkeit und die »episch gestaltete Simultaneität« (M. Durzak 1971, 61ff.) geführt, die von manchen als Adaption zeitgenössischer Romantendenzen, etwa des ›nouveau roman‹ (z.B. Robbe-Grillets, Butors u.a.), angesehen wurde, von anderen (z.B. H.J. Bernhard) als Spiegelung der Flucht und des Schutzes vor der abstoßenden Wirklichkeit des Krieges und der Nachkriegszeit, der Passivität und Isolierung von der Welt. Diese »zeitlose, ästhetische Sphäre« (J.H. Reid 1991, 175) wird an jenem 6.9. 1958 verlassen, die »Rückkehr in den Zeitstrom« (M. Durzak a.a.O.) vollzogen, vom Jubilar Heinrich Fähmel durch Aufgeben des täglichen Frühstücks im Café, durch Robert in der Zusammenkunft mit Schrella (der die

»ständige Gegenwart der Zeit mitgebracht« haben soll) und der Adoption Hugos und durch Johanna, die ein Taxi bestellt und nach der telefonischen Zeitansage wieder in die Zeit eintritt. Mit Johannas Schuß auf den Minister, den sie für den Tod ihrer Kinder verantwortlich macht, fordert gleichsam Johannas Vergangenheit ihr Recht in der Gegenwart.

Eine besondere Bedeutung als Dingsymbol kommt der Abtei Sankt Anton zu, deren Entwurf und Bau 1907 Heinrich Fähmel in die großbürgerlichen Kreise einführte. 1945 ließ sie Robert Fähmel sprengen, weil sein General »Schußfeld« brauchte und weil Robert sich an den Mönchen wegen ihrer Teilnahme am »Sakrament des Büffels« rächen wollte. Roberts Sohn Joseph half sie wiederaufzubauen.

Bölls Roman hat wegen der hier vollzogenen epischen Erweiterung und Ausdehnung auf die deutschen Zustände von 1907-1958 allgemeine Anerkennung gefunden, weniger wegen der ungewohnten künstlerischen Darstellungsform. Strittig bleibt der Schluß des Romans: Während M. Durzak (1971, 69) ihn für mißlungen hält, weil die Widersprüche nicht ausgetragen seien, und auch R. Pascal ([5]1980, 66) ähnliche Bedenken äußert, sieht J.H. Reid (1973, 52) hier eine Aufhebung der von Robert Fähmel geschaffenen Mystifizierung.

K. Colberg 1960; H. Plard 1960; F. Martini 1961; 1983; G. Blöcker 1962; Th. Poser 1962; Dormagen/Klose 1965; H. Haase 1968; E. Endres 1968; G. Jäckel 1968; K. Jeziorkowski 1968; E. Ribbat 1969; G. Uhlig 1969; G. Wirth 1970, 113-144; H.J. Bernhard 1970, 207-290; [2]1973; Rieber-Mohn 1972; J.H. Reid, 1973; H. Mohling 1974, 167-228; G.B. Pickar 1974; 1976; R. Nägele 1976, 135-140; M. Kretschmer 1977; E. u. J.W. Goette 1977, 250-252; H. Märzhäuser 1977, 179-192; M. Durzak [3]1979; D. Rosenthal 1980; R. Pascal [5]1980; M.L. Eben 1982; H. Kügler 1982, 412-423; F. Letsch 1982, 68-82; J. Vogt [2]1987, 62-76; A.A. Abu Hasha 1986, 138-146; J.H. Reid 1991

»Ansichten eines Clowns«
(1963)

Der in Ich-Form geschriebene Roman beginnt damit, daß der Erzähler Hans Schnier, der seit fünf Jahren als Clown, Pantomime, Unterhalter aufgetreten und von Stadt zu Stadt, von Hotel zu Hotel gereist war, ohne Geld und Engagement nach Bonn zurückkehrte, wo seine Eltern und sein Bruder wohnen und wo auch er eine geschenkte Wohnung besitzt. Er hat in diesen fünf Jahren mit Marie Derkum zusammengelebt, der Tochter eines Schreibwarenhändlers, die nach ihrer ersten Liebesbegegnung wie Schnier kurz vor dem Abitur die Schulausbildung abgebrochen hatte und mit ihm gegangen war, ihn nun aber verlassen hatte, um eine wirkliche standesamtlich und kirchlich geschlossene Ehe mit dem »Katholiken« Züpfner einzugehen. Die Folge war, daß Schnier zu trinken begann, immer schlechtere Auftritte hatte und kaum noch gute Gagen erhielt. Nun sucht er in Rückblicken sein bisheriges Leben und seine Beziehungen zu Verwandten und Bekannten zu rekonstruieren und zu reflektieren. Er stammt aus einer protestantischen Familie, die durch Aktien am rheinischen Braunkohlenbergbau reich geworden ist. Seine Mutter, die jetzt Vorsitzende des »Zentralkomitees der Gesellschaften zur Versöhnung rassischer Gegensätze« ist, hatte vor 1945 ihre Tochter Henriette als Flakhelferin gegen die »jüdischen Yankees« in den Krieg geschickt, wo die Tochter gefallen war. Hans Schnier haßt deshalb seine Mutter, gegen die sich auch der Vater nicht behaupten kann. Hans' Bruder Leo war katholisch geworden, studierte katholische Theologie und gehörte wie Züpfner und andere einem Kreis aktiver Katholiken an. Hans stellt sich selbst stets als konfessionslos, ungläubig und kirchenfeindlich dar und spottet gehässig über die Lehren der Kirche und ihre Vertreter, die ihm unehrlich, scheinheilig und zu politisch erscheinen: den Prälaten Sommerwild, die Laien Züpfner und Kinkel und andere Mitglieder des »Kreises«. Er ruft nun verschiedene Bekannte an: seinen Manager, seine Mutter, Sommerwild, seinen Bruder u.a.m. Sein Vater kommt sogar zu ihm, doch keiner kann ihm Marie wiederbringen. Zuletzt schminkt sich Schnier als Weißclown, setzt sich mit seiner Gitarre auf die Stufen des Bonner Bahnhofs und singt und bettelt.

Dieser Roman, der nur wenige Stunden im Leben des Außenseiters Hans Schnier zusammenfaßt, aber weite Rückerinnerungen kennt, hat vor allem wegen der scharfen Angriffe auf die katholische Kirche und das katholische Milieu manche Kritik erfahren, die sogar einen Hirtenbrief der katholischen Bischöfe gegen die Kritik der Schriftsteller an der Kirche zeitigte. H.J. Bernhard sieht hier den Ausdruck einer Krise Bölls, weil keinerlei positive Perspektive sichtbar werde, nicht einmal, wie in früheren Texten, das kleine Glück humanen Verhaltens, das allenfalls im Rückblick auf das Zusammenleben mit Marie gegeben ist. Statt dessen bietet Böll eine satirische Gesamtabrechnung mit Gesellschaft und Politik in der Bundesrepublik in der späten Adenauerzeit, in der einstige Nazis wie der Lehrer Brühl oder der Funktionär Kalick zu Ehren kommen. Auch formal zeigt der Roman wenig Strukturierung. Die 25 Kapitel spiegeln lediglich die Anrufe und Reflexionen Schniers in scheinbar wahlloser Ordnung.

Im Unterschied zu dem allgemein anerkannten Roman »Billard um halbzehn« hat Bölls nächster Roman eine recht divergente Wertung in Kritik und Forschung gefunden. Die Vielzahl der Reaktionen kann hier nicht annähernd erfaßt werden; nur einige Aspekte seien herausgegriffen: M. Reich-Ranicki z.B., der seine Rezension

»Die Geschichte einer Liebe ohne Ehe« überschreibt (»Die Zeit«
10.5. 1963), sieht hier eine mißlungene Zeitkritik, aber eine gelun-
gene Liebesgeschichte; Joachim Kaiser, Ivan Nagel, Rudolf Augstein, Walter Widmer und Reinhard Baumgart- um nur die promi-
nentesten Kritiker zu nennen- vertraten ähnliche Standpunkte, besonders wegen der Widersprüchlichkeit der Erzählerfigur, die oft
mit dem Autor gleichgesetzt wurde, was Böll stets zurückgewiesen
hat. Rudolf Walter Leonard und Gunter Blöcker lobten dagegen
den Roman, hoben die in subjektiver Brechung erfolgte Wirklich-
keitskritik hervor. Fast nur auf die Figur und Rolle des Clowns als
Außenseiter und Kritiker der Gesellschaft ist die kleine Monographie Rolf Müllers ([3]1980) gerichtet. In ähnlicher Sicht erfaßt Manfred Durzak Hans Schnier als einen scheiternden Künstler und den
Roman als Spiegelung einer Kunstkrise, die letztlich Bölls eigene
Kunstkrise reflektiere (M. Durzak 1971, 73ff.). Auch J.H. Reid
(1973, 55ff.) greift diesen Ansatz auf, betont jedoch das Isolierte,
Narzißtische des Clowns. Zusammenhänge mit J.D. Salingers
»Fänger im Roggen« (den Böll 1962 neu übersetzte) stellten G.
Blöcker und nach ihm R.C. Conard und W. Pache fest. Einen ent-
scheidenden Hinweis auf die Künstlerproblematik gab Böll selbst
im Interview mit H.L. Arnold, wo er das Labyrinth (vgl. die von
Böll 1960-62 mitherausgegebene Zeitschrift »Labyrinth«) sowohl
als die moderne Bürokratie als auch als den »politischen Katholizismus«, die zeitgenössische Öffentlichkeit als Minotaurus und
Theseus als den Künstler deutete. J.H. Reid (1991, 178) folgert
dementsprechend: »Theseus-Schnier war im Labyrinth, Ariadne-
Marie hatte den Faden zerschnitten.« H.J. Bernhard stellt dagegen
Bölls Roman in größere politisch-gesellschaftliche Entwicklungs-
zusammenhänge des Autors, etwa vom »*Brief an einen jungen Katholiken*« (1958) über die Gründung der Zeitschrift »Labyrinth«
(1960-62) zur gescheiterten Aufführung des ersten Dramas »*Ein
Schluck Erde*« (1961). Recht unterschiedlich fiel auch die Akzentu-
ierung und Bewertung der Hauptthemen dieses Romans aus, nämlich der Liebes- und Eheproblematik, des Künstlertums Schniers,
der Kritik am öffentlichen Katholizismus und der Kritik an der Restauration in der Bundesrepublik am Ende der Ära Adenauer, der
Familiensituation der Schniers und ihrer kapitalistischen Verbin-
dungen und die Probleme der NS-Vergangenheit der verschiedenen
Figuren.
Nach K.-H. Goetze (1985, 36) ist Schnier einerseits bestrebt, in
Bonn etwas über den Verbleib Maries zu erfahren, um sie möglichst
zurückzugewinnen, andererseits in seiner desolaten Situation Geld
aufzutreiben, um weiterarbeiten und existieren zu können. Beide

Ziele sind mit den anderen Themen gekoppelt: Die Suche nach Marie führt zur Konfrontation mit den Mitgliedern des »Kreises fortschrittlicher Katholiken«, deren nach Schniers »Ansichten« unehrliches und zynisches Verhalten in seinen Erinnerungen und Reflexionen ausführlich bloßgestellt wird, wobei die Hauptgestalten dieses Kreises, der managerhafte Theologe Sommerwild, der zynische SPD-Sozialtheoretiker Kinkel und der etwas dümmliche CDU-Vertreter Blothert und Maries neuer Ehemann Züpfner besonders negativ charakterisiert werden. Schnier verteidigt seine Beziehung zu Marie als Ehe vor Gott und klagt den Ehemann Züpfner des Ehebruchs an, betont also den personalen Bezug der Partner vor dem juristischen Kontrakt. Schniers Bemühungen, Geld aufzutreiben, bedingen den Kontakt zu seiner Familie, zunächst zu seiner Mutter, deren Stimme bereits die Erinnerungen an die Vergangenheit weckt und Haßgefühle auslöst, dann zum Vater, der den Sohn sogar aufsucht, um ihn zu einem von ihm vorbereiteten »Ausbildungsprogramm« als Pantomime zu überreden, das Schnier die Freiheit eigener Entfaltung nähme – Schniers Ablehnung versperrt ihm erneut die Hilfe des millionenreichen Vaters –, und schließlich zu seinem in die Ausbildung zum katholischen Priester konvertierten Bruder Leo, der selbst verarmt erscheint und ihm nur 6,70 DM anbieten kann. Mit der Erinnerung an die Mutter wird deren schuldhaftes Versagen bei Kriegsende ebenso wachgerufen wie das des Lehrers Brühl und des Erziehers Kalick, die sich damals als Nicht-Parteimitglieder (was ihnen später zu Karrieren verhalf) fanatischer im Sinne der Nazis gebärdeten als der NSDAP-Ortsgruppenleiter und die nun hohe Funktionen in Staat und Politik ausüben. Schnier vermittelt so in seinen Erinnerungsmonologen ein recht negatives, jedoch in sich variiertes Bild der Bonner Politgesellschaft. Walter Hinck reflektiert die Thematik des Romans zwölf Jahre später aus der Sicht des Jahres 1975 und konstatiert dabei eine Reihe von Anzeichen, die in den folgenden Jahren der Studentenunruhen ausgeprägter deutlich wurden, etwa die Auflehnung der Jugend gegen die als Versager und Profitjäger empfundene Elterngeneration, die Lossage von ihren Erwerbsprinzipien und Lebensformen, die freiere Auffassung der Liebe und des unkonventionellen Zusammenlebens der Partner, aber auch die später zunehmende Kirchenfeindlichkeit Bölls, deren Grundlage, die religiös-politische Symbiose von Staat und Kirche in der Adenauer-Ära, später aber ihren Einfluß verlor. Von der Generation der Folgejahre unterscheidet sich Bölls ichbezogener verzweifelnder Clown voller Selbstmitleid jedoch durch das Fehlen eines aggressiv politischen Aktionismus, der über den nur verbalen Protest hinausginge, wenn auch J. Fetscher (⁷1980, 210ff.) in ihm einen Anarchisten sieht, der aus der Gesellschaft ausbricht, in der Liebesgeschichte aber ins »kleinbürgerliche Behagen« flüchtet und so scheitert.

Weniger Aufmerksamkeit hat bisher die Form des Romans gefunden. C.A.M. Noble (1975, 183ff.) hat allerdings darauf verwiesen, daß in der Verkürzung der Handlungszeit auf zwei bis drei Stunden, in der Zunahme der Erinnerungs- und Reflexionsmonologe und damit der Annäherung an eine »zunehmende Verinnerlichung« (E. Kahler) bereits Anzeichen sichtbar werden, die eine gewisse Parallelität zur modernen europäischen Romanentwicklung erkennen lassen, wie sie durch Autoren wie Proust, Joyce, Frisch, Musil, aber auch durch die Vertreter des ›nouveau roman‹ (Robbe-Grillet, Butor u.a.) charakterisiert werden können. K.-H. Goetze hebt hervor, daß die monophane Erzählweise Schniers durchaus in sich gegliedert ist und in den Kapiteln 1 (Exposition), 2-8 (Vorgeschichte), 9-14 (Konfrontation mit dem »Kreis«), 15-21 (Geldbeschaffungsversuche), 22-25 (Vorbereitung des Bettlerdaseins) thematisch-formale Einheiten aufweise, deren Zäsuren allerdings auch immer wieder verwischt werden.

R. Baumgart 1963; K.A. Horst 1963, 602-605; H.R. Klieneberger 1966, 34ff.; M. Reich-Ranicki 1967; 1985; H. Mayer 1968; I. Fetscher 1968; A. Goes 1968; R.H. Paslick 1968; H. Plard 1969; R.C. Conard 1969; G. Wirth 1969, 145-178; 1976, 58-73; G. Uhlig 1969; W. Pache 1970; H.J. Bernhard 1970, 291-315; ²1973; W. Stemmler 1972, 220-237; I.M. Minguez 1972; H. Glade 1972; G.B. Pickar 1974; H. Mohling 1974, 251-277; P. Leiser 1975; W. Hinck 1975; A.M. Noble 1975; R. Nägele 1976, 140-145; R.R. Nicolai 1976; M. Schädlich 1978; R.P. Criman 1978, 96-104; M. Durzak ³1979, 109-121; M. Krumbholz 1980, 72-87; A. Hsia 1983; L. Ireland-Kunze 1983, 342-351; R. Müller 1984; E. Beck 1976/1983; A. Bernáth 1985; G. Blamberger 1985, 104-108 u. 127-134; R. Augstein 1985, 348-356; K.-H. Goetze 1985; J. Kaiser 1985, 340-347; J. Vogt ²1987; B. Balzer 1988; J.H. Reid 1991

»Entfernung von der Truppe«
(1964)

Der Ich-Erzähler Wilhelm Schmölder berichtet in ironisch-beredter Weise zunächst von seinen Versuchen, dienstuntauglich zu werden, dann von den Schikanen (»Scheißetragen«), die er beim Arbeitsdienst und als Soldat erleiden mußte, ferner von seiner kirchlichen Indifferenz, seiner rheinischen Herkunft, seiner äußeren Erscheinung und von seiner Arbeitsdienstzeit, wo er in Engelbert Bechtold einen Freund fand, dessen Schwester Hildegard er kennenlernte und heiratete. Er berichtet weiter vom »Instinktkatholizismus« seiner Schwiegermutter, vom Tod seiner Frau bei einem Bombenangriff 1942 und dem seiner Schwäger 1939 und 1945, dann auch von seiner und Engelberts Mitgliedschaft in der SA (um dem Vater einen Lederauftrag zu verschaffen), zwischendurch auch von seinem Schwager Johannes, der es im Krieg bis zum Feldwebel, nach Krieg und Studium bis zum Dr. rer. pol. und zum Textilkaufmann schaffte. Nach seiner Hochzeit kehrte der Erzähler nicht mehr zum Arbeitsdienst zurück, entfernte sich also von der »Truppe«, womit nach seiner Aussage das Menschsein eigentlich erst beginne, indem man nun einen eigenen Standort beziehe. Nach einer Woche wurde er aber verhaftet, kam in Gefängnisse, dann zur Wehrmacht, erhielt Urlaub nach der Geburt einer Tochter und später von einem französischen Waffendieb einen Kopfschuß und dafür Genesungsurlaub. Zwischendurch erfolgt eine Reportage vom Westwallbau sowie von KdF-Fahrten 1938/39 und Angaben zum Luftschutz. Schließlich folgen noch Gespräche mit der dreijährigen Enkelin sowie Reden mit der Schwiegermutter und einige ›Nachträge‹.

Diese Erzählung Bölls ist vor allem wegen der hier enthaltenen Moral, der Auffassung, sich von einer Truppe zu entfernen, um so erst Mensch zu werden, beachtet worden. Alle übrigen Einzelheiten des Textes könnten biographische Notizen eines Kölners aus der Kriegszeit sein. Böll hat diese Erzählung »sehr subjektiv« und »fast biographisch« genannt (Bölls Bruder Alois wurde auch auf Rat der Familie Mitglied der SA, um dem Betrieb Aufträge zu sichern). Die ironische Beredsamkeit der Darlegungen hält den Bericht des Ich-Erzählers in einer eigenartigen Schwebe zwischen Erlebnisbericht und Fiktion. Die am Schluß deutlich werdende Montagetechnik erscheint wie ein Zugeständnis an den ›Dokumentarismus‹ und die ›Postmoderne‹.

Indem Böll die nonkonformistische Moral einer Entfernung von der Truppe (worunter jede normierende Gruppe, letztlich auch die Leserschaft, gemeint sein kann) an den auslösenden Vorgang des Latrinenreinigens und damit an Abfall in krassester Form bindet, knüpft er an seine eigenen Aussagen in den »*Frankfurter Vorlesungen*« von 1963 an, in denen er das aus dem »normalen« Leben und seinen Normierungen Herausfallende, Abfallende als Gegenstand der Literatur gekennzeichnet hat. Die im Inhalt sichtbare Verweigerungshaltung des Erzählers wird – wie besonders W. Emrich (1968) deutlich gemacht hat – auch in der Form realisiert. Der Ich-Erzähler kennzeichnet sein »Erzählwerk« nicht als »fertige Niederschrift«, sondern als »Rohbau«, ähnlich einer punktierten Malvorlage für Kinder, aus der recht unterschiedliche Gestalten entwickelt werden können, was der Leser auch aus dem vom Erzähler dargebotenen epischen Material leisten solle. Böll nimmt hier gewissermaßen Auffassungen der Rezeptionsästhetik vom »impliziten Leser« (Wolfgang Iser) vorweg und modifiziert sie in einem »fingierten Spiel mit dem Leser« (W. Emrich 1971, 224), das auch die eigenen Angaben des Erzählers parodistisch einfügt und aufhebt. Die Erzählsituation hier unterscheidet sich (n.W. Emrich) jedoch von der in humoristischen Romanen der Vergangenheit, etwa bei L. Sterne und Jean Paul und ihren Nachahmern, wo der Erzähler durch Beschreibungen, Analysen und mimetische Wiedergaben »in die Fülle aller möglichen oder denkbaren Perspektiven und Bewußtseinsinhalte« eindringt (ebd. 226), um sie aus ihren eigenen Voraussetzungen »skeptisch der Einseitigkeit und Relativität zu überführen, ihre Fixierungen aufzusprengen und das Bewußtsein einer sich ins Unendliche verlagernden Wahrheit und ›geheimen Totalität‹ zu wecken, die allein Menschlichkeit, vollbewußte Mündigkeit ermöglicht« (ebd.). Er reagiere vielmehr »nur noch auf krud und fixiert Vorhandenes, das er summierend aufzählend« (ebd.) benenne, wie Lexika-Artikel aneinanderreihe, ohne sie analytisch von innen aufzusprengen und in ihrer Genesis, Reichweite und Bedeutung bewußt zu machen. Es komme zur Herrschaft von Klischees, die gegeneinander gesetzt werden. Die intendierte Satire des Erzählers richte sich unfreiwillig gegen ihn selbst, da er selber nicht ernsthaft in die satirisierten Phänomene eindrang und eindringen konnte. Emrichs subtile Erzählanalyse ist nicht allgemein adaptiert worden; die Neuartigkeit dieser Erzählweise in »*Entfernung von der Truppe*« ist jedoch wiederholt bemerkt worden. Sie dokumentiert sich nicht nur in der Komposition der Erzählelemente und in der Erzählhaltung, sondern auch in der Sprache dieses Textes, die in Satzbau, Wort- und Phrasenwahl weitgehend ironisch-parodistisch gehalten ist und auch im häufigen Tempuswechsel die Erzählebenen mischt. Die Montage von Propagandaklischees und sentimentalen Wendungen in einzelnen Partien dieses Kurzromans korrespondiert mit der erzählerischen Diskontinuität. Man greift sicher zu kurz, wenn man – wie W.J. Schwarz (1967, 40) – in der »parodistisch zugespitze(n) Montage von Klischees verschiedenster Herkunft« nur die »unversöhnliche kritische Haltung« des Erzählers »gegenüber dem bürokratischen Staat und der konventionellen Gesellschaft« sieht. Bölls sprachliche Experimente eines parodistischen Erzählens in diesem Text sind von der Mehrheit der Kritiker und Interpreten (außer W. Emrich) als mißglückt angesehen worden. Vor allem M. Reich-Ranicki (1967, 79) betonte dies und empfahl Böll, lieber seinem naiven Erzählertalent zu vertrauen. Er habe statt dessen hier eine »gründlich mißverstandene Modernität« angestrebt. R. Nägele (1976, 146) sah hier mehr den Ausdruck einer »grundsätzlichen Krise der Literatur, der sich auch scheinbar ›naive‹ Erzählertalente nicht verschließen konnten«.

W. Emrich 1968; 1979; R.W. Leonhardt 1968; G. Uhlig 1969; G. Wirth 1969, 5-38; E. Konieczna 1974; R. Nägele 1976, 145ff.; J. Vogt ²1987, 92-103

»Ende einer Dienstfahrt«
(1966)

Im Mittelpunkt der rückblickend erzählten Geschichte steht ein Prozeß vor dem Amtsgericht Birglar gegen den Tischlermeister Johann Gruhl sen. und dessen Sohn Georg, die wegen gemeinsam begangener »Sachbeschädigung und groben Unfugs« zu vollem Schadenersatz und sechs Wochen Haft verurteilt werden, was allgemein als »mildes Urteil« gewertet wird. Sie hatten einen Bundeswehrjeep, den Georg Gruhl als Soldat zu fahren hatte, nur um eine bestimmte Kilometerzahl zu erreichen, mit Benzin übergossen und auf einem Feldweg angezündet und diesen Vorgang zum künstlerischen »Happening« deklariert, was später von Kunstsachverständigen anerkannt wurde. Die Erzählung geht dann sehr detailliert auf den Verlauf des Prozesses und das Verhalten der Beteiligten, Juristen, Zeugen, Zuschauer und Mitwisser, ein, die größtenteils einander bekannt sind. Die Strafe wird schließlich von einer alten Dame, Fräulein Hall, bezahlt, die sogar testamentarisch Geld für ein jährliches Verbrennen von Bundeswehrjeeps stiftet. Eine Steigerung der Absurdität ergibt sich noch durch die Enthüllung, daß Gruhl jun. eigentlich schon als Soldat entlassen sein müßte.

Böll spiegelt in dieser scheinbar naiv-heiter und ironisch erzählten Geschichte, für die er sechs verschiedene Entwürfe gefertigt hat, weniger die juristische Problematik – die Angeklagten bekennen sich sofort schuldig – als vielmehr die detailreichen Zusammenhänge zwischen Justiz, Bundeswehr und Presse einerseits, die den Prozeßanlaß und -verlauf herunterzuspielen suchen, um nicht durch Aufsehen Nachahmungen zu evozieren, und den Vertretern des dörflichen und kleinstädtischen Milieus andererseits, die in ihm Anlässe für Intimitäten und Klatschereien finden, die im Gegensatz zu allem Offiziellen stehen und dieses mildern und aufheben. Andere Probleme, die hier zur Sprache kommen, sind die Steuerlasten und Wirtschaftssorgen der Handwerker (Gruhl war durch Steuernachzahlungen ruiniert worden) und die Deutungen ungewöhnlicher Handlungen als künstlerisches Happening. Mit der ironisch übertriebenen Aufzählung von Kleinigkeiten und Nebensächlichkeiten wird der Prozeß (wie auch sein Gegenstand) zur Theaterfarce, die die Absurdität des Verfahrens und seines Anlasses unterstreicht. Der antimilitaristische Sinn der Erzählung, der in der Aufdeckung des sinnlosen km-Fahrens und der Langeweile des Militärs (der »Quaternität des Absurden«) und der Verbrennung des Bundeswehrjeeps gegeben ist, wird allerdings durch die teilweise joviale Darstellung der Prozeßbeteiligten, besonders der Angeklagten und des Publikums, und die entsprechende Erzählweise des Autors entschärft, ob absichtlich, um ein Gegengewicht gegen den offiziellen Bereich von Staat und Justiz zu bieten, oder nicht. Die antioffizielle Haltung der aufgebotenen kleinstädtisch-dörflichen Gemeinschaft, zu der auch die Gruhls gehören, wird schließlich noch durch die Aufheiterungen in Dialekt und rheinischer Umgangssprache unterstrichen. Während die meisten Rezensenten dieser ›Novelle‹ bzw. des Kurzromans sich mit der Einordnung in die Gesellschaftskritik Bölls und der Zuwendung und Aufwertung der ›Provinz‹ sowie mit einer Formanalyse zufriedengeben, sieht V. Neuhaus (1982, 44ff.) hier den Beginn einer neuartigen Romantechnik und -intention Bölls vorliegen. Böll bewirke dadurch, daß er Einzelheiten z.B. aus der Bundeswehr, die sonst (vgl. den Prozeß) der Öffentlichkeit vorenthalten werden, erzählerisch bekannt macht, eine Information der Öffentlichkeit durch die Kunst, hier durch die Literatur. Diese übernimmt so Funktionen, die der Presse zukommen, dieser jedoch vorenthalten werden. Da aber der Kunst seitens der Gesellschaft ein Freiraum, eine Art Gummizellenstatus zugebilligt sei, man ihre Realisationen nicht ernst nimmt oder als Torheit begreift, so werden auch Torheiten der Wirklichkeit, wie etwa des Militärs, in der künstlerischen (literarischen) Darstellung geduldet, in anderen Formen juristisch geahndet. Mit der literarischen Darstellung übt der Schriftsteller gleichsam eine demokratische Kontrollfunktion aus, schafft eine Gegenöffentlichkeit zur manipulierten Öffentlichkeit der Presse (wie hier im Text). Die Informationspflicht des fiktiven Erzählers legt es auch nahe, für seine Berichterstattung wieder die traditionelle Form des rückblickenden auktorialen Erzählens zu wählen. Dieser scheinbare künstlerische Rückfall Bölls in eine »prämoderne« Erzählweise (J.H. Reid 1991, 203) erweist sich so zugleich als berechtigte und gebotene Ausdrucksweise. Trotzdem ist nach Bölls Auffassung die damit verbundene Textintention von der Kritik und den Lesern verkehrt, d.h. nicht als Appell zu politischem Handeln verstanden worden.

W. Beutler 1967; J. Konrads 1967; R. Leonhardt 1968; G. Uhlig 1969; G. Wirth 1969, 179-208; H.J. Bernhard 1968; 1970, 318-339; [3]1972; H. Bialek 1971; E. Konieczna 1974; R. Nägele 1976, 147ff.; M. Durzak [3]1979, 121-132; Y. Holbecke 1981; V. Neuhaus, 1982, 38-58; J. Vogt [2]1987, 92-103; J.H. Reid 1991

»Gruppenbild mit Dame«
(1971)

Aus einer Vielzahl von Berichten und Befragungen über Leni (Helene) Pfeiffer geb. Gruyten ergibt sich folgende Romanhandlung: Leni, die Tochter eines in der NS-Zeit hochgekommenen Bauunternehmers, wurde in einer Klosterschule erzogen, wo eine jüdische Nonne, Rahel Ginzburg, großen Einfluß auf sie ausübte. Später arbeitete Leni als Kontoristin, nahm auf Rat ihres Vaters am BDM-Dienst der NS-Mädchenorganisation teil, zu Kriegsbeginn werden aber ihr Bruder Heinrich und ihr Vetter Erhard wegen Fahnenflucht erschossen, worauf die Familie in tiefe Schwermut fällt. Nach einer flüchtigen Liebesbeziehung heiratet Leni den Unteroffizier Alois Pfeiffer, der kurz darauf im Osten fällt. Wegen eines Schwindelunternehmens in Dänemark wird ihr Vater zu lebenslanger Haft verurteilt, was Lenis Mutter nicht überlebt, Leni gelassener erträgt. Mehr bekümmert sie der Tod der Schwester Rahel, die zuletzt auf einem Dachboden vegetieren mußte. Leni wird schließlich in die Kranzbinderei Pelzer dienstverpflichtet, wo der russische Kriegsgefangene Boris Koltowski arbeitet, dem Leni eines Tages verbotenerweise Kaffee reicht, was zum zentralen Erlebnis für beide wurde, die sich einander anfreunden und lieben. Sie treffen sich vor allem während der Fliegeralarme in einer Kapelle. Mit dem Kriegsende ändert der »Verf.« seine Erzählweise: aus der kontinuierlichen Sukzession der Handlung wird ein Nebeneinander von Einzelberichten über die Schicksale der Personen aus Lenis Umwelt. Leni bekommt einen Sohn, den sie Lev nennt. Boris hatte einen deutschen Militärpaß und wird deshalb von den Amerikanern gefangengenommen, später den Franzosen übergeben, wonach er in einer Kohlengrube tödlich verunglückt. Seitdem wird Leni zur »Statue«; sie arbeitet weitere vierundzwanzig Jahre als Gärtnerin und lehnt Hilfen aufgrund ihrer NS-Unterdrückung wie auch jede Eingliederung in die neue Leistungsgesellschaft ab, ebenso wie Mietwucher und Grundstücksspekulationen. Sie vermietet vielmehr in ihrem Elternhaus billig Zimmer an Gastarbeiter und beginnt ein neues Liebesverhältnis mit einem türkischen Arbeiter, von dem sie ein Kind erwartet. Als Verwandte sie aus dem Haus weisen lassen wollen, wird dies durch ein Komitee sowie durch die Müllarbeiter verhindert. Das letzte Kapitel beschäftigt sich mit dem Schicksal der Schulfreundin Margarete Schlömer, die als Morphinistin und Syphilitikerin stirbt, sowie mit Lenis Sohn Lev, der ebenfalls das Leistungsdenken ablehnt und nach der Schule bei der Müllabfuhr arbeitet. Wegen einer Wechselfälschung aus Hilfsbereitschaft wird er zuletzt zu einer Haftstrafe verurteilt.

Der Roman, der einmal als Bölls »bedeutendstes Buch« (Karl Korn) bezeichnet wurde und als entscheidend für die Verleihung des Nobelpreises für Literatur an Böll 1972 gewertet wird, sucht durch die Anreihung von Berichten, Protokollen, Gesprächen, Erinnerungen und Befragungen von Personen, die Leni Pfeiffer kannten, in der so gestalteten Summierung subjektiver Eindrücke eine neue Form von Objektivität zu schaffen, um ein Lebensbild dieser fast »legendenhaft-symbolischen« Frauengestalt (J. Vogt) zu entwerfen, die in anarchischer Verweigerung jeder Anpassung an die Machtverhältnisse stets ihre eigenen Entscheidungen realisierte.

Dieser bedeutende Roman Bölls, der erstmals eine Frau in den Mittelpunkt des Geschehens rückt, hatte bei den Rezensenten zunächst ein unterschiedliches Echo ausgelöst, über das R. Nägele (1976, 148-159) ausführlich referiert. Während z.b. der Böll stets anerkennende Karl Korn und der gegenüber Böll sonst recht kritische Helmut Heißenbüttel voll des Lobes über das Werk waren, erschien es Marcel Reich-Ranicki als »ein schwaches Buch«, und Reinhart Baumgart nannte es »Potpourri und Inventar« alles dessen, was Böll bisher publiziert hatte. In der Folgezeit dominierten jedoch die positiven Beurteilungen, wenn auch die Eindrücke und Deutungen recht verschieden ausfielen (was nicht gegen den Roman spricht). Dementsprechend konnte bereits 1975 Renate Matthaei unter dem auf Leni G. bezogenen Titel »Die subversive Madonna« sechs Aufsätze mit unterschiedlichen Standpunkten und Aspekten als Querschnitt der Forschung herausgeben. Auch die übrige Forschung rückt sechs Ansätze in den Vordergrund: 1. die Kennzeichnung des Werkcharakters und der Form, 2. die Rolle des Berichterstatters (»Verf.«), 3. die Figur der Leni G. und ihrer Umwelt, 4. die Bedeutung der Gesellschaft, 5. die rezeptionsbedingten Deutungen, 6. die Sprache, wobei die einzelnen Autoren häufig mehrere Aspekte zugleich reflektieren. Hier seien nur einige Positionen gekennzeichnet:

Der Werkcharakter, die Darstellungs- und die Darbietungsform und der Aufbau des Romans haben besonders große Aufmerksamkeit erregt. Böll hat ja in allen seinen Romanen die Form verändert, um in immer neuer Weise seine Inhalte zu vermitteln. Die Auflösung des Romangeschehens in eine Kette von Berichten, Zeugenaussagen, scheinbar echten und fiktiven Dokumenten, die durch einen Berichterstatter (»Verf.«) dargeboten werden, war neu für Böll, hat allerdings Parallelen in Hans Erich Nossaks »Der Fall d'Arthez« (1968), Christa Wolfs »Nachdenken über Christa T.« (1968), Uwe Johnsons »Das dritte Buch über Achim« (1961) und Truman Capotes »In Cold Blood« (1965); in der Darbietung von Doku-

menten anstelle einer Romanhandlung steht es der »dokumentarischen Literatur« nahe, wie sie zu Ende der sechziger Jahre aufkam
und der Auffassung vom zerbrochenen Weltbild und dem Ende des
Erzählens zu entsprechen suchte. Böll vertrat allerdings die Ansicht, daß Dokumente und fiktive Texte in der sprachlichen Vermittlung gleich seien und dementsprechend auch fiktive Dokumente den Roman konstituieren könnten. Sein auf manche Rezipienten
ironisch wirkendes dokumentarisches Verfahren, durch das er mul-
tiperspektiv eine Fülle von Ansichten darbietet (was H. Schwab-
Felisch (1971, 915) sogar als Parodie auf das Dokumentarische kon-
statierte), soll jedoch weniger Realitätsechtheit vermitteln als vielmehr den Leser zu einer eigenen Konstruktion von Wirklichkeits-
vorstellungen über Leni Pfeiffer geb. Gruyten veranlassen. Für den
Leser als »Spurensucher« (Karl Korn) bietet der Text so eine Spannung eigener Art; er kann in seine Neukonstruktion zudem seine
eigene Geschichts- und Lebenserfahrung einbringen, um das hier
gebotene Panorama der deutschen Zeitgeschichte von 1922 bis 1970
zu ergänzen. Die scheinbar willkürlich angeordneten Textstücke,
die M. Durzak (1972, 177) als Kompositionsdefizit ansah, weisen
nach J. Vogt eine grobe inhaltliche Gliederung auf: Kapitel 1 bringt
eine Skizze von Lenis Person und ihrer Umgebung um 1970, Kapitel 2-8 bieten Rückblicke auf ihre bisherige Entwicklung, in Kapitel
9-14 überdecke die Gegenwart wieder die Vergangenheit; Leni werde nun vor allem mit der ihr feindlichen Umwelt konfrontiert, erle-
be aber auch solidarische Hilfe im Widerstand gegen die profitori-
entierte Leistungsgesellschaft, die – vertreten durch ihren Vetter
Kurt Hoyser – sie zur Wohnungsräumung zwingen will. Bölls Ro-
manform hat bei vielen Kritikern und Forschern Anerkennung gefunden, bei einigen (M. Durzak, G. Just, J. Kaiser) richtet sich die
Kritik vor allem gegen die formale Gestaltung, bei der man ein
durchgehendes Strukturprinzip vermißt. Zudem werden die Widersprüche in der Darstellung des »Ref.« und dessen fehlende Legi-
timation und Absicht des Erzählens getadelt. Nur M. Durzak weist
darauf hin, daß der »Verf.«, der sich als Journalist (n. J. Vogt als
Schriftsteller) ausgibt und aus Interesse an Leni recherchiere, in sie
verliebt sei. Indem er aber scheinbar neutral Aussagen über Leni G.
sammelt und zugleich emotional Anteil an ihr nimmt und sich
schließlich solidarisiert (worin H.J. Bernhard (1972, 174ff.) einen
Bruch in der Erzähltechnik sieht), hebt er die nur dokumentieren-
de Editorposition des Anfangs auf und erweist sich als fiktive Romanfigur. Georg Just (1975) betont, daß Böll über den Erzähler
auch moralische Wertungen vermittle und so die beabsichtigte Di-

stanzierung der dokumentarischen Darbietung durchkreuze; die Ideologie zerstöre so die Ästhetik.

Das meiste inhaltliche Interesse wird in Rezensionen und Forschungsbeiträgen der Figur der Leni Pfeiffer geb. Gruyten zuteil, der »Dame« des Gruppenbildes. Daß Böll hier ein Muster an reiner Menschlichkeit, gleichsam eine zweite Iphigenie, geschaffen hat, allerdings kaum wortreich reflektierend und voller unmittelbarer Sinnlichkeit und Hingabebereitschaft, darüber scheinen sich die Kritiker einig zu sein. Lenis Schweigen, das schon H.J. Bernhard (1972, 177) kritisierte, nimmt Herbert Kaiser (1978) zum Anlaß, einen antagonistischen Widerspruch zwischen bürgerlich-abstrakter Geschäfts- und Bildungssprache und der human-sinnlichen Sprachlosigkeit der Romanheldin zu konstatieren. In anderen Arbeiten werden die wichtigsten Lebensstationen Lenis in den Blick gerückt, die Beziehung zur jüdischen Nonne Rahel etwa, die mit ihrer gesellschaftlich nonkonformen Skatologie Lenis Interesse am »Elementaren der Sinnlichkeit« (V. Lange 1975, 100ff.) und die im Sinne der Poetik Bölls symbolisch begründete Vorliebe für das »Abfällige« weckte und sie zugleich zum malerischen Erinnerungsmonument im Riesengemälde von Rahels Auge anregte; weiterhin die erste Begegnung zwischen Leni und dem russischen Kriegsgefangenen Boris in der fast sakralen »Kaffeeszene«, Lenis »Entscheidungsschlacht« und »Wiedergeburt«, in der sie Boris »zum Menschen« erklärte, die allgemein als symbolischer Höhepunkt ihrer Humanität angesehen wird, sowie die weitere Liebesbeziehung zu Boris, aus der der Sohn Lew hervorging und mit den Eltern eine Analogie zur »heiligen Familie« bildete (P.K. Kurz 1971, 789ff.); schließlich die spätere Auseinandersetzung Lenis mit der Verwandtschaft um das naiv gegen Zigaretten und Kaffee verpfändete Elternhaus, die zur Solidarisierung der Hausbewohner, Freunde und Bekannten Lenis und Lews gegen die Aktionen des profitorientierten Vetters führte. Das Bild Lenis wird in dem »Informationsmosaik« (M. Durzak 1972, 177) des »Verf.«-Berichts und der Zeugenaussagen zwar ständig bereichert, aber letztlich nicht klarer. Bei allem Realismus der Angaben bleibt sie eine utopische Kunstfigur, »eine vollkommen bildlose Heldin«, wie sie Böll in einem »Publik«-Interview gekennzeichnet hat, zumal sie sich selbst nur in den berichteten Handlungen offenbart, so daß die einstige Nonne Klementina, die spätere Freundin des »Verf.«, sagen kann: »Es gibt sie nicht, und es gibt sie ...« (vgl. H.J. Bernhard 1975, 74). Mit der Darstellung Lenis ist auch das Problem der Auswahl der Zeugen verbunden, die Georg Just (1975, 55ff.) in Gute und Böse gruppiert, V. Lange (1975, 112ff.) dagegen einteilt 1. in die Affirmativen, die profitorientierten Erfolgsmenschen, zu denen er außer den Hoysers auch Pfeiffer und Lenis Vater zählt, 2. in die Rezeptiven, die sich aus der Leistungsideologie lösten (wie teilweise auch Pelzer), und 3. die Analogen, deren Existenz wie die Lenis zwischen Schmutz und Sauberkeit angesiedelt sei, z.b. Margarete Schlömer, die Sinnlich-Offene, die immer wieder verführt, zuletzt infiziert »aus Scham« stirbt.

Auch das Bild der Gesellschaft und der gesellschaftlichen Probleme, das dieser Roman entwirft, ist wiederholt reflektiert worden, besonders von den marxistischen Autoren H.J. Bernhard und K. Batt. Während Batt in Leni und ihrer Umgebung proletarische Kreise und somit Garanten einer besseren Zukunft sieht, konstatiert Bernhard zwar die vorbildliche Unangepaßtheit Lenis gegenüber Leistungsgesellschaft und Profitorientiertheit, kennzeichnet aber in heute naiv wirkender parteigebundener Besserwisserei angesichts der komplexen spätkapitalistischen Verhältnisse die bloße Beschränkung auf die Utopie einer moralisch geprägten Gruppe als »humanistischer Gegenkraft zu den im Kapitalismus herrschenden Gesetzen« und auf die Provokation gegen Profitdenken und Ausbeutung als Ausklammerung des »gemeinsamen Handelns mit den konsequent demokratischen Kräften«, in denen sich die »Überlegenheit der Volksmassen« realisiere (H.J. Bernhard 1975, 68). Aus der gleichen Einstellung sieht Bernhard (1972, 160) als »charakteristisch für Bölls Geschichtsbild« an, daß er unter den Zeugen drei Ex-Kommunisten »gleichsam aus der Geschichte« aussteigen läßt und sich so im Geschichtsverständnis über die »revolutionäre Partei der Arbeiterklasse« »überfordert« zeige.

Bernhard liefert dementsprechend auch eine ideologisch bestimmte Erklärung für die archaisierende Berücksichtigung der »Elemente des Heiligen und Madonnenhaften« (H.J. Bernhard 1975, 73), die andere Autoren zu Gesamtcharakterisierungen dieser Art veranlaßt haben (z.B. M. Durzak 1972, 195: »säkularisierte Heiligenvita«; W. Schütte 1971, VI: »häretische Marienlegende«; R. Matthaei 1975: »subversive Madonna«). Th. Ziolkowski (1975, 123ff.) hat darüber hinaus eine Reihe typologischer Beziehungen zwischen Bölls Roman und biblischen Bildern oder legendenhaften Strukturen ermittelt (z.B. Boris, Leni und ihr Kind als Bild der »Heiligen Familie«, Leni als Maria; Margarete Schlömer als Magdalena). Böll selbst hatte eingeräumt (gegenüber D. Wellershoff), daß man Leni als »rheinische Madonna« sehen könne. Das zeitlos Stilisierte in Leni als einer ganz aus dem Gefühl handelnden Frau charakterisiert M. Reich-Ranicki allerdings negativ als der »ewige deutsche Kitsch«, und auch M. Durzak (1972, 197) spricht ange-

sichts der »Liebesgeschichte von Leni und Boris als Inkarnation
von sich selbst verwirklichender reiner, heiler Menschlichkeit in
chaotischer Zeit« vom Durchscheinen eines »romantischen Mär-
chenmusters« durch Bölls »wildwuchernden Roman«. Leni wird ja
auch im Text mit Dornröschen und der schönen Lilofee verglichen
(J.H. Reid 1991, 233, der (1973, 75) sie aber auch mit der Märchen-
hexe aus »Hänsel und Gretel« verglichen hatte). R. Nägele (1976,
155f.) weist noch auf die Genese der Leni-Figur hin und sieht Vor-
stufen im Mädchen einer Kurzgeschichte (»*Warum ich kurze Prosa
wie Jakob Maria Hermes und Heinrich Knecht schreibe*«, 1965) und
in der Frau in »*Er kam als Bierfahrer*« (1968).

Schließlich muß noch auf die unterschiedliche Bewertung von
Sprache und Stil hingewiesen werden. Während etwa H. Heißenbüttel (1971, 912) den versachlichenden Dokumentarstil, den er einen erzählerischen »Antistil« nennt, bewundert, K. Korn (1971)
von einer »stilistischen Meisterung« spricht, kennzeichnet M.
Durzak (1972, 190) stilistische Brüche, und J.H. Reid (1991, 234f.)
nennt den Stil, das Verdikt Reich-Ranickis aufgreifend, »schlampig
und sehr unliterarisch«, die Sprache »plump und unschön«. Die
formale Gestaltung des Romans, insbesondere die verwirrende Mischung von Ironie, Parodie, erstrebter dokumentarischer Echtheit
und manieristischer Künstelei, bedarf sicher noch weiterer Erhel-
lung.

(Vgl. auch: Böll, »*Gruppenbild mit Dame*«- Interview m. D. Wellershoff,
Interv. I, 120-134; *Gespräch mit H.L. Arnold*, Interv. I, 135-176)

H. Heißenbüttel 1971; H. Mayer 1971; G. Hartlaub 1971; R. Hartung 1971;
H. Schwab-Felisch 1971; J. Petersen 1971, 138-143; P.K. Kurz 1971, 789ff.;
H. Glade/K. Bogatyr 1972; R.J. Ley 1972; H.L. Arnold 1972; ²1974, 198-
204; M. Durzak 1972; H.M. Waidson 1973; A. Bernáth 1973; 1975; D. Rapp
1974; W. Rieck 1974; M.N. Deschner 1974; I.L. Carlson 1974; 1976; H.J.
Bernhard 1972; 1975, 58-80; R. Matthaei 1975; H. Böll 1975; T. Ziolkowski
1975; R. Hübener 1975; G. Just 1975; R. Nägele 1976, 148-159; H. Glade
1976; D. Myers 1977; H. Schnedl-Bubnicek 1977; J. Vogt ²1987, 104-119; G.
Pickar 1977; W. Grothmann 1977; H. Kaiser 1978; R. Ley (ed); G. Lübbe-
Grothues 1979; M. Reich-Ranicki 1979; ²1981; H. Herlyn 1979, 57-128; M.
Ossowski 1980; A. Bernáth 1980, 63-125; S. Grandelt 1982; H.E. Beyersdorf
1983; McGowan 1983/84; G. Silén 1984; E. Lehnhardt 1984; E. Bracht 1988;
J.H. Reid 1991

»Die verlorene Ehre der Katharina Blum oder:
Wie Gewalt entstehen und wohin sie führen kann«
(1974; Vorabdruck im »Spiegel« ab 28.7. 1974)

Die Haushälterin des Rechtsanwalts Dr. Blorna und seiner Frau, der Architektin Dr. Trude Blorna, die 27jährige Katharina Blum, lernt bei einem Hausball ihrer Tante Else Woltersheim den wohnungslosen Ludwig Götten kennen, verliebt sich in ihn und nimmt ihn nachts mit in ihre Eigentumswohnung. Sie weiß zunächst nicht, daß Götten unter Mord- und Terrorismusverdacht steht und polizeilich gesucht wird. Als sie letzteres erfährt, verhilft sie ihm durch einen Geheimausgang zur Flucht. Als am nächsten Vormittag (Donnerstag) der Kriminalkommissar Beizmenne mit Polizisten gewaltsam in die Wohnung eindringt, findet er nur Katharina, die er zur eindringlichen Vernehmung abführt. Außer den persönlichen Lebensdaten Katharinas erfährt Beizmenne jedoch nichts über Göttens Aufenthalt oder evtl. Straftaten Katharinas, die sich im übrigen gegen anstößige Formulierungen im Protokoll zur Wehr setzt. Kurz nach Katharinas Festnahme war Dr. Blorna im Urlaub von einem Reporter der ZEITUNG über Katharina befragt worden. Blornas Aussagen werden dann so entstellt, daß sie Katharina belasten.

Am nächsten Tag (Freitag) wird Katharina in der ZEITUNG als Terroristenliebchen verunglimpft und verleumdet. Während des weiteren Verhörs beschwert sie sich bei den Staatsanwälten über diese Zerstörung ihrer Ehre, wird aber mit Hinweis auf die Pressefreiheit und das öffentliche Interesse zurückgewiesen. Auch die Woltersheim sowie die übrigen Partygäste werden vernommen. Einen Tag später (Samstag) setzt die ZEITUNG die Verleumdungen Katharinas fort; der Reporter dringt sogar im Krankenhaus ans Bett ihrer frisch operierten todkranken Mutter vor und verleumdet die Tochter vor der Mutter, die kurz darauf stirbt. Inzwischen stellt sich heraus, daß Katharina Götten einen Schlüssel zum Landhaus eines ihrer Verehrer, Sträubleder, übergeben hatte, wo er schließlich gefaßt wird. Als am Sonntagmorgen die ZEITUNG erneut Verleumdungen Katharinas bringt, lädt Katharina den Reporter Tötges in ihre Wohnung ein, angeblich zu einem Interview. Als dieser jedoch kommt und sogleich Unsittliches von ihr verlangt, erschießt sie ihn und stellt sich abends der Polizei. Dr. Blorna, der ihre und Göttens Verteidigung (wegen Diebstahl und Unterschlagung) übernimmt, verliert seine Aufträge aus der Industrie und gerät in wirtschaftliche Schwierigkeiten.

Diese Erzählung, die 1974 nach ihrem Erscheinen großen Anklang und Absatz fand, war Bölls literarische Antwort auf die jahrelangen Hetzkampagnen der BILD-Zeitung gegen ihn, hebt sich aber aufgrund der dichterischen Umformung weit über eine bloß schriftstellerische Replik hinaus. Am Beispiel der »ZEITUNG« und ihrer Verleumdungen Katharinas und ihrer Bekannten (Götten, Blornas,

Woltersheim) zeigt Böll, wie es einem Massenblatt möglich ist, mit Hilfe von Teilwahrheiten, Verdrehungen und unwahren Behauptungen einen Menschen zu verleumden und öffentlich ehrlos zu machen und durch diese Gewalt Gegengewalt zu provozieren. Zugleich werden die Polizeimethoden bloßgestellt, die ohne Grund einen Bundeswehrdeserteur, Dieb und Betrüger zum gefährlichen Terroristen erklären und jagen und seine Geliebte zur Terrorismushelferin abwerten und entsprechend die Presse informieren. Ein bisher untadeliger Mensch wird so zur Unperson und Verbrecherin gestempelt und wird zum Freiwild für öffentliche und private Verunglimpfungen. Diesen Machenschaften von Polizei, Boulevardpresse und dies akzeptierender Gesellschaft stellt Böll die Person Katharinas gegenüber, die zunächst ihr Recht auf Selbstbestimmung, auch in der Wahl des Geliebten, verteidigt, dann sich gegen die Verfolgungen und Verleumdungen wehrt, soweit sie es vermag (z.B. in den Formulierungsstreitigkeiten mit der Polizei über »Zärtlichkeit« und »Zudringlichkeit« und »nett« und »gütig«), und schließlich auf die psychische Gewalt des Journalisten mit physischer Gewalt antwortet (Tötges' Erschießung; vgl. den zweiten Teil des Titels).

Der Stoff dieser gegen den Sensationsjournalismus gerichteten tendenziösen Kriminalgeschichte wird nicht nur durch den äußeren und inneren Aufbau (mit 58 proportionierten Kurzkapiteln im wiederholten Wechsel der Handlungs- und Figurenperspektive durch den fiktiven Berichterstatter) strukturiert, sondern auch durch die subtile Darbietungsform der angeblichen Informationsquellen. Durch die so entstandene Textmontage mit postmoderner Erzählerkonstruktion erfährt der Text eine originelle dichterische Gestaltung, die ihn deutlich von der bloßen politischen ›criminalstory‹ abhebt. Die Sekundärliteratur zu diesem Werk hebt mehrere Aspekte hervor. Nachdem Böll selbst es »ein Pamphlet in Form einer Reportage ... ein politisches Pamphlet ... ein plakatives Werk ... eine Streitschrift« genannt hat (im Gespräch mit M. Durzak (M. Durzak 1976, 150)) und so das Tendenzhafte des Textes unterstrich (worin ihm polemisch die Rezensionen rechtsstehender Zeitungen gefolgt sind), hat die Forschung wiederholt die vorhandene künstlerische Gestaltung untersucht, etwa Aufbau und Erzählstruktur (R. Michaelis 1974; W.S. Sewell 1982; W. Zimmermann 1982), Erzählhaltung und Sprache (D. Sölle 1974; R. Nägele 1976; H.J. Zipes 1977; G. Ludwig 1977, [8]1990; E. Scheiffele 1979; H. Fischer-Kesselmann 1984), die Rolle von Wortspielen (R. Nägele 1976, 161f.), Profil, Perspektive und Funktion des Berichterstatters (M. Durzak 1971, 1975, 1976; W.S. Sewell 1982), die Form als Novelle (M.M.

Sinka 1981), den Strukturvergleich mit Schlöndorffs Film (H. Fischer-Kesselmann 1984; A.K. Kuhn 1987), und so an der Strukturiertheit den Kunstcharakter des Textes aufgewiesen. Andere Untersuchungen widmeten sich zudem oder ausschließlich inhaltlichen Aspekten: z.b. dem politischen und gesellschaftlichen Hintergrund (G. Wirth 1975; H.J. Zipes 1977), den Formen der Gewalt (H. Beth 1975; [2]1980; J. Vogt 1978, [2]1987), der Figur und Rolle der Katharina (H. Herlyn [3]1988; H. Fischer-Kesselmann 1984; J. Köster 1988; W. Zimmermann 1988), auch unter feministischem Aspekt (K. Huffzky 1975; C.W. Ghurye 1976; W. Aamold 1976; U.G. Silén 1983), der Rolle des Karnevals (Y. Holbeche 1985; R. Hillmann 1986), und dem Wesen und der Erscheinung der Massenpresse, besonders der »ZEITUNG« (F. Kicherer 1981, [3]1989; W. Zimmermann 1988; J.H. Reid 1991, 238ff.).

Stärker als andere größere Texte Bölls ist »*Katharina Blum*« in Westdeutschland, aber auch in anderen westlichen Ländern, in die Schullektüre einbezogen und didaktisch interpretiert worden (vgl. G. Ludwig 1976; H. Peuckmann 1977; F. Kicherer 1981, [3]1989; W. Zimmermann 1988; demn.: B. Sowinski 1993).

(Vgl. auch H. Böll »*Ich tendiere nur zu den scheinbar Unpolitischen*«, Interv. I, 321-347)

F. Torberg 1974, 100-105; D. Sölle 1974; G. Fehling 1974; W. Schütte 1974; R. Michaelis 1974, 18; W. Ziltener 1975; M. Durzak 1975; D. Rapp 1975; H. Beth 1975; G. Wirth 1975; W. Donner 1975. 44; R. Nägele 1976, 159-166; G. Ludwig 1976; H.J. Zipes 1977; H. Peuckmann 1977; J. Linden 1977; Ph. Payne 1978; D. Head 1978/79; J.C. Franklin 1978/79; E. Scheiffele 1979, 169-187; A. Petersen 1980; V. Böll 1980; H. Kesting 1980; J. Nedregaard 1981; M.M. Sinka 1981; H. Herlyn [2]1982; [3]1988; W. Sewell 1982; W. Ziltener 1982, 16-24; H. Fischer-Kesselmann 1984; S. Giles 1984; G. Graf 1984; W. Faulstich 1984; G. Silén 1984; H. Habe 1984; W. Jens 1984; Y. Holbeche 1985; M.W. Rectanus 1986; M. Wallach 1986; J. Kohls 1986; J. Vogt [2]1987, 120-136; A. Kuhn 1987; K. Flanhardt 1987; J. Köster 1988; Ch. Armster 1988; F. Kicherer [3]1989; S. Krebs 1990; J.H. Reid 1991

»*Berichte zur Gesinnungslage der Nation*«
(1975)

Dieser satirische Text ist als eine Sammlung von Agentenberichten aus drei verschiedenen Geheimdiensten dargeboten, die bestimmte Personen, darunter auch Agenten des jeweils anderen Geheimdienstes, verdächtigen und beobachten und ihre Ergebnisse einem Agentenführer mitteilen. Die jeweiligen Namen sind offenbar Decknamen und sind von Böll teilweise aus Grimms Deutschem Wörterbuch entnommen (vgl. »*Eine deutsche Erinne-*

rung«, Interv. I, 504-665). So berichtet ein Rotgimpel zweimal an Rotkopf-würger (Text 1, 4, 8), als bekehrter einstiger Anarchist und als pyrotechni-scher Aktionskünstler getarnt, im ersten Text über sein Eindringen in ka-tholische Kreise sowie in eine linksstehende Gruppe »Rotmolche« und Kontakte zu einem Major und übersendet Listen mit Namen und Zitaten verdächtiger Studenten, im vierten Text über eine Haussuchung bei ihm und im achten Text über die Verhaftung der »Rotmolche« und die Reaktion darauf in der Bevölkerung. In den Berichten von »Ackergaul«, der sich als dänischer Rundfunkkorrespondent tarnt, an »Stallmeister« (Text 2 u. 5) fin-den sich Beobachtungen über »Rotgimpel« sowie dessen pyro-art-Vorbe-reitungen. Später notiert Stallmeister Ackergauls Verhaftung (Text 7). Als weitere Berichte sind die von »Rotmolch I« an »Majordomus« (Text 3 u. 6) zu nennen, die Andeutungen über subversives Material und über verdächti-gen Käse und über Durchsuchungsaktionen enthalten. In einem »Vertrauli-chen Bericht« über ein Koordinierungsgespräch dreier Geheimdienstbeauf-tragter werden einzelne »Pannen«, nämlich Rotgimpels Zündholzaktionen, ein vorbereitetes Sprengstoffattentat eines Theologiestudenten auf einen »fortschrittlichen« Kardinal, die Beschlagnahmung von Parmesankäse als Sprengstoffingredienz und anderen Ingredienzen erörtert und den Erfolgen des »Gesinnungserfassungseinsatzes« gegenübergestellt, bei dem 736 Perso-nen erfaßt wurden.

Mit diesen Texten will Böll die Bespitzelung der Bürger durch kon-kurrierende staatliche Geheimdienste verdeutlichen, die im Sinne der Intentionen des Radikalenerlasses von 1972 linkskritische Lek-türe (Wallraff, Wagenbach-Texte, Sartre) sowie mögliche Spreng-stoffvorbereitungen mit Streichhölzern und Parmesankäse und so-gar das Füttern eines Hundes einer Verwandten von Gudrun Enss-lin als Symptome für Gefährlichkeit verfolgen, aber groteskerweise sich gegenseitig ihre eigenen Agenten verhaften. Mit Hilfe von Übertreibungen (z.B. Käse als Sprengstoffingredienz) und sprachli-chen Verrenkungen (z.B. Rotgimpels Abkürzungsmanie, etwa sbrf = schwarzbrüchig-rotfaul für klerikal und linksgesonnen) sowie Agentenjargonismen sucht Böll, mitunter zu überzogen, die Satire zu verstärken, um diese erdachte Wirklichkeit zu demaskieren.

J. H. Reid 1991, 248ff.

»Fürsorgliche Belagerung«
(1979)

Die Zeitungsverleger Dr. Fritz Tolm, der mit seiner Frau Käthe auf Schloß Tolmershoven lebt, ist zum neuen Verbandspräsidenten gewählt worden. Er genießt wie seine gesamte Familie und wie die übrigen Industriellen und Finanziers Schutz vor Terroristen durch Sicherheitsbeamte. In den 21 verschieden langen Kapiteln des Romans erfahren wir, zumeist in erlebter Rede aus der Perspektive der Figuren, deren Sicht der Situation und Ereignisse im Zeitraum von wenigen Tagen. So wird von Tolm und seiner Vergangenheit, von seinem zeitweise anarchistischen Sohn Rolf berichtet, der nun auf einem Dorf mit der Kommunistin Katharina friedlich zusammenlebt, während Rolfs Frau Veronica und ihr Sohn Holger mit dem Terroristen Bewerloh an unbekanntem Ort zusammenleben und von der Polizei gesucht werden. Tolms Tochter Sabine, die mit dem Großkaufmann Erwin Fischer verheiratet ist und ein Kind hat, erwartet von ihrem neuen Liebhaber, ihrem Bewacher Hubert Hendler, ein Kind. Ihr Bruder Herbert widmet sich als Student radikalen Theorien. Weitere Kapitel handeln von den Sorgen des Sicherheitschefs Holzpuke, den Problemen Hendlers und seiner Frau Gerda und ihrer Schwester Monika, aber auch von der »sicherheitsgeschädigten« Erna Breuer, deren Liebesverhältnis durch die Bewacher aufgedeckt wird. Schließlich reflektiert auch der Finanzier Dr. Bleibl über seine SA- und NS-Vergangenheit, seinen bisher unbekannten Mord an einer Frau, seine bisherigen vier Ehen. Nach Tolms Wahl verläßt Sabine ihren Mann und zieht zu ihrem Bruder Rolf ins Nebenhaus der Pfarrei, während der Pfarrer wegen einer Frau seine Gemeinde für immer verlassen will. Wenig später erfährt Tolm den Selbstmord seines homosexuellen Freundes Kortschede und von dessen Brief an Tolm, der ihm jedoch wegen des »gefährlichen« Inhalts vorenthalten wird. Dann kommt Rolfs und Veronicas Sohn Holger allein im Flugzeug aus der Türkei. Veronica hatte vorher vor »Schlitten« (= Fahrrädern) gewarnt. Bewerloh wird in der Türkei beim Schuhkauf gefaßt und sprengt sich in die Luft. Tolms wollen lieber zu seiner als zu Kortschedes Beerdigung. Nun kommt auch Veronica mit einem Fahrrad voll Sprengstoff, stellt sich aber an der holländischen Grenze der deutschen Polizei. Während der Beerdigungen entflieht Sabine mit dem Polizisten Hubert Hendler, zündet der achtjährige Holger, vor dessen »Bombe im Kopf« Veronica noch warnte, das Schloß an. Tolms flüstert jedoch an Bewerlohs Grab seiner Frau zu, »daß ein Sozialismus kommen muß, siegen muß«.

Böll schildert in diesem Roman die Situation und die Erfahrungen eines rheinischen Kapitalisten und seiner Freunde sowie seiner Kinder, die sich gegen die Welt der älteren Generation wenden und andere Lebensziele erstreben. Durch die ständige Überwachung und Terrorismusfurcht wird eine zusätzliche Ghettoisierung der ohnehin einander bekannten ländlichen Verhältnisse erreicht. Es wird so auch gezeigt, wie die Bewachung die Lebensverhältnisse der Menschen bis in die Intimsphäre hinein deformiert und wie unterschiedlich die einzelnen Figuren auf diese Herausforderungen reagieren. Während Fritz Tolm sich unter dem Einfluß seiner naivcharmanten Frau und seiner Kinder zu einer allmählichen Distanzierung von Amt, Kapital und Würden und zunehmender Selbstbesinnung durchringt, emanzipiert sich Sabine von den Verhältnissen ihrer großbürgerlichen Ehe, findet Rolf nach den ideologisch-fanatischen Terrorismuseskapaden seiner Frau Veronica mit seinem einstigen Freund Bewerloh und nach eigenen gewaltsamen Protestaktionen und einer Haftstrafe zu einem einfachen ländlich-alternativen Leben mit der Kommunistin Katharina, entsagt der junge Pfarrer Roickler Priestertum und Zölibat um der Liebe einer Frau willen, während der ältere Pfarrer Kohlkrämer scheinheilig Entsagung predigt und mit seiner Haushälterin im Konkubinat lebt. Schließlich findet sich selbst Veronica zu einer Abkehr vom terroristischen Morden bereit, nur Herbert verharrt im systemfeindlichen Theoretisieren, eine anarchistische Praxis kann ihm die Mutter, die ihn finanziell unterstützt, noch ausreden. Der sich allmählich wandelnden Welt des Kapitalismus der Tolm, Kortschede, Bleibl und ihrer Geschäftsfreunde sowie auch ihrer Gegner in der nächsten Generation steht das Wachpersonal gegenüber, das zum Schutz des »Systems« und seiner Repräsentanten eingesetzt ist und stets gegenwärtig bleibt, von den Oberen Dollmer und Holzpuke bis zu den einfachen Polizisten. Tolms angekauftes Schloß ist ebenso wie einst seine frühere Villa Eichhoff, die bereits weggebaggert worden ist, von der Zerstörung durch den weiterfressenden Braunkohletagebau bedroht, der gleichsam symbolisch für die Bedrohung des kapitalistischen Systems wie auch der politischen und familiären Verhältnisse steht, wobei Tolm die familiären Beziehungen über die gesellschaftliche Stellung und das gesellschaftliche Ansehen rückt.

Literaturkritik wie Forschung, die sich noch recht begrenzt an die Deutung dieses späten Böll-Romans gewagt haben, tun sich schwer, hier angemessene Zugänge zu finden. Die dargestellte extrem beklemmende Situation der »fürsorglichen Belagerung«, der Be- und Überwachten der Familie Tolm, die nur durch verhältnismäßig wenige Geschehensvorgänge unterbrochen wird, hat zu einer gewissen Verlegenheit der Böll-Kritik geführt, die sich bereits in den sehr gesuchten Überschriften der Kritiken spiegelt (z.B. W. Ross: Die Zeit der netten Ungeheuer, NRdsch 90/1979; R. Augstein: Gepolter im Beichtstuhl, Spiegel 31/1979; M. Reich-Ranicki: Nette Kapitalisten und nette Terroristen, FAZ 4.8. 1979; F.J. Raddatz: Vom Überwachungsstaat, Die Zeit 3.8. 1979; H. Heißenbüttel: Erzählung von einem sentimentalen Wirrkopf und Trottel? Heinrich Bölls ›Fürsorgliche Belagerung‹ und die Kritik? Freibeuter 1980/4). Die noch knappe bisherige Forschung konzentrierte sich dagegen auf die Auswirkungen der Bewachung, auf den Konflikt zwischen den Generationen (J.H. Reid 1991, 264ff.), aüf die innere Entwicklung Tolms, sein Verhältnis von Innenwelt und Außenwelt, von Fürsorge und Liebe und die Anteile von Sprachklischees und lebendiger Erzählsprache (S. Smith [2]1980, 97ff.), die erzählerischen Tendenzen der Idyllisierung und Privatisierung und den Anachronismus des Familienromans und die Ausklammerung oder Beschränkung des zeitgenössischen gesellschaftlichen Umfeldes (J. Vogt [2]1987, 135ff.) und analysierte die Erzähltechnik der Leitmotive, Zentralbegriffe und Klischeewörter (z. B. »nett«, »süß«).

(Vgl. auch: H. Böll, »*Einführung in die «Fürsorgliche Belagerung»*, TuK 33, [3]1982, 74f.)

J. Vogt (Hg.) [2]1987, 120-136; S. Smith [2]1980, 97-128; P.K. Kurz 1979, 133-140; H. Heißenbüttel 1980; H. Vormweg 1980; A. Fritz 1980; Materialien 1981; B. Balzer 1981; A. M. dell'Agli 1982; M. Marianelli 1983, 106-116; V. Böll, [3]1982, 76-88; J.H. Reid 1983, 126-141; 1991, 263-269; J. Aoki 1984; C.W. Ghurye 1985; G. Pickar 1985

»*Das Vermächtnis*«
(entst. um 1950, veröff. 1982)

Ein Erzähler schreibt an den Bruder des im Krieg vermißten Oberleutnants Schelling, daß dieser von seinem Schulkameraden und Vorgesetzten, dem Hauptmann Schnecker, den der Briefschreiber nun wiedergetroffen habe, eigenhändig erschossen worden sei, wovon nur er und der Mörder wüßten. Der Erzähler beginnt mit dem Bericht über seine Anreise zu einer neuen Einheit in der Normandie, wo er zum Burschen und Vertrauten Schellings wurde. Auf der Anreise passiert er zwei Kneipen, zu denen er später zurückkehrt, er trifft verschiedene Soldaten in unterschiedlichen Dienstgraden. Er schildert ferner den Dienst mit Telefonieren und Postenstehen, der ihm aufgetragen wird, wobei ihm der Kampf gegen die Langeweile als Schlimmstes erscheint. Vor dem Ausweg, sich zu betrinken, warnt ihn Schelling, der mit dem Erzähler manches tiefsinnige, aber auch ihn politisch gefährdende Gespräch führt. Im Laufe der Zeit erfährt er so, daß Schelling wegen seiner früheren Beschwerden über Betrügereien bei der Verpflegungszuweisung gerügt und strafversetzt wurde. Als er sich erneut beschwert, wird er mit dem Erzähler nach Rußland an die Front abkommandiert, wo er Schnecker wiedertrifft. Schelling kann durch persönlichen Mut einen russischen Angriff stoppen und wird dafür ausgezeichnet. Als Schnecker bei der Gratulationsfeier volltrunken »Alarm!« schreit, um an weiteren Schnaps zu kommen, sucht Schelling ihm den Mund zuzuhalten, woraufhin Schnecker ihn mit der Pistole erschießt. Zur gleichen Zeit erfolgt tatsächlich ein Überraschungsangriff der Russen, wobei sich nur der Erzähler retten kann, aber auch Schnecker, den er nach dessen Doktorexamen trifft und zufällig belauscht.

Dieser Kurzroman Bölls entstand in der Frühzeit seiner schriftstellerischen Tätigkeit und ist entsprechend durch eine erzähltechnische Unsicherheit geprägt (z.b. Widersprüche, Disproportionen der Teile, unpassende Reflexionen, Handlungsarmut, Briefform) und durch erstmalige Konfrontation von Kriegsgeschehen und Nachkriegszeit in den beiden Überlebenden Fischer und Schnecker bestimmt. A. Bernáth (1982) hat diesen Text mit »*Der Zug war pünktlich*« in erzählerischer Hinsicht verglichen, um das »Ur-Böll-Werk«, d.h. die Priorität zwischen beiden Texten, zu entdecken, gelangte allerdings zu keiner eindeutigen Entscheidung.

A. Bernáth 1982; G. Ueding 1982

»Die Verwundung«
(entst. um 1950, veröff. 1983)

Ein Angriff wird vom Gegner gestoppt und schlägt in eine wilde Flucht der deutschen Soldaten um, die wiederum durch Feldjäger mit Maschinenpistolen gestoppt wird. Der Erzähler aber läßt sich nicht stoppen und eilt zurück, weil er eine große Wunde von einer Handgranate im Rücken hat. Vom nächsten Arzt geht er weiter zurück in die Stadt (Jassy), trifft unterwegs einen General, dem er Zigaretten erhält, und fährt dann mit der Straßenbahn in die Stadt, wo er in einem Café den betrunkenen Unteroffizier Hubert Kramer trifft, mit dem er fortan zusammenbleibt. Kramer, der eigentlich zur Front soll, kauft sich eine Verwundung, d.h. er läßt sich für Geld durch den Unterarm schießen. So glückt es beiden schließlich, vom Verbandsplatz immer wieder in einen Lazarettzug zu gelangen und bis nach Debrecen in Ungarn zurückgebracht zu werden. Zwischenaufenthalte der Züge nutzen sie wiederholt zu Kneipenbesuchen, wo sich Kramer stets von neuem betrinkt und dann mit einem ehrgeizigen Transportleiter streitet. Den zuständigen Arzt kennt Kramer aber von der Universität her. In einer ungarischen Kneipe gibt es Gulasch und Zigeunermusik. Unterwegs erfahren sie auch von der Landung der Alliierten in der Normandie. Später fängt die Wunde des Erzählers an zu eitern, und sie werden in Betten umgeladen. Der Erzähler träumt zwischendurch von Köln.

Der Text spiegelt eine legale ›Entfernung von der Truppe‹ in einer bewußt naiven Erzählform ›des Ich-Erzählers. Durch die Handlungsabschnitte und durch Wiederholungen einzelner Sätze, wie z.B. »sie konnten mir nichts anhaben« (»wollen«); »ein prachtvolles Loch«, erfährt das verhältnismäßig einfache Erzählgeschehen eine gewisse Gliederung. Durch die restringierte Ausdrucksweise des Erzählers bedingt, erfährt der Krieg auch eine Spiegelung aus der unteren Ebene der betroffenen einfachen Soldaten; besonders Kramer erweist sich durch seine Schliche als eine fast pikareske Figur, die es versteht, sich aus allen Schwierigkeiten herauszumogeln und den Krieg als Kette von Saufereien zu genießen, was allerdings nur im Zusammenwirken mit dem Erzähler gelingt. Aus dieser Perspektive wird auch die Verwendung eines Landserwortschatzes der unteren Ebene verständlich. Der niedrige Stil beruht also nicht auf einem Unvermögen, sondern auf bewußter Stilisierung durch den Autor.

W. Hinck 1983

»Frauen vor Flußlandschaft«
(Roman in Dialogen und Selbstgesprächen; 1985)

Einer »Vorbemerkung« über die vorkommenden Personen und ihre Kleidung folgen zwölf Kapitel (10 Dialoge und 2 Monologe), in denen in der Zeit von zwei Tagen fiktive Figuren der Bonner Abgeordneten- und Ministerszene samt Vertretern ihres Personals zu Wort kommen und ihre Ängste und Sorgen äußern. Hauptsorgen der zwölf Männer sind die Verschwiegenheit und Loyalität der Ehefrauen oder Freundinnen, insbesondere wegen der NS-Vergangenheit und der Vernichtung von Akten, aber auch die Gunst der obersten Machthaber, der Fraktionskollegen und der Wähler. Die acht Frauen sorgen sich, daß sie wegen mangelnder Diskretion abgeschoben werden oder in einem psychiatrischen Sanatorium landen, wie z.B. Frau Blaukrämer, die dort Selbstmord verübt, während ihr Mann seinen Kollegen Plukansky als Minister ablöst, dessen NS-Vergangenheit von Polen aufgedeckt wurde. Zwischendurch werden auch Fragen des Geschmacks, der Liebe, des Sexus und der sozialen Herkunft reflektiert. Einzelne Personen distanzieren sich aber vom Establishment und vom »Gottesgnadentum des Geldes« und treffen am Schluß zusammen.

Bölls letzter Roman ist sowohl wegen seiner Form als auch wegen seines Inhalts von der Literaturkritik abgelehnt worden (bis auf wenige linksstehende Zeitungen). M. Reich-Ranicki (FAZ 8.10. 1985) z.B. sprach von einem »nicht mehr abgeschlossenen Roman«, obwohl Böll ihn bereits 1984 abgeschlossen hatte, als er noch geistig voll leistungsfähig war. Auch in der noch spärlichen Forschung bleiben Diskrepanzen. Während J. Vogt ([2]1987, 152ff.) Elemente der Rezensionen aufgreift und auf die geringe Übereinstimmung zwischen der Politik in Bonn und Bölls Darstellung verweist, betonen G. Wirth (1988) und J.H. Reid (1991, 283-292) angesichts der Flick-Affäre und einiger Bestechungsskandale in Bonn eine durchaus reale Erzählgrundlage des Romans. G. Wirth, der wie die übrigen Autoren auch das Aufgreifen von Figuren und Themen aus anderen Texten Bölls erwähnt, konzentriert sich vor allem auf die Kennzeichnung und Funktion der Frauen in diesem Roman, die er in die Nachfolge der Frauen aus Bölls übrigem Werk einordnet und mit Engeln gleichsetzt. Auch in der Deutung der Form unterscheidet sich G. Wirth von den beiden anderen Autoren. Wirth greift einen Hinweis F. Benselers auf, der in der Form ein Feature sieht, durch das der Leser zur selbständigen Umsetzung in die Wirklichkeit veranlaßt werde. Auch J.H. Reid (1991, 289) betont den modernistischen Charakter der Dialogform, der Henry James' Forderung, im Roman zu dramatisieren, entspreche und eine Atmosphäre aus Spannung und Sensation vermittle, wie sie dem Roman eigen sei. Böll selbst habe anläßlich seines zweiten Dramas »Aussatz« die Dramenform verteidigt, weil die Prosa zu kolportagehaft ausfallen würde. Ähnliches dürfte auch hier gelten.

D. Lattmann 1985; W. Schütte 1985; R. Baumgart 1985; F.J. Raddatz 1985; M. Reich-Ranicki 1985; P. Wallmann 1985; J. Vogt ²1987, 137-159; G. Wirth 1988; J.H. Reid 1991, 283-292

»Der General stand auf einem Hügel«
(entst. Mai 1946; veröff. in: NRs 102/1991, 9-32)

Der rund 20 Seiten umfassende Text schildert die Vorbereitungen eines Gegenangriffs deutscher Truppen, die eine vor Tagen geräumte Stellung an einem Fluß zurückerobern sollen. Die Erzählung konzentriert sich zunächst auf den General und Divisionschef, der pessimistisch die Frontlage und die bevorstehenden Verluste überdenkt und, zwischen Befehlsverweigerung und Heldentod schwankend, schließlich den letzteren sucht, indem er während des russischen Gegenfeuers über das Schlachtfeld geht und mit den vordersten Truppen den letzten Angriffsversuch unternimmt und fällt; den größeren Teil macht jedoch die Schilderung des Schlachterlebnisses der drei Soldaten Paul, Johann und Erwin aus, von denen Erwin, der Jüngste und Kriegsunerfahrene, während des Angriffs durch eine Granate stirbt. Allen gemeinsam ist die Angst vor dem Kommenden, der Johann mit Verzweiflung, Paul jedoch mit Gottvertrauen begegnet, das er nach dem Scheitern der Offensive aufgrund eines russischen Gegenangriffs und der Flucht zum Verbandsplatz ausführlich dem mit Schwerverwundeten zurückbleibenden Arzt erläutert, wobei er einen Sinn des Leidens im Leiden Christi an der Welt findet. Während der freiwilligen Rückwanderung des nur leicht verwundeten Paul in die Stadt trifft er am Stadtrand auf eine kleine gütige Frau in weißem Gewand, die den Soldaten Brot und Wein reicht.

Diese posthum veröffentlichte, vermutlich nunmehr früheste Erzählung Bölls, ist nicht nur als weitere Kriegserzählung interessant;

das ›Erstlingswerk‹ bietet zugleich wichtige Aufschlüsse über die motivische, stilistische und weltanschaulich-religiöse Frühentwicklung des Autors. Die Gattungszuordnung des Textes erweist sich zunächst als schwierig, da er als Kurzgeschichte zu wenig konzentriert, als Novelle trotz des ›unerhörten Ereignisses‹ des gesuchten ›Heldentodes‹ eines Generals zu knapp ist; man muß diesen Text so zu den Erzählungen Bölls rechnen, der in die Nachbarschaft zu »*Der Zug war pünktlich*« zu stellen ist. Das Motiv des resignierenden Generals findet sich allerdings auch am Anfang von »*Wo warst du, Adam?*«, während die Schilderung eines Angriffs auch in der Erzählung »*Die Verwundung*« und in der Kurzgeschichte »*Der Angriff*« vorkommt, hier noch kombiniert mit dem Tod eines jungen kriegsunerfahrenen Soldaten. Im Gegensatz zu den genannten wenig später entstandenen Texten Bölls, in denen sich der Autor um ein ausgewogenes Verhältnis von Handlungsdarstellung und erzählerischer Ausgestaltung bemüht, fehlt hier eine solche narrative Ökonomie; der Text schwelgt nur so in Schilderungen und Reflexionen. Im Bemühen um eine reiche sprachliche Bildlichkeit tut Böll hier mitunter des Guten zuviel. Vor allem aber ist dieser Stil des bisher frühesten Böll-Textes durch eine ungewöhnlich reiche religiöse Reflexion und Apologetik gekennzeichnet, wie sie in keinem der folgenden Böll-Texte wieder vorkommt. Es beginnt mit dem Gespräch der drei Soldaten in ihrem Erdloch vor dem Angriff, als Paul, der Ältere der drei, rät, etwas zu beten, da nur Gott allein den Soldaten helfen könne. Wenig später erweitert er seine religiösen Belehrungen, indem er Maria in die Hilfe Gottes einbezieht. Während des Trommelfeuers reflektiert Paul über den Tod der jungen Soldaten, die darin die Nachfolge Christi zu erfüllen hätten. Noch ausführlicher sind Pauls religiöse Reflexionen im Gespräch mit dem Arzt, als beide freiwillig bei den noch nicht abgeholten Schwerverwundeten bleiben. Hier deutet Paul den geahnten Abbruch des russischen Gegenangriffs als Gnade Gottes und als Zeichen seiner Geführtheit durch Gott und erklärt die Trauer und das Leiden Christi an dieser Welt als Erbe aller Christen, was auch den Arzt zu religiösen Überlegungen veranlaßt. Eine symbolische Schlußdeutung dieser religiösen Überhöhung der Gespräche wird schließlich durch die kleine Frau am Stadtrand evoziert, die den zurückziehenden Soldaten Brot und Wein, die Gestalten der Kommunion, reicht.

»Der Engel schwieg«
(verfaßt 1949–51, veröff. 1992)

Kurz vor Kriegsende soll Hans Schnitzler wegen mehrerer Desertionen unter verschiedenen Namen erschossen werden. Der Feldwebel Willi Gompertz läßt ihn aber entkommen und tauscht mit ihm Kleidung und Schicksal. Seinen Uniformrock mit eingenähtem Testament soll Schnitzler Gompertz kranker Frau überbringen. Am 8. 5. 1945 trifft er in der zerstörten Stadt am Rhein ein und stößt zunächst auf eine Engelsfigur eines Krankenhauses, wo er auch etwas Essen bekommt, die Adresse von Frau Gompertz erfährt, von einem Arzt falsche Papiere erhält und einen Damenmantel findet, deren Eigentümerin, Regina Unger, er später kennenlernt und liebt.

In einem Rückblick vor der völlig zerstörten Wohnung seiner verstorbenen Mutter wird der Tag seiner Einberufung durch eine Postkarte geschildert. Dann sucht er Regina Unger auf, deren Kind am Tag zuvor gestorben war, und bleibt bei ihr und läßt sich zunächst von ihr versorgen, bis er schließlich durch Kohlenklauen und -verkauf auf dem Schwarzmarkt ihr hilft. Sie verlieben sich ineinander und lassen sich durch einen Kaplan, der Hans geholfen hat, inoffiziell trauen. Frau Gompertz, die ihr Geld für Brot für Arme ausgibt, wird inzwischen durch einen Verwandten, einen kirchlichen Redakteur, Dr. Fischer, den kulturellen Berater des Erzbischofs, bedrängt, das Testament ihrem Schwiegervater zu geben oder zu vernichten. Sie stirbt im Krankenhaus, wo Hans das Testament findet, es ihm jedoch von Fischer entrissen wird. Bei der Beerdigung im Regen erlebt man, wie ein beschädigter Marmorengel im Schlamm versinkt.

Bölls nunmehr erster Roman, dessen Entstehung, Erscheinungsgeschichte, Teiledition und Motivparallelen in anderen Texten Bölls W. Bellmann im Nachwort ausführlich erläutert, rückt mit der Figur des Deserteurs und Heimkehrers Hans Schnitzler Erfahrungen des eigenen Lebens als Soldat und des Erlebens der Nachkriegszeit im zerstörten Köln in den Mittelpunkt. Die Motive des möglichen Schicksals eines Deserteurs, der Heimkehr ohne Entlassungspapiere in die zerstörte Heimat, der Überbringung von Todesnachrichten an die Angehörigen von Kameraden, der Suche nach Brot und einer Bleibe, der Situation verlassener Soldatenbräute und lediger Mütter, des Überlebens durch Kohlenklau und Schwarzmarkt fielen dem jungen Autor aus eigenen Erinnerungen und Zeitereignissen zu, die Leistung des Autors war es, sie aufzugreifen und zu einer Geschichte zu kombinieren. Mit der Figur der Regina Unger, die dem resignierenden Heimkehrer trotz eigenen Kummers ein Zuhause bietet und einen Neuanfang ermöglicht (ebenso wie der menschenfreundliche, unkonventionelle Kaplan), hat Böll bereits eine jener positiven Frauengestalten geschaffen, die auch seine späteren Werke auszeichnen. In der zunächst spröden Liebesgeschichte zwischen Hans und Regina schuf er ein eindrucksvolles Bild der elementaren Begegnung zwischen Mann und Frau. Andererseits zeigt er im Lamm-Gottes-Redakteur und Bischofsberater Dr. Fischer einen jener negativ charakterisierten Opportunisten des Verbandskatholizismus, die auch in späteren Texten Bölls die kircheninterne Pervertierung christlicher Ideale verkörpern. Symbolisch umrahmt wird dieses eindrucksvolle, wenn auch in manchem noch nicht ausgereifte Romangeschehen durch die Statue eines beschädigten Engels, die im Heimkehrenden zunächst Furcht, dann Freude auslöst als erstes Antlitz in der Trümmerstadt, sich am Ende aber auch abwendet von der korrupten geldgierigen Gesellschaft des Dr. Fischer und in der Erde versinkt.

2.4 Hörspiele, Fernsehtexte, Theaterstücke

Unter diesem Sammeltitel werden in Balzers Werkausgabe die literarischen Dialogtexte zusammengefaßt. Unter ihnen machen die Hörspiele die größte Gruppe aus.

Die allein auf akustische Eindruckswirkung beschränkte Gattung des Hörspiels war in Deutschland etwa gleichzeitig mit dem Rundfunk in den zwanziger Jahren aufgekommen und hatte zunächst bis 1933 eine Phase des Experimentierens erlebt, in der verschiedene Formen getestet wurden. Mit der Machtübernahme der Nazis auch in den Funkhäusern wurde das Hörspiel in den Dienst der NS-Propaganda gestellt. Nach 1945 knüpfte man an die erste Phase des Hörspiels wieder an, öffnete sich aber auch für jüngere Autoren. So gehörte Wolfgang Borcherts »Draußen vor der Tür« (1947) zu den ersten neuen Hörspielen nach dem Krieg. Einen besonderen Einfluß auf die Entwicklung der Gattung und eine Vorbildwirkung für junge Autoren übte Günter Eich aus, der schon vor 1945 Hörspiele verfaßt hatte (Man sprach in den fünfziger Jahren vom ›Eich-Maß‹ der Hörspiele). Eich regte besonders Autoren der ›Gruppe 47‹ zu eigenen Texten dieser Art an, u.a. Ilse Aichinger, Ingeborg Bachmann, Marie-Luise Kaschnitz, Walter Jens, Wolfgang Hildesheimer, Alfred Andersch und Heinrich Böll.

Für Böll bot das Hörspiel nicht nur eine neue literarische Ausdrucksform; auch die finanzielle Förderung durch die gutbezahlenden Rundfunkanstalten war für ihn eine große Hilfe. Zudem konnte er auf diese Weise – wie seine ersten Hörspiele zeigen – auch seine Romane durch Hörspielbearbeitungen einzelner Kapitel bekanntmachen.

Böll verfaßte zwischen 1952 und 1962, in der ›Blütezeit‹ des konventionellen Hörspiels, insgesamt 21 Hörspiele und Hörbilder, von denen 18 gesendet wurden; 1969 folgte noch ein weiteres Hörspiel (»*Hausfriedensbruch*«). Die meisten seiner Hörspiele sind Umsetzungen eigener oder fremder literarischer Vorlagen, einige sind jedoch auch Neukonzeptionen Bölls. Dabei folgte er in der Form sowohl den Mustern sukzessiv ablaufender Dramen als auch moderneren Formen mit mehreren Gesprächsebenen, die Simultaneitätseindrücke verschiedener Zeiten und Orte vermitteln (z. B. in »*Klopfzeichen*«).

(Die Aufstellung der Hörspiele und Hörbilder Heinrich Bölls in chronologischer Folge siehe Anhang S. 173 ff.):»*Die Brücke von Berczaba*« bietet inhaltlich eine leicht verkürzte Fassung des 8. Kapitels von »*Wo warst du, Adam?*«. Dabei werden gegenüber dem Roman einige Akzente neugesetzt, u.a. bei der inhumanen Pedanterie gegenüber Flüchtlingen, die erst nach der Bauabnahme über die Brücke dürfen.

»*Das Lächeln*« führt die Konfrontation von vier verschiedenen Gestalten vor, die in einen Mord verwickelt werden: den sinnlich-naiven Mörder Kavanagh, den zynischen Intellektuellen Ezra, den mehr passiven Father Mellowes und dessen opferbereite Schwester Romilly.

In »*Ein Tag wie sonst*« wird die Schlußszene von »*Und sagte kein einziges Wort*« mit einer Reihe von Rückblenden verbunden, die die Handlung des Romans in groben Grundzügen verdeutlichen, allerdings mit einer Reihe von Abweichungen.

»*Wir waren Wimpo*«, das später zur Kurzgeschichte »*Unberechenbare Gäste*« umgewandelt wurde, schildert eine Episode mit einem Artistenpaar, das sich in einer Elefantenhaut verbirgt und später in den Zoo aufgenommen wird.

Ein kurzer »*Dialog am Drahtzaun*«, ein Gespräch zwischen zwei offenbar Kriegsgefangenen über ihr Zuhause, ist von Böll weder als Hörspiel noch als Hörbild gedacht gewesen und in einer Zeitung veröffentlicht worden.

Nach einer Legende von Ernest Hello verfaßte Böll das Hörspiel »*Mönch und Räuber*«, in dem es um die Heiligkeit im kirchlich geordnetem Leben und im proletarisch-asozialem Leben geht. Der Text besteht aus Monologen des Priors Eugen, eines weithin geachteten Klostergründers und Predigers, und Rückblicken auf sein Leben, angefangen vom armen Hütejungen auf der Baitha-Hochebene, wo er Freundschaft mit dem Räuberjungen Mulz hielt, seinen Eintritt und Aufstieg im Kloster, bis zu dem Tag, an dem er aufgrund einer Weissagung aufbrach, um einen Mann namens Milutin zu suchen, der ihm am ähnlichsten sei. Als er ihn findet, ist es sein einstiger Freund Mulz, der die Reichen beraubt und seine Beute an die Armen verteilt. Da Mulz nie in ein Kloster will, zieht sich Eugen auf die Baitha zurück und sinnt über den Spruch nach: »Viele wohnen im Haß, welche glauben, in der Liebe zu wohnen, viele glauben, im Haß zu wohnen, welche in der Liebe wohnen.«

»*Der Klub seltsamer Berufe*«: Unter diesem Sammeltitel hat Böll vier Erzählungen von G. K. Chesterton zu Hörspielen umgeformt. Das erste hat den Titel »*Das Abenteuer des Major Brown*« und schildert das Erlebnis eines Majors Brown mit einem Gärtner in einem fremden Garten und in einem fremden Haus, aus dem Hilfeschreie dringen. Später stellt sich heraus, daß man Brown mit seinem Wohnungsvorgänger verwechselt hat, der in einem »Büro für romantische Abenteuer« solch ein Abenteuer bestellt hatte.

Der zweite Text der Reihe, »*Der Besuch des Landpfarrers*«, berichtet von einem seltsamen Landpfarrer, der den Detektiv Swinburne durch seltsame Geschichten davon abhält, eine Dame zu besuchen, um dort einen bestimmten Forscher zu treffen. Der »Landpfarrer« ist aber ein professioneller »Aufhalter«, der gegen Bezahlung Leute hindert, Damen zu besuchen, damit ein anderer dort ungestört sein kann. Im dritten Hörspiel, »*Der Zusammenbruch eines großen Rufes*«, geht es um die Entlarvung eines berufsmäßigen Pointenlieferanten, der gegen Bezahlung Menschen, die in Gesprächen geistreich sein wollen, zu vorher verabredeten Pointen verhilft. Im vierten Text, »*Das eingezogene Leben der alten Dame*«, gehen die Detektive Grant und Swinburne einer klagenden Frauenstimme aus einem Keller nach, wo sie eine eingesperrte, von zwei Studenten bewachte Frau finden, die sich weigert, befreit zu werden. Später erfahren sie, daß es sich um eine Frau handelt, die von einem Ehrengericht wegen Klatschereien, die zum Bruch einer Verlobung führten, zu drei Monaten Haft verurteilt worden war und diese Strafe akzeptierte.

Zu den zeitkritischen Hörspielen Bölls gehört »*Zum Tee bei Dr. Borsig*«. Hier geht es letztlich um die Frage, inwieweit sich der Schriftsteller wirtschaftlichen Interessen, die er inhaltlich nicht bejaht, unterordnen darf und wie sehr er für seine Sprache verantwortlich ist. Diese Entscheidung, die der berühmte Dichter Nadolt, der Schwiegervater von Dr. Borsig, des Werbechefs eines Pharmakonzerns, einmal mit der Schaffung eines Werbeslogans für ein Pharmaprodukt getroffen hatte, wird hier dem jungen Autor Robert Wilke angetragen. Obwohl ihn seine Freundin Franziska ebenso wie Frau Borsig warnen, nimmt er die Einladung zum Tee bei Dr. Borsig an, bleibt aber im Gespräch mit Borsig und dem

Konzernchef standhaft und läßt sich nicht manipulieren, um nicht die Angst von Millionen Menschen zu vergrößern.

Auch das Hörspiel »*Bilanz*« enthält eine Reihe von gesellschaftskritischen Problemen, vor allem im Hinblick auf das unterschiedliche Verhalten zweier Juristen in der NS-Zeit. Die Probleme werden in der Todesstunde Claras, der Frau eines Rechtsanwalts deutlich, der in der NS-Zeit sein Amt verlor, das sein Freund, der jetzige Gerichtspräsident (und Claras heimlicher Geliebter) übernahm. Clara erreicht aber noch von ihrem Geliebten, daß er ihren inhaftierten Sohn, für den er bürgen muß, zur Mutter bringt, die dem Sohn zur Flucht verhilft. Neben politischen und juristischen Problemen werden hier auch Eheprobleme in den Blick gerückt, Fragen des gegenseitigen Verstehens und Vertrauens. Obwohl hier Einblendungen aus verschiedenen Zeiten nahegelegen hätten, verzichtet Böll jedoch auf eine solche Technik.

Stärker kriminalistisch ausgerichtet ist das Hörspiel »*Die Spurlosen*«, das mit der nächtlichen Entführung eines Kaplans zur kranken Frau des Bandenchefs der »Spurlosen« beginnt, die nach den Sakramenten verlangt. Halb gezwungen, halb freiwillig bleibt der Priester dort bis zur Gesundung der Frau und Abreise der »Spurlosen«, ehemaliger U-Boot-Leute, die 1944 mit ihren Familien nach Schottland desertiert waren und seitdem dort lebten und im Abstand von Jahren Banküberfälle inszenierten und spurlos verschwanden. Danach wird der Kaplan von der Polizei aufgespürt, weigert sich aber ständig, über seine Entführer etwas auszusagen.

Das Problem, das Böll hier aufwirft, betrifft den Vertrauensschutz, den ein Priester den ihm Vertrauenden auch außerhalb des Beichtgeheimnisses bieten muß. Daß hier ältere Kleriker anders urteilen als der Kaplan, zeigt sich in den Gesprächen seiner Mitbrüder.

In »*Eine Stunde Aufenthalt*«, die ein in Südamerika reich gewordener Reisender bei der Durchreise nach Athen in seiner einstigen Heimatstadt hat, geht es um die Rückerinnerung und Bindung an ihm einst nahestehende Menschen in dieser Stadt. Obwohl der Reisende alle Bindungen vor 26 Jahren abgebrochen hat und nicht wieder aufnehmen will, läßt er sich durch einen hartnäckig fragenden Gepäckträger doch dazu überreden, zum Friedhof zu fahren, um nach dem Grab seines jüngeren Bruders Heribert (»Krumen«) zu forschen, schließlich auch ihre gemeinsame Freundin Anne anzurufen, die allerdings als Mutter von Heriberts Sohn keine Bindung zu dem einstigen Ausreißer mehr wünscht. Vergangenheit (1931) und Gegenwart (1957) sind hier gegenübergestellt, Vor-NS-Zeit und

Vorkriegszeit und Nachkriegszeit. Der mehr zufällige Aufenthalt zwischen zwei Zügen führt zur sozial ungleichen Konfrontierung des reichen Reisenden Chantrox und des armen Gepäckträgers. Durch die Fragen des Gepäckträgers gedrängt, offenbart der Reisende seine Vergangenheit, vor allem die Jugend in dieser Stadt, und macht schließlich im Anruf Annes den weithin vergeblichen Versuch, an diese Vergangenheit anzuknüpfen, wobei er nur Einzelheiten über Krumens Erschießung und Annes Schicksal erfährt. Die Vergangenheit läßt sich nicht mehr einholen, auch wenn der Gepäckträger dazu drängt. Geschickt werden hier analytische Enthüllungstechnik und gegenwärtige Zeiterfüllung miteinander verbunden.

Zu den interessantesten Hörspielen Bölls gehört »*Klopfzeichen*«, ein Stück, das auf zwei verschiedenen Zeitebenen spielt, die aber aufeinander bezogen sind. Es geht hier zum einen um die Vorbereitung, der Erstkommunion für die Tochter der Hauptfigur, eines Mannes der in der NS-Zeit im Gefängnis saß, zum andern um das Nacherleben der damaligen Kommunionen und der Kommunionvorbereitung für einen Todgeweihten über Klopfzeichen und Kassiber. Die beiden Zeitebenen, die hier einander abwechseln, sind zugleich Kontrastebenen, insofern sich Einst und Jetzt, innerliche Ergriffenheit und konventionelle Tradition, geheimes Tun und Äußerlichkeiten, Askese und Materialismus gegenüberstehen.

»*Eugénie Grandet*«: In seinen 21 Szenen spiegelt dieses Hörspiel das Leben des geizigen Böttchermeisters Grandet, seiner Frau und deren Tochter Eugénie von deren 21. Geburtstag an, an dem ihr Vetter Charles, ein verwöhnter Dandy, aus Paris eintrifft, in den sich Eugénie verliebt. Böll hat diesen stoffreichen Roman Balzacs, den er wegen seines Realismus schätzte, zu einem langen Hörspiel umgeformt. Bereits in »*Chesterton über Dickens*« (1956), einem literarischen Dialog, hatte Böll Balzacs »Eugénie Grandet« zu den»Unvergeßlichen seiner Gestalten« gezählt und als Meisterleistung gerühmt. Die Umsetzung der ausgedehnten Romanhandlung in ein Hörspiel erwies sich allerdings insofern problematisch als das großbürgerliche Milieustück eine große Stoffbewältigung verlangte und nur eine geringe innere Spannung und kaum problem- oder charakterorientierte Identifikationsmöglichkeiten bot. Durch eine Konzentration auf die weibliche Hauptfigur suchte Böll diese Klippen zu überwinden.

»*Mutter Ey. Versuch eines Denkmals in Worten*«
Der 1978 unter Bölls Essays veröffentlichte Text gehörte von seiner Textform und ursprünglichen Aufführungsform her zu den Hörspielen Bölls. Der Gesamttext besteht aus mehreren fortlaufen-

den Berichten und eingeschobenen Monologen der Johanna Ey geb. Stocken, der späteren Düsseldorfer »Künstlermutter«, sowie einem Briefausschnitt am Textschluß. Das Hörbild vermittelt einen ausführlichen Lebensbericht der historischen, heute fast legendären Betreuerin moderner Düsseldorfer Künstler seit den zwanziger Jahren und auch nach dem Zweiten Weltkrieg.

Etwas rätselhafter bleibt Bölls nächstes Hörspiel: »*Sprechanlage*«. Böll schildert hier eine Begegnung zwischen zwei einstigen Kameraden, die einstmals offenbar gemeinsam desertiert waren, sich nun aber als Etablierter und ›Aussteiger-Künstler‹ gegenüberstehen, weshalb der letztere wahrscheinlich eine unmittelbare Begegnung scheut und nur über die Sprechanlage des Hauses mit seinem einstigen Freund redet und ihn um Geld angeht. Auffällig ist der Kontrast zwischen der pathetischen Freundschaftsbeteuerung Rehbachs am Anfang (»alles, was mein ist, ist auch dein«) und der knickrigen Zahlung von 210,- statt 500,- Mark. Mit Hilfe des Dialogs über die Sprechanlage entsteht hier gleichzeitig eine Verfremdung, die die Distanz zwischen den beiden Lebenswelten, die Böll hier kontrastieren wollte, verstärkt. Das Verschweigen weiterer Lebensumstände der beiden Hauptfiguren mindert jedoch die Wirkung dieses Hörspiels.

Recht konstruiert wirkt auch »*Konzert für vier Stimmen*«, wo die vier Stimmen (Erwin) Baß, (seine Tochter) Sopran, (seine Frau) Alt, (sein Sohn) Tenor hier Monologe über ihre teilweise seltsame Tätigkeit und ihre Empfindungen vortragen.

In der scheinbar musikalisch-allegorischen Einkleidung nach den vier Gesangsstimmen verdeutlicht der Autor hier die Probleme einer Familie mit einem künstlerisch-genialisch ambitionierten Vater, der trotz seiner hohen kreativen Intelligenz als Hutgestalter nach einer religiösen Krise sein Äußeres vernachlässigt und durch seinen Körpergeruch schließlich zur Belastung seiner Mitmenschen wird. Das durch den Einfall skurriler Hutkreationen erheiternde Hörspiel läßt allerdings mehrere problematische Themen anklingen, so vor allem das Außenseitertum eines Menschen, das sich zunächst als religiöses Außenseitertum darstellt und durch die kirchlich empfohlene Sonnengesang-Lektüre unterstrichen wird, ferner das Konformitätsstreben der Frau einerseits und das Exklusivitätsstreben des Mannes in der Hutmode andererseits, die künstlerische Extravaganz und ihre soziale Problematik, die Berücksichtigung körperlicher Hygiene in Kirche und Gesellschaft. Die Beschränkung des Dialogcharakters des Hörspiels auf bloße Monologe spiegelt formal die gestörten Sozialbeziehungen der Vorgänge.

In seinem letzten Hörspiel »*Hausfriedensbruch*« sucht Böll die schon in »*Ansichten eines Clowns*« geäußerte Liebes- und Eheauffassung, die bereits der Liebesentscheidung eines Paares einen Ehecharakter zusprach, erneut zu problematisieren.

Der Text beginnt mit dem unerwarteten und unerwünschten Besuch des Rechtsanwaltes Merkens in der Wohnung seiner Jugendgeliebten Anna, die mit dem kirchlichen Referenten und späteren Direktor Kuckertz seit fünfzehn Jahren verheiratet ist und zwei Kinder hat. Merkens versucht, an die einstige Liebe zwischen Anna und ihm anzuknüpfen, die damals an der Starrköpfigkeit der Väter in der Konfessionsfrage scheiterte. Anna fordert ihn dreimal auf, das Haus zu verlassen und ruft schließlich die Polizei, verzichtet aber auf eine Strafanzeige. Das nächste Gespräch findet zwischen Merkens und seinem einstigen Pfarrer statt. Merkens betont hier, verheiratet zu sein, aber nicht mit seiner Frau. Als Frau, die ihm sakramental, aber nicht rechtlich und kirchenrechtlich zugeordnet sei, betrachtet er seine Jugendgeliebte Anna, weshalb er die Annullierung der kirchlichen Trauungen anstrebt. In den folgenden Gesprächen wird diese Problematik von verschiedenen Personengruppen wiederholt diskutiert, wobei sich der Kirchenrechtler Perz auf die Seite des ›Liebespaares‹ stellt.

In diesem mit acht längeren Dialogen umfangreichsten Hörspiel Bölls (rd. 40 S.), dessen Titel im doppelten Sinn zu verstehen ist, problematisiert Böll vor allem den kirchenrechtlichen und den sakramentalen Charakter der Ehe und wendet sich darin gegen die kirchliche Verweigerung von Ehescheidungen. Dabei stellt er die beiden Ausbrecher aus ihren konventionellen Ehen und die verlassenen Partner, die die neue alte Bindung zwischen Merkens und Anna tolerieren, den verhärteten klerikalen Standpunkten einiger Theologen gegenüber, während er in dem Kirchenrechtler Perz einen humanen Vermittler zeichnet, der Merkens' Standpunkt aus Gründen der historischen Relativität zu verstehen scheint. In den hier behaupteten und dargestellten Intrigen und juristischen Verfolgungen der Liebespartner durch (anonyme) kirchliche Kräfte setzt Böll seine besonders seit den »*Ansichten eines Clowns*« zunehmende Kirchenkritik fort. Allerdings greift er in diesem Hörspiel auch die Gewissensprobleme geschiedener katholischer Ehepartner, soweit sie in neuen Bindungen leben, auf, deutet aber auch den historischen Wandel kirchlicher Auffassungen, bei dem scheinbar primäre Fragen zu sekundären werden, am Beispiel des einstigen Nüchternheitsgebotes vor dem Kommunionsempfang an.

Fernsehtexte und Filmtexte Bölls

Dem seit den späten fünfziger Jahren existenten Medium Fernsehen und der damit verbundenen literarisch-dramatischen Gattung des Fernsehspiels stand Böll reserviert gegenüber. Diese Distanz beruht wohl weniger auf der hier geforderten dramatischen Gestaltungsfähigkeit, die nicht Bölls Stärke war, als vielmehr auf seiner mehr meditativ-reflexiven Erzählerbegabung. Das Hörspiel als Wiedergabe nur akustisch erlebbarer und somit ›innerer Dramen‹ kam dieser Neigung Bölls entgegen. Die Visualisierung der Vorgänge, die das Fernsehspiel forcieren muß, lag ihm weniger.

Die wenigen Fernsehtexte, die Böll verfaßte, bieten daher auch mehr Meditation oder Provokation zum Nachdenken als Handlung. Ähnliches gilt für die beiden Filmdrehbuchausschnitte Bölls.

»Irland und seine Kinder«
(ARD/WDR Fernsehen: 8.3. 1961; Übernahme ins Dänische, Niederländische und Schweizer Fernsehen; Erstdruck im WDR-Jahrbuch 1960/61, Köln 1961)

Die Bild- und Textfolge vermittelt eine Mischung von Melancholie, Trauer, Unerfülltheit und Traditionsgebundenheit, die das »abendlichste der Abendländer« vom übrigen Europa unterscheidet. Die Prosaschilderungen werden fünfmal durch strophische Gedichte unterbrochen.

»Dunkel ist deine Stätte unter dem Rasen«
(ARD/WDR-Fernsehen 20. 11. 1966; Erstdruck: Politische Meditationen zu Glück und Vergeblichkeit. Darmstadt/Neuwied 1975)

Feierliche Trauer (z. B. Trauergedichte, Trauerbilder) und profane Details (z. B. Beerdigungsgebührenaufstellungen) sind hier in einer rasch wechselnden Text- und Bildmontage gemischt, wobei der frühe Tod eines gefallenen Soldaten (mit seiner fiktiven provokativen Antwort an seinen Vater) im Mittelpunkt steht, andere Aussagen über Sterben und Friedhöfe das Beiwerk bilden.

»Fedor M. Dostojewski und Petersburg«
(Fernsehdrehbuch; ARD/WDR-Fernsehsendung am 15. 5. 1969; Erstdruck in: »Neue politische und literarische Schriften«, Köln 1973)

Das Fernsehdrehbuch besteht aus einer Mischung von Zitaten des Dichters, Kommentierungen, Statements eines Enkels und eines Schauspielers sowie eines Oberpriesters und des Dichters Josef Brodsky, Briefzitaten, Straßeninterviews und einer Kurzbiographie. Die Texte stellen Eigenheiten der Stadt, des Dichters und mancher seiner Romanfiguren heraus; dabei erscheint Dostojewski als erster Dichter der Großstadt, der Kleinbürger, der späteren Liquidationstechniken und des Atheismus, als Schilderer der Fremdheit Petersburgs und der Ideen und Träume der Menschen, die hier zu überleben suchten.

»Die verschobene Antigone«
(1978; Drehbuchentwurf für Volker Schlöndorffs Beitrag zu dem Film »Deutschland im Herbst«)

Bölls kurzer Text, der eine Diskussion zwischen Theaterleuten und Mitgliedern einer Kulturkommission über die Opportunität einer »Antigone«-Aufführung zeigt, bezieht sich auf ein tatsächliches Vorkommnis in Stuttgart, wo es u.a. wegen eines Protests des Stuttgarter Bürgermeisters gegen die Beerdigung der Terroristin Gudrun Ensslin zu einer Verschiebung einer »Antigone«-Aufführung kam, was Schlöndorffs Film u.a. bloßstellen wollte.

Die Einwände der »Kommission gegen die Inszenierung« artikuliert besonders das 2. Mitglied, wenn er u.a. den Seher Teiresias als »eine Art vorweggenommenen Intellektuellen« und als eine »Aufforderung zur Subversion« bei der Jugend charakterisiert. Der Vorschlag, statt der »Antigone« eine »Bellum Gallicum«-Version aufzuführen und so historische Aggressionen zu feiern, wirkt hier als glatter Hohn.

»Drei Episoden«
(aus dem Film »Krieg und Frieden« von Heinrich Böll, Alexander Kluge, Volker Schlöndorff, Stefan Aust, Axel Engstfeld,1982; Text zuerst in: Ein- und Zusprüche. Köln 1984. Hier aus: »Feindbild und Frieden«. München 1987 (dtv 10608), 48–53)

Die drei Episoden beziehen sich auf das Verhalten überlebender Menschen nach der Atombombenzerstörung der Erde. In der ersten Episode (»Gespräche im Weltraum«) kommt es zu Funkkontakten zwischen amerikanischen und sowjetischen Astronauten;

jedoch ist das gegenseitige Mißtrauen so groß, daß sie nicht zusammenkommen.

In der zweiten Szene (»Atombunker«) bedauern Joe und Oskar in einem amerikanischen Atombunker, daß sie die Astronauten aufgeben müssen, falls diese nicht in unbekannte Magnetfelder abdriften. Sie selbst denken an ihren Tod durch Giftkapseln.

In der dritten Episode (»Kill your sister«) kratzt und klopft ein zerlumptes, beschmutztes Mädchen an einem Atombunker, ruft: »Albert«, der von innen antwortet. Ihr Einlaßbegehren weist er ab, gibt schließlich nach, dann erschießen automatische Kanonen das Mädchen.

Die Filmdrehbuchausschnitte malen den After-day nach einer Atomkatastrophe aus und zeigen die Unmöglichkeit zu überleben. Böll greift damit die Thematik der Gefährdung der Menschheit durch einen Atomkrieg auf, gegen den er sich besonders zu Beginn der achtziger Jahre leidenschaftlich engagierte.

Bölls Theaterstücke

Bölls beide Dramen waren, wie bereits dargelegt, keine Theatererfolge. Die Ursachen für das Mißlingen der Aufführungen waren verschieden. Erschien das erste Drama, die Darstellung des Überlebens weniger Menschen nach einer Weltkatastrophe, wahrscheinlich 1961 noch zu wenig aktuell, zu abstrakt entworfen und nicht dramatisch genug, so blieb das zweite Stück, eine Klerikergeschichte, teilweise zu unrealistisch und zu sehr von Bölls Klerusfeindlichkeit geprägt.

»Ein Schluck Erde«
(Theaterstück, Uraufführung 22. 12. 1961 Düsseldorfer Schauspielhaus; Vorabdruck des 1. Akts in »Labyrinth«. Neuinszenierung: Bamberg 27. 2. 1969 nach von Böll neubearbeitetem Text. Text der Düsseldorfer Fassung: Köln 1961. Fassung der Bamberger Aufführung bisher ungedruckt)

Dieses erste Drama Bölls spielt in einer fiktiven Welt der überlebenden Menschen, die in einer strengen sozialen Hierarchie nach strengen Gesetzen auf einer Pontoninsel leben. Gekennzeichnet ist diese Welt durch den Mangel an Freiheit, Nahrung, Erde. Die früheren ertrunkenen Menschen werden als primitive Kresten (Christen?) angesehen, wie auch die sozial niedrigen (farblosen) Menschen als Kresten gelten. Auffallend ist die verfremdete Spra-

che mit abweichenden Wörtern für ›küssen‹ (»die Möge loben«),
Liebe (»die große Möge«), Mahne (f. Mythen, Lieder). Die niederen Ränge (Farblosen) die von den oberen unterdrückt und bestraft
werden, planen schließlich eine Art Revolution, wobei die Oberen
getötet werden sollen, finden dazu jedoch nicht die Kraft; aber auch
die Tötung der Niederen durch die Oberen scheitert. Das Stück
bietet daher keine Lösung am Schluß.

Eine dramatische Spannung ergibt sich allenfalls aus den sozialen
Gegensätzen. Sie wird jedoch mit dem Ende des Stücks abgebrochen.

»Aussatz«

(drei Fassungen: 1. Hörspielfassung (gedruckt in »Hausfriedensbruch«,
Köln 1969), Hörspielsendungen: WDR 6. 5. 1970, 3. 12. 1970; 2. Schau-
spielfassung (Erstdruck: »Theater heute« 10/1969), Uraufführung: Aachen
7. 10. 1970; 3. überarbeitete Schauspielfassung: Aufführung 23 .4. 1971
Stadttheater Bamberg)
H. Rischbieter 1984

Das Stück besteht zunächst aus mehreren Gesprächen über den Freitod des
jungen Kaplans Bonifatius Christ, dessen Identifizierung seine Freunde und
Bekannten verweigern, so daß seine Leiche inzwischen als die eines Unbekannten in Priesterkleidung eingeäschert wurde. Aus dem Gespräch des aus
Opportunität konvertierten Stasimanns Schneider mit seiner Geliebten erfährt man, daß Christ ihn auf Drängen der Kirchenbehörden taufen mußte,
vom Freund des Toten, dem Kaplan Kumpert, daß Christ aus Treue zum
Glauben, an dem er trotz klerikaler Intrigen, u.a. der erzwungenen Taufe
Schneiders, festhalten wollte, Selbstmord verübt habe. Als Kumpert erklärt,
daß er aus der Kirche austreten wolle, schaltet sich der Weihbischof ein und
gibt bekannt, daß nach Untersuchungen des Dermatologen Professor Blef-
ferscheid Christ an Aussatz litt. So sei die Leiche gleich verbrannt worden
und alle Kontaktpersonen müßten in Quarantäne. Als der Weihbischof dort
maskiert auftaucht, um Kumpert umzustimmen, reißt dieser ihm die Maske
ab und spuckt ihn an, so daß auch er in Quarantäne bleiben muß.

Bölls zweites Drama, das in seiner analytischen Struktur ohne ei-
gentliche dramatische Spannung eher einem Hörspiel ähnelt (und
auch als ein solches schon vor der Drameninszenierung gesendet
wurde, s.o.), rückt weniger charakterlich-menschliche Spannungen
als vielmehr theologisch-pastorale Probleme in den Mittelpunkt,
die mit einem antikirchlichen Affront enden. Nach dem Prinzip,
daß nicht sein kann, was nicht sein darf, wird zunächst die Identifizierung des Selbstmörders in Priesterkleidung unter kirchlichem
Einfluß vermieden, der ermittelnde Polizist suspendiert. Die Rolle
des opportunistischen DDR-Flüchtlings, dessen formale Konversi-

on und Taufe dem Findlings-Priester Bonifatius Christ anbefohlen wurde, erweist sich lediglich als nur ein die CDU und die kirchliche Hierarchie bloßstellendes Element ohne dramatische Auswirkungen. Die aufklärende Funktion des Polizisten Tobser wird schließlich von dem Kaplan Kumpert in der Auseinandersetzung mit dem Pfarrer Herkens und dem Weihbischof Mohrscheidt übernommen. Kumperts Erklärung, sein Freund Christ sei aus dem Leben geschieden aus Treue zum Glauben, d.h. um diesen angesichts der klerikalen Manipulationen und der unmoralischen Unterstellungen des Weihbischofs nicht zu verlieren, wirkt allerdings wenig überzeugend, allenfalls als recht gesuchte Kritik an der kirchlichen Hierarchie, während ein mögliches dramatisches Motiv, nämlich die mögliche religiöse und moralische Verwirrung des Priesters Christ durch den DDR-Überläufer Schneider, zwar angedeutet (Hörsp. 587), aber ausdrücklich als irrelevant erklärt wird. Auch das Titelmotiv des Aussatzes, das nachdrücklich die schnelle Einäscherung der Leiche rechtfertigen soll, wirkt trotz des vorgeblichen wissenschaftlichen Nachweises wenig glaubwürdig und hat eher symbolische als reale Existenz, wie dies auch im Anspucken des Weihbischofs durch Kumpert zum Ausdruck kommt.

2.5 Gedichte

Böll ist vor allem als Erzähler bekannt geworden. Neben seinem reichen epischen Werk, seinen vielen Essays und Interviews und seinen dramatischen Versuchen in Hörspielen, Fernsehdrehbüchern und Schauspielen hat die Lyrik den geringsten Anteil am Schaffen dieses Autors. Die bisher publizierten vierundzwanzig lyrischen Texte (ohne die in anderen Texten, z.B. in »*Irland und seine Kinder*«, enthaltenen lyrischen Einlagen) entsprechen in der Form der freien Rhythmen ohne Reim-und geregelte Strophenbindung den modernen Lyrikkonventionen, wie sie vor allem seit den fünfziger Jahren üblich geworden sind, und bieten darin kaum Wandlungen. Ihre Bedeutsamkeit liegt daher im gedanklichen Inhalt und in der bildhaften Gestaltung dieser Gedichte, die in den Selbstaussagen und Reflexionen »Fortschreibungen« des übrigen Werks sind. Bölls Gedichte sind bisher am ausführlichsten von Robert C. Conard und Gerhard Rademacher interpretiert und in der Ausgabe des Steidl-Verlags Göttingen 1986 (Heinrich Böll: Wir kommen von weit her. Gedichte. Mit Collagen von Klaus Staeck. Nachwort von Lew Kopelew) ediert worden.

R. Conard 1976; 1985; L. Kopelew 1985; W. Rhode 1985; G. Rademacher
1985; 1989

Bölls 24 Gedichte lassen sich thematisch in wenige Gruppen ord-
nen. Dabei macht die Gruppe der Widmungsgedichte zwei Drittel
von ihnen aus. Es sind also echte Gelegenheitsgedichte, in denen
aber häufig auch Grundprobleme des Böllschen Gesamtwerkes
durchscheinen. Bei diesen Gedichten sollte zwischen lyrischen Ge-
genwartsdarstellungen, die einer Person gewidmet sind (wie z.B.
»Köln I«, »Köln II«), und unmittelbaren Widmungstexten, die eine
Person ansprechen, unterschieden werden. Als solche kommen in
Frage: Peter Huchel, Ulrich Sonnemann, Bölls Frau Annemarie,
Hans Werner Richter und Toni, Walter Warnach, Helmut Heißenbüttel, Joseph Beuys, HAP Grieshaber, Helmut Gollwitzer, Alexander Solschenizyn, Ernesto Cardenal, Peter Jürgen Boock und
Bölls Enkelin Samay. Es handelt sich also, bis auf den dreifach ver-
urteilten, aber einsichtigen Terroristen Peter Jürgen Boock, den
Böll offenbar durch die Betonung des absurden Urteils aufmuntern
wollte, um Verwandte und Freunde Heinrich Bölls.

Bei den Adressaten der anderen Widmungsgedichte (Joseph Faßbender, HAP Grieshaber, Thomas Kosta) handelt es sich ebenfalls
um Böll nahestehende Künstler und Autoren. Insofern ist die
Mehrzahl der lyrischen Texte Bölls mehr oder weniger privaten
Charakters, allerdings schon durch die künstlerische Form und ihre Veröffentlichung zugleich für die Öffentlichkeit bestimmt.

Bei den übrigen Gedichten handelt es sich um zwei weitere Köln-
Gedichte, die Charakterisierung seiner ›Muse‹ und der ›Engel‹, einen Zuspruch an sich selbst bzw. sein Herz, eine Aufforderung
zum »Oho«-Sagen, eine Charakterisierung von ›Friedensbanditen‹
und um eine Sprachglosse (»Ein Kind ist uns geboren«).

Trotz dieser thematischen und kommunikativen Begrenzungen
ist es Böll geglückt, mit jedem Gedicht ein besonderes spracharti-
stisches Produkt zu schaffen, das nicht nur inhaltlich-gedanklich,
sondern auch formal in seiner Eigenart überrascht.

So hat Böll z.B. in den vier Gedichten über seine Vaterstadt den
gleichen Gegenstand, die Stadt Köln, unter vier verschiedenen Perspektiven gesehen und sprachlich geformt.

In »Köln I« (28 Z.) erfaßt er den Wechsel zwischen heidnischen
und christlichen Kulturen und ihren Repräsentanten: das Nachja-
gen Marias hinter Venus, Christus' hinter Dionysos, Gereons hinter Cäsar, schließlich erscheint hier die ›Große Mutter‹ (die Stadt?)
als große Kupplerin zwischen den Kulturen.

In »Köln II« (24 Z.) wird »sie« (die Stadt?) als Hexe figuriert, die sich ihr Süppchen kocht über Bischofsstäben aus Tränen, Heiligen-asche und Hurenblut, Bürgertalg und Domherrengebein. Die historische Dimension der Stadt wird so in ihren bestimmenden Komponenten mythologisch verbildlicht.

In »*Köln III*«, dem längsten seiner Gedichte (359 Z.), fast einem Köln-Poem, verzichtet Böll auf diese historischen Dimensionen, erfaßt vielmehr das Köln der Gegenwart, das ›dritte Köln‹ der Geschäfts- und Versicherungsneubauten, der »grauen Front des Profits«, das er nicht mochte, zunächst in militärisch aggressiven Metaphern. So erscheint ihm die Stadt öde im 30jährigen Krieg der Bauplaner und der Flakgeschützen gleichenden Preßlufthämmer. Hinter den »leukämischen Fassaden der Wucherer« bete man zum Hl. Geist um mehr Profit, rede vom »heiligen Brutto« und »allerheiligsten Konto«. Der Blick des lyrischen Ich wechselt hier oft, vom Geschäftlichen zum Sakralen, von den Gerling-Bauten im NS-Stil zur schieläugigen Madonna in Maria im Capitol, vom Bischofspalast und Schnütgenmuseum zu Bölls Kirchensteuerproblem, vom Dom als dem Teich der Gründlinge (Kleriker?) zu den Kölsch-Brauhäusern, hier vom »heiligen Kölsch« zum »hochheiligen Sion« (einem Brauhaus für obergäriges Bier), von St. Kunibert und seinen Plastiken zum Rhein und zu den Trutzbauten des Westdeutschen Rundfunks (»St. WDR«). Am Generalvikariat überkommt ihn das Gruseln und am Ursulinen- und am Marcellengymnasium werden ihm Fehlerziehungen der Mädchen und Jungen bewußt; er denkt auch an den den Laien vorenthaltenen Wein der Kleriker und die leukämischen Hostien, die auch seine Schwester Grete erhielt, die 1963 an Leukämie starb. Schließlich fleht er das »dreimal heilige Brutto, Netto und Konto« an, ihm im zweitausendjährigen Krieg der Gründlinge (Kirche, Kleriker) die Waffen des Schreibers zu segnen.

Dieses in seiner gegensätzlichen Bilderfülle überreiche Gedicht, das kritisch die merkantile Überfremdung und die klerikale Verwurzelung der Stadt erfaßt, beschränkt sich auf bestimmte Zentren der Altstadt von Köln, an denen sich seine Assoziationen entwickeln.

Mit diesem Gedicht kontrastiert das vierte Köln-Gedicht »*Versunken die Stadt*« (19 Abschnitte), das die Trümmerstadt, Bölls ›zweites Köln‹, beschreibt mit symbolischen Relikten der alten Stadt, mit dem Staub und der Stille der Trümmer, die schließlich zu Ruinen, zu Grundstücken und zu Geldobjekten werden, die verkauft und neubebaut werden.

Auch innerhalb der Widmungsgedichte wechselt Böll Formen und Perspektiven. Im frühen Gedicht »*Für Peter Huchel*« (6 Z.)

bietet der Autor ein Sprachspiel, worin der Stacheldraht West und der Stacheldraht Ost in ihren unterschiedlichen Wirkungen einander gegenübergestellt werden. Auch die Aufforderung »*Gib Alarm! Für Ulrich Sonnemann*« (19 Z.) vermittelt eine politische Perspektive, wenn sie zur Wachsamkeit gegenüber dem scheinbar Friedsamen aufruft.

In »*sieben Jahren und zwanzig später*« (80 Z.) wendet sich Böll an seine Frau; 27 Jahre nach der Heimkehr von 1945, also 1972, fordert er sie auf, ihr Herz zu verhärten, niemandem etwas zu geben, die Schwelle zu verminen und Eindringlinge mit falschen Parolen niederzuschießen, denn nun finde Stalingrad im Deutschen Haus statt, trennten sich Eltern und Kinder, Mörder legten die Gesetze aus und deutsche Krähen hackten deutschen Eulen die Augen aus. Zwar trage heute niemand einen gelben (Juden-)Stern, doch wisse jeder, wen er vor sich habe. Man solle alle Not vergessen, nur nicht die »freiheitlich- demokratische Grundordnung« und solle leben von »Bild zu Bild« und »von Welt zu Welt«. Mit diesen Schlußwendungen, die ironisch die beiden Hauptzeitungen der Springer-Presse als Lebensmaxime hervorheben und somit das Leben zur medienmanipulierten Oberflächlichkeit degradieren, in der alle Menschlichkeit vergessen wird, rückt Böll dieses Gedicht in die harte Zeit seiner Auseinandersetzungen mit der Springer-Presse und den rechtskonservativen Kräften im Jahre 1972, die unter Berufung auf das Grundgesetz NS-Juristen (»Mörder«) tolerierten, aber deutsche Intellektuelle (»deutsche Eulen«?) verfolgten. Böll sieht hier in einen Niedergang, ein Stalingrad der deutschen Kultur und Sitte, die nur eine Abkapselung der Angegriffenen und wie Juden Verfemten zulasse. An die Stelle eines Liebesgedichts an seine Frau ist so in der Zeit der öffentlichen Verleumdung Bölls die ernste Sorge um das Fortbestehen der Menschlichkeit in Deutschland getreten.

Im Gedicht »*Für Hans Werner Richter (und Toni natürlich)*« frischt Böll Erinnerungen an ihre erste Begegnung in Bad Dürkheim 1951 auf (als Böll für »Die schwarzen Schafe« den Preis der ›Gruppe 47‹ erhielt), indem er Namen (Günter Eich, René Wintzen), Orte (Dürkheim, Sinzig, Wiss-Verdier, Müngersdorf) und dominierende Eindrücke (Maiengrün, Hauch von Gefangenenlager, Eichs Auto, Rückfahrkarten der französischen Militärregierung) von diesem Treffen ineinander verwebt.

»*Für Walter Warnach zum 70.Geburtstag*« (12 Z.) schrieb Böll ein recht persönliches Gedicht, worin er den Publizisten und Freund bittet, einen bestimmten Namen (den Bölls), »das gefolterte Wort«, »den geschundenen Namen« nicht zu nennen, seinem

Träger dagegen, der des Trostes bedürfe, zuzulächeln. Der Text spiegelt so, besonders in der Schlußzeile, eine Leiderfahrung (besonders die der 70er Jahre) und ein resignierendes Selbstmitleid, das er jedoch nur dem Freund gegenüber offenbarte.

Dem wortartistischen Lyriker Helmut Heißenbüttel, einem der Böll wohlgesonnenen Kritiker seines Werkes, grüßt Böll in »*Für Helmut Heißenbüttel*« mit einem etwas rätselhaften Vierzeiler, bei dem offenbleibt, ob er im »wortlos den Wörtern« nachsinnen, um sie dann »wörtlich den Worten« ein- und zuzuordnen Heißenbüttels Dichten oder das Dichten allgemein meint.

Bölls Geburtstagsgruß »*Für Beuys zum 60.*« beschränkt sich nicht auf persönliche Worte, sondern hebt den egalisierenden Kunstkonsum der Gesellschaft hervor, der sogar »die Armut/ zum Gewürz für ausgereizte Gaumen« werde und Kunst wie Gesellschaftsprobleme zu Genuß und Unterhaltung verkommen. Als Beispiel für gesellschaftliche Vergeßlichkeit gegenüber einst aktuellen Problemen wird Beuys der einstige Studentenführer Rudi Dutschke vorgestellt, dessen er sich annehmen möge. Wenn Böll am Schluß erklärt, im »Kloster der ewigen Anbetung« sei es ihm stets kalt gewesen und nur die »Poesie der Anfechtungen« habe ihn gewärmt, so kann man darin eine Bestätigung dafür sehen, daß der Ruhm erkaltet, wenn er nicht durch neue Impulse aus Konfrontationen belebt werde.

»*Dem Freund zum Gedenken*« bezieht sich auf den am 12. 5. 1981 verstorbenen Holzschnittkünstler und Grafiker HAP Grieshaber, mit dem Böll seit der gemeinsamen Gründung der Zeitschrift »*Labyrinth*« (1960) befreundet war. Böll beklagt dessen Tod als Verlust für die »müde Linke«, die dies nicht bemerkte, und sucht seine Leistung zu würdigen, hoffend, daß der Engel der Geschichte sie weiterführe.

Das dem streitbaren Berliner Theologen Helmut Gollwitzer zum 75. Geburtstag gewidmete kurze Gedicht »*Mutlangen*« (8 Z.) erinnert im Titel an die gemeinsame Sitzblockade am 1.9. 1983 vor dem amerikanischen Mittelstreckenraketendepot bei Schwäbisch Gmünd.

»*Für Alexander S. zum 65. Geburtstag*« (33 Z.), dem Freund Alexander Solschenizyn also, schrieb Böll dieses Gedicht, das den Jubilar als »heimatverloren«, »heimatvertrieben«, aber nicht als »heimatlos« in seiner Sprache mit ihrem warmen »Christus erbarme dich unser« charakterisiert. Böll fordert dann zum Erbarmen für die auf, die aus »Hunger nach Gerechtigkeit« verfolgt werden von »gestiefelten Missionaren« und erinnert an die gemeinsame Solidarität als Erben des Krieges.

Auch dem gesinnungsverwandten Dichter, Priester und zeitweise nicaraguanischen Kultusminister Ernesto Cardenal widmete Böll ein Gedicht: *»Ernesto Cardenal zum 60. Geburtstag«* (53 Z.), in dem er von Bildern in seinen Arbeitszimmern erzählt, darunter eine mit Ernesto Cardenal vor Karol Vojtylas (Papst Johannes Paul II.) drohendem Zeigefinger. Böll fragt sich, ob man mit den Pfennigen der Armut, »der ungeheuren Energie des Elends«, gegen die »Dummheit des Reichtums der Dollarmillionen« ausharren könne, und meint, der Papst könne leicht die (veruntreuten) Ambrosiobank-Millionen verdoppeln und nach Managua senden. Böll solidarisiert sich so mit Cardenals Auffassungen von der Revolution der Sandinisten.

Daß Böll auch einen verurteilten RAF-Terroristen, nämlich Peter Jürgen Boock, in die Gruppe derer einreihte, die von ihm durch ein Gedicht (*»Für Peter Jürgen Boock«*) gewürdigt wurden, berührt uns heute seltsam. Boock hatte während seines Prozesses der Gewalt als Mittel der Politik abgeschworen und auch andere dazu aufgefordert, dies zu tun. Trotzdem wurde er wegen Mittäterschaft an der Ermordung Hans Martin Schleyers und seiner Begleiter (was er erst 1992 zugab) zu dreimal lebenslänglich verurteilt. Böll reflektiert diesen Urteilsspruch und dafür eigentlich notwendige Wiedergeburten, um Boock auch wie NS-Mördern noch Pensionen zukommen zu lassen.

Bölls letztes Widmungsgedicht und sein letztes Gedicht überhaupt ist *»Für Samay«* (14 Z.), seine Enkelin, gerichtet und verdeutlicht ihr in einem schlichten Zuspruch die lange Kette der Verwandten, die von weither kommen, in Vater und Mutter um sie sind und noch weit gehen müssen, sich aber stets mit ihr solidarisieren. Wie die meisten Böll-Gedichte, so ist auch dieses durch Wiederholungen und innere Bezüge, Anreden und Gruppierungen kunstvoll strukturiert.

Von den Personen gewidmeten Gegenstandsgedichten sollte noch *»Frei nach B.B. / Für Thomas Kosta zum 60.«* (12 Z.) hervorgehoben werden. Es handelt sich hier um eine Kontrafaktur des Brecht-Gedichts »Das Lied von der Moldau« (»Am Grunde der Moldau wandern die Steine«). Böll weist jedoch auf die Panzer hin, die an der Moldau stehen, die brutale Gewalt, die Hoffnungen niederwalzte, aber auch auf die neuen Kräfte dagegen, vor denen die »Großen« mit ihren Panzern zittern. Böll hatte am 21. 8. 1968 in Prag den Einmarsch der Sowjettruppen erlebt, die den ›Prager Frühling‹ eines Reformkommunismus niederwalzen sollten, und in *»Der Panzer zielte auf Kafka – Vier Tage in Prag«* (ESR 2,305ff.) geschildert. Dabei hatte er auch vom anwachsenden gewaltlosen

Widerstand als einer dritten Kraft berichtet, die er im Gedicht in den Symbolen des Keims in geballter Faust (»und blieben doch groß die gewaltlosen Kleinen/ hielten den Keim in geballter Faust«) und des nicht verlöschenden »Kerns hinter schützender Hand« verdeutlicht. Dem Brechtschen Vorbild gemäß behält Böll die strophische Gliederung bei, weicht jedoch im Verzicht auf den alternierenden Rhythmus und Reim davon ab. Auch einzelne stilistische Variationen sind bemerkenswert, so etwa die Abwandlung von Brechts Chiasmus: »Das Große bleibt groß nicht und klein nicht das Kleine« zu Bölls: »Klein waren die Großen und groß die Kleinen.«

Es gilt noch auf die wenigen Gedichte hinzuweisen, die Böll ohne Widmungen publiziert hat.

In dem ältesten Gedicht »Meine Muse« (36 Z.) drückt Böll die polyvalente Sicht der Quelle seiner dichterischen Inspirationen aus. Danach bezieht er sie 1. aus dem Alltag (»Meine Muse steht an der Ecke«), 2. aus der Religion (»ist eine Nonne«), 3. aus der Arbeitswelt (»arbeitet in der Fabrik«), 4. aus der Erfahrung des Alters (»ist alt«), 5. aus der Erfahrung der Hausfrau (»ist eine Hausfrau«), 6. aus der Solidarität mit Verachteten und Kranken (»hat Aussatz«) und 7. aus der deutschen Identitätsproblematik (»ist eine Deutsche«). Man erkennt an dieser Aufreihung leicht das humane Streben Bölls nach einer poetischen Durchdringung des Alltäglich-Elementaren, wie er sie in seinen »Frankfurter Vorlesungen« und in einigen Essays gefordert hatte.

In »später herz später« (31 Z.), dem dunkelsten der Gedichte Bölls, scheint es sich um ein Selbstgespräch des lyrischen Ich zu handeln, das sich mit dem »osten« der Zukunft versichert, mit der »speise des bruders« möglicherweise die Eucharistie meint und evtl. schon auf Leni, Boris und Lew in »Gruppenbild mit Dame« vorausweist (so nach R.C. Conard 1985,14–16).

Auch das Gedicht »Engel« (22 Z.), das in mehreren Varianten vorliegt (vgl. G. Radermacher 1989,15ff.; 69ff.), bleibt wenig konkret. Es gibt verschiedene Existenzweisen des Engels an, eines Phänomens, das Böll besonders faszinierte (vgl. »Der Engel«, »Der Engel schwieg«).

In dem Gedicht mit dem merkwürdigen Titel »Aufforderung zum Oho-Sagen« (72 Z.) reflektiert er ironisch über die wachsende Zahl von Starfighter-Abstürzen, die zum Aha-, Oho- und aber-aber-Sagen veranlaßten.

Politisch bezogen und zugleich personenzugewandt ist das Gedicht »Friedensbandit« (39 Z.), als welcher sich Böll hier selbst kennzeichnet, wenn er mit dem Obergefreiten a.D. Heinrich beginnt (Böll war bei Kriegsende 1945 Obergefreiter), und das Erstaunen der Welt über ein »friedliches«, »friedliebendes« und »barmherziges Deutschland« artikuliert. Er erweitert seinen eigenen Friedenseinsatz durch die drei Reservepfarrer Kurt (Scharf?), Helmut (Gollwitzer?) und Heinrich (Albertz?) und durch die Theologin Dorothee (Sölle?) zur ›Viererbande‹ (analog zur Gruppe um die Witwe Mao Tse-tungs) und durch Millionen Gesinnungsfreunde der Rüstungsgegner zur »Millionenbande«, das »deutsche Protestantenwunder« (ohne Wilhelm II., Hindenburg und Hitler), durch das sich der »Friedensbandit« Heinrich nicht abschrecken lassen sollte im Kampf (gegen die Raketenaufrüstung). Im Oxymoron »Friedensbandit« (ein Bandit als Gesetzesbrecher widerspricht dem Frieden) wählt Böll eine Selbststilisierung, um seine ›Ordnungswidrigkeit‹ bei der Sitzblockade in Mutlangen (s.o.) zu unterstreichen.

Mit dem ›Gedicht‹ »*Ein Kind ist uns geboren, ein Wort ist uns geschenkt*« persifliert Böll die Bildung und Durchsetzung des neuen Wortes »Sachzwang« in mehreren Varianten einer Geburtsanzeige (vgl. G. Radermacher 1989, 23ff.), wobei er sich auch als Sprachkritiker anderer Neologismen (z.B. »Ölteppich«, »Entsorgungspark«, »Lauschangriff«) erweist. Der lyrische Charakter dieses Textes beruht allein auf seiner rhythmischen Form.

3. Reiseberichte und Ortsbeschreibungen (Auswahl)

Seit dem Erscheinen des »*Irischen Tagebuches*« (1954–57) ist Bölls Leistung als Reiseschriftsteller stets anerkannt worden. Man sollte daher in einer Übersicht über Bölls literarisches Schaffen auch diese Seite des Autors bedenken. Im folgenden können allerdings nicht alle Texte dieses Genres berücksichtigt werden. Auf die entsprechenden Textabdrucke in der Werkausgabe von Balzer sowie im dtv-Band »*Rom auf den ersten Blick*« (dtv 11393) sei deshalb hingewiesen. Wie die in diesem Taschenbuch beigefügten Briefe Bölls aus seiner Soldatenzeit zeigen, hat Böll sich in solchen Reiseberichten und Ortsbeschreibungen bereits in den vielen Briefen an seine Frau und seine Verwandten geübt.

Im folgenden sei auf eine Auswahl dieser Reiseberichte Bölls und ihre Besonderheiten hingewiesen.

Als erster Text dieser Art sei »*Besuch auf einer Insel*« erwähnt, der die Eindrücke von Bölls erster Berlin-Reise nach 1945 in 17 Kurzkapiteln schildert, die vor allem das Erlebnis der Andersartigkeit der Verhältnisse in West-Berlin und in der damaligen DDR in den Mittelpunkt der Texte stellen, die zumeist wie Momentaufnahmen typische Situationen erfassen. Obwohl ihm mitunter Einzelheiten dieser Andersartigkeit gefallen (z.B. die Einfachheit der Geschäfte (16), der Inhalt der Aufforderung, ein Friedenskämpfer zu sein (17)), wird er abgestoßen von vorgeschriebener Plakativität und Uniformierung und ist am Ende froh, dem Bannkreis der dortigen Parolen entzogen zu sein und wieder »naiv und westdeutsch« (17) lächeln zu können.

Formal beeindrucken besonders die kurzen Schilderungen der Begegnungen mit Menschen von »drüben«, wobei sich die stilistische Schulung des Autors an seinen Kurzgeschichten zeigt.

Der umfangreichste und zugleich bekannteste Reisebericht Bölls ist sein »*Irisches Tagebuch*«, das, in Einzelkapiteln zwischen dem 24. 12. 1954 und dem 19. 7. 1956 in der FAZ abgedruckt, 1957 als Buch erschien (vgl. Balzer, Werkausgabe RuE Bd. 3, 536).

Böll erzählt hier in 18 Kapiteln zwischen Ankunft und Abfahrt verschiedene Begegnungen mit Land und Leuten und vermittelt zugleich seine Beobachtungen über die irische Mentalität, über Städte und Dörfer, den Kinderreichtum, die Auswandererproblematik, die Zukunftsperspektiven, über kirchliche Verhältnisse, verlassene Dörfer, irrige Meinungen über Hitler und den Krieg und schildert zwischendurch manche interessante Episoden.

Bölls »*Irisches Tagebuch*« ist der erste größere Reisebericht des Autors, wobei die Kennzeichnung »Reisebericht« nicht an der Art deskriptiver touristischer Reiseführer, aber auch nicht an der reichen Tradition europäischer Reiseliteratur von der »Odyssee« bis zu Sterne und Seume und von Heine bis Kipling und Koeppen gemessen werden sollte. Bölls Reiseberichte sind vielmehr an seinen Erzählungen zu messen, insbesondere an den Kurzgeschichten. Wie dort, so werden auch hier bildhafte und episodische Einzelheiten erzählerisch ausgestaltet (was die Vorabveröffentlichung bestimmter Kapitel in der FAZ begünstigte). Die Aspekte, die in Bölls Schilderungen aus Irland dominieren,sind zudem manchen Aspekten seiner Kurzgeschichten und Romane verwandt: es ist vor allem der Blick auf die Menschen, ihre sozialen und wirtschaftlichen Verhältnisse, ihr Verhalten zu den Mitmenschen und den Fremden, ihre religiöse Aktivität und die Rolle des Klerus (der hier im Gegensatz zu deutschen Verhältnissen trotz der führenden Rolle der Kirche in Irland nie kritisiert wird), das Ausgreifen auf geschichtliche und kulturgeschichtliche Einzelheiten. Der dabei naheliegende, wenn auch selten formulierte Vergleich mit deutschen Verhältnissen läßt Irland als romantisiertes Kontrastbild zu Deutschland erscheinen. Hier herrsche ein Gemeinschaftsgeist, den Böll in Deutschland vermißt. Selbst Bürokraten erscheinen als freundliche Menschen. Die diffizilen sozialen Lebensbedingungen mit den Problemen der hohen Kinderzahlen, mangelnden Verdienstmöglichkeiten und notwendigen Auswanderungen werden wiederholt in den Schilderungen vermittelt, aber mehr mit der Naturschilderung gekoppelt als mit sozialpolitischen Reflexionen. Der englische Böll-Forscher J. H. Reid hält Böll soziologische Blindheit vor (Reid 1991, 155): »Bölls Analyse der irischen Gesellschaft war weder fundiert noch von politischem Durchblick; sie ist lediglich im Zusammenhang mit seiner Einstellung gegenüber seinem eigenen Land bedeutungsvoll.«

Bölls mitunter fatalistisch wirkende, sentimentale Erzählhaltung im »*Irischen Tagebuch*« sollte man allerdings nicht, wie J. H. Reid (ebd. 153), als »existentialistischen Zug« deuten; wiederholt verweist Böll auf die transzendente religiöse Bindung der geschilderten Menschen, die nichts gemein haben mit der wurzellosen Haltung mancher Romanfiguren des Autors.

Dreizehn Jahre später (in der FAZ v. 25. 3. 1967; ESR 2, 255–260) hat Böll Angaben über ein gewandeltes Irland publiziert,ohne seine einstigen Impressionen korrigieren zu wollen.

T. Dotzenrath 1957/58; W. Herles 1964; W. Rasch 1968; G. Uhlig 1969; H. Preuss 1977; C. C. Zorsch 1978; J. Vog: [2]1987, 48–61; J.H. Reid 1991, 153–155

Der als »*Reise durch Polen*« bezeichnete Bericht hat insofern einen irreführenden Titel, als hier nur von der deutsch-polnischen Grenze bei Frankfurt/Oder und vom Aufenthalt in Warschau berichtet wird.

Im Unterschied zu den bisherigen Reiseberichten sind hier die einzelnen Berichte, Schilderungen und Dialoge mit längeren Reflexionen des Autors verbunden, der vor allem Folgerungen aus dem zuvor Dargestellten zieht. Das wird bereits im ersten Abschnitt deutlich, wo der Erzähler mit jungen DDR-Grenzkontrolleuren konfrontiert wird und über deren Ideologiegläubigkeit erschrocken ist und Sätze wie diese formuliert: »Ideen sind schrecklicher als Pistolen ... Wie beängstigend ist doch eine gläubige Jugend«.

Auch die Warschauer, die sich wegen ihres schlechten Bahnhofs bei ihm entschuldigten, veranlassen ihn zu Gedanken über den Unsinn imaginärer Standardvorstellungen, die man stets höher setzt. Die Frage einer älteren Dame, ob Deutschland wegen der Oder-Neiße-Grenze einen Krieg führen werde, veranlaßt den Autor zu Aufforderungen an die Politiker, sich die stetigen Verschiebungen Polens bewußt zu machen und Verständnis für seine Situation zu finden. Auch die weiteren Themen werden als Mischung von Fakten und Reflexionen vorgebracht.

»*Im Ruhrgebiet*« heißt ein weiterer geographischer Überblickstext, der zunächst als Vorwort Bölls zu einem entsprechenden Fotoband von Chargesheimer erschienen war. Die scheinbar ungeordnete Reihung unterschiedlicher Aspekte und Angaben, die übliche Assoziationen zum Thema ›Ruhr‹ aufgreifen, von der verworrenen Schienenlandschaft über Tage und unter Tage erzählen, Aussagen über die Menschen hier und ihre Arbeit vermitteln und frühere und heutige Einwanderungen an Dokumenten belegen, auch Freizeitmöglichkeiten berücksichtigen, gleicht der verworrenen Stadtstruktur dieses Gebietes, das kaum Schwerpunkte und Ordnungsgefüge zu kennen scheint. Die Angaben, die etwas einseitig auf den Kohlebergbau gerichtet sind und die Stahlerzeugung wie auch die Kokereien und andere Industrie nur peripher streifen, sollen vor allem das Werden und die Arbeitsgrundlagen dieses Städtekomplexes verdeutlichen. Es ist zu Recht kritisiert worden, daß Böll hier ein etwas zu einseitiges Bild des Ruhrgebietes entwarf, das manche eingetretene positive Entwicklungen kaum berücksichtigte.

In einem ähnlichen Überblick über »*Nordrhein-Westfalen*« beschränkt sich Böll darauf, eine Durchquerung des Landes mit dem D-Zug von Nord nach Süd, und später von West nach Ost zu beschreiben, wobei er das Gebiet zwischen Hamm und Köln als eine anonyme Großstadt charakterisiert. Die erste wirkliche Grenze, auch in historischer Hinsicht bilde der Rhein, an dem in Köln manche aus den Völkern, die ihn überquerten, zurückgeblieben seien. In Nordrhein-Westfalen habe Europa »die Spuren seines Reichtums und seiner Fülle hinterlassen und die Spuren all seiner Krankheiten«. Es sei ein »Traumland, dessen Häßlichkeit Größe hat«.

Die angedeuteten Nord-Süd- und West-Ost-Reisen werden nur zu Reflexionen über das Land Nordrhein-Westfalen in Geschichte und Gegenwart genutzt, wobei der Stolz auf die eigene Vaterstadt des Autors und auf den Rhein deutlich durchscheint.

Auf Wallfahrtsorte der Christenheit richtet Böll im weiteren den Blick. Als ersten dieser Orte würdigt er »*Assisi*«.

Diese Stadtbeschreibung wirkt zunächst wie ein historischer Essay, der den Fleiß und die Würde der Landschaft zwischen Perugia und Foligno hervorhebt, dann auf die Sonderstellung Assisis und seine historischen Möglichkeiten im Zentrum eines pauperistischen Europa eingeht, die ihm durch den Kaufmannssohn aus Assisi erwachsen wären, hätte dieser sich weniger an die Genehmigung und Weisungen des Papstes gehalten. Auch die hierauf folgenden Hinweise auf das städtische Leben, die Kirchenbauten und die weiteren durch Franz geheiligten Orte sind mit historischen Ausblicken verbunden. Zuletzt werden mögliche, nur kunsthistorische, ethnologische, soziologische, psychologische, historische Aspekte einzeln hervorgehoben, ohne daß sie das Geheimnis, das Franz von Assisi heißt, erfassen.

Böll sucht an diesem Ort eher die historischen Potenzen der Umkehr, die Möglichkeiten einer kirchlich-weltlichen Revolution im Leben Franz von Assisis zu erfassen als das Wesen der Stadt und der Landschaft.

Sehr knapp fällt dagegen sein Bericht über Rom aus: »*Rom auf den ersten Blick*«.

Die kurze Charakterisierung der ›Ewigen Stadt‹ begnügt sich nicht mit einem »ersten Blick«, nennt vielmehr ein Nebeneinander mehrerer Rom: das reiche Rom mit seinen Palästen und Parks, dessen Jugend mit erlesenen Autos ziellos umherjage; das arme Rom mit seinen Mietskasernen, das Rom der Katzen, der Liebespaare, das antike Rom, das Rom der reichen Kirche und der Bettelmönche, der zahlreichen Nonnen und der Schmetterlinge. Es ist ein

Versuch, die Flut der ersten Eindrücke aus dieser Stadt zu fixieren und so zu bändigen.

Als letztes Textbeispiel sei Bölls Zusammenfassung seiner Eindrücke aus Israel hervorgehoben: »*Shalom*«

Böll berichtet eingangs, daß er 1969, 1972 und 1974 in Israel war, insgesamt 30 Tage, an denen er sich stets betroffen fühlte als deutscher Zeitgenosse der »Endlösung«. Er betont, daß ihn am meisten das Biblische in Israel beeindruckt, am wenigsten allerdings an den heiligen Stätten der Christenheit, wo man um Steine und Stellen und konfessionelle Besitzstände streitet. Er erwähnt im einzelnen nicht nur jene Orte, die er besucht hat, sondern kommt auch auf die Begegnung mit einzelnen Menschen zu sprechen: So geht er auf Erwartungen ausgewanderter Kölner Juden ein, die er angesichts der zerstörten und anders aufgebauten Stadt und des schmutzigen Wassers des Rheins enttäuschen müsse. Reflexionen über Schriftsteller, auch kritische israelische, Hinweise auf das Peinliche mancher Besichtigungen, Vorführungen schließen sich an, zugleich noch Nennungen herrlicher Erlebnisse (Baden bei Askalon, Besuch in Masada), aber auch der eindrucksvolle Besuch bei rosenzüchtenden Marokkanern und ihren Problemen sowie Hinweise auf die Möglichkeit des Autors, ein Israeli zu sein.

Verdichteter als in anderen Reiseberichten Bölls sind hier Impressionen über das Gesehene und Erlebte und Reflexionen über die politische und zeitgeschichtliche Position eines deutschen Autors in Israel miteinander gemischt. Diese ambivalente Konzentration spiegelt die ständige Betroffenheit des Autors, von der er im Anfang schreibt, die ihn nicht dazu kommen läßt, Israel wie ein Tourist zu erleben und in seinen Attraktionen zu beschreiben. Zugleich ist dieser zusammenfassende Reise- und Erlebnisbericht aber auch ein typisch Böllscher Text, in dem auch sein eigenwilliges Verhältnis zu Kirche und Staat an besonderen Berührungspunkten (christliche Erinnerungs- und Andachtsstätten, Rolle des Autors als Kritiker der Politik) zur Sprache kommt.

4. Essays, Reden, Rezensionen (Auswahl)

Als 1961 die erste Teilsammlung der literarischen Werke Heinrich Bölls erschien, wurde schon im Titel (»*Erzählungen, Hörspiele, Aufsätze*«) darauf hingewiesen, daß nicht nur poetisch-fiktive Texte hier wichtig waren, sondern auch jene publizistischen Beiträge, die nun als »Aufsätze«, in der Teilsammlung von 1967 als »*Aufsätze, Kritiken, Reden*«, 1973 als »*Neue politische und literarische Schriften*« und schließlich in der 1977/1978 erschienenen zehnbändigen Werkausgabe als »*Essayistische Schriften und Reden I-III*« bezeichnet sind. Neben und nach den zuletzt genannten drei Bänden sind weitere Texte dieser Art als »*Schriften und Reden*« in Lizenzausgaben des Kiepenheuer & Witsch-Verlags Köln und des Lamuv-Verlags Bornheim-Merten erschienen (»*Zur Verteidigung der Waschküchen*«, 1952-1959 (dtv 10601), »*Briefe aus dem Rheinland*«, 1960-1963 (dtv 10602), »*Heimat und keine*«, 1964-1968 (dtv 10603), »*Ende der Bescheidenheit*«, 1969-1972 (dtv 10604), »*Man muß immer weitergehen*«, 1973-1975 (dtv 10605), »*Es kann einem bange werden*«, 1976-1977 (dtv 10606), »*Die ›Einfachheit‹ der ›kleinen‹ Leute*«, 1978-1981 (dtv 10607), »*Feindbild und Frieden*«, 1982-1983 (dtv 10608), »*Die Fähigkeit zu trauern*«, 1984-1985 (dtv 10609)).

Faßt man diese Publikationen zusammen, so ergeben sich rd. 600 Einzeltexte der verschiedensten Art: Neben Vorworten, Geleitworten und Nachworten zu Ausgaben fremder Autoren stehen Nachrufe auf Verstorbene, öffentliche Briefe und Antworten darauf, Stellungnahmen und Aufrufe zu politischen Vorgängen und Aktionen, Ansprachen und Vorträge, Rezensionen und Würdigungen, Glossen und Kritiken, die insgesamt das Engagement und die Vielseitigkeit Bölls in seinen öffentlichen und literarischen Interessen verdeutlichen.

Es ist hier weder Ort noch Raum, auf diese vielen Texte einzeln einzugehen, zumal die Dignität und Aktualität in vielen Fällen nicht mehr gegeben ist. Eine Reihe von Texten verdient allerdings, daß sich auch der Literarhistoriker noch heute mit ihnen beschäftigt. Auf einige von ihnen ist bereits im biographischen Abriß zu Böll aufmerksam gemacht worden, für andere soll dies hier nachgeholt werden.

Essayistische Schriften

Unter den rund vierhundert Einzeltexten, die in den drei Bänden
»Essayistische Schriften und Reden« der von Bernd Balzer 1977/78
edierten Werkausgabe enthalten sind, bilden die Essays und Abhandlungen, die hier als »Essayistische Schriften« zusammengefaßt
werden, den gewichtigeren Teil. Häufig handelt es sich hierbei um
programmatische Texte, in denen auch poetologische Ansichten des
Autors deutlich werden.

Böll erstrebt in seinen Essays keinerlei Systematik und Vollstän-
digkeit. Die einzelnen Beiträge, die Fragen der Literatur, der Kultur
und der Politik aufgreifen, sind recht spontan und sporadisch entstanden. Mitunter fühlte sich Böll durch Stellungnahmen von
Kritikern zu Antworten herausgefordert; bei anderen Essays ging
es ihm um Richtigstellungen oder Ergänzungen eigener oder fremder Beiträge oder um aktuelle öffentliche Diskussionen. Im folgenden sei zunächst auf einige literarisch relevante Essays hingewiesen.

Die ersten beiden Essays dieser Art, das *»Bekenntnis zur Trümmerliteratur«* und *»Der Zeitgenosse und die Wirklichkeit«*, sind bereits an anderer Stelle (S. 11 f.) erläutert worden. Von ähnlicher Thematik sind *»Was ist aktuell für uns?«* (1953; ESR 1, 95–99), wo Böll
auf das für unser Leben Wichtige verweist, nicht auf den Klatsch
der Illustrierten, und *»Zur Verteidigung der Waschküchen«* (1959;
ESR 1, 298–300), wo er sich ebenso wie zur ›Trümmerliteratur‹
zum › Armeleutemilieu‹ und ›Waschküchengeruch‹ bekennt. Zur
Bekräftigung berichtet er von den Waschtagen seiner Großmutter
und seiner Mutter. Das Verhältnis von Literatur und Religion greift
er in zwei weiteren Essays auf: In *»Kunst und Religion«* (1959; ESR
1, 318–322) wendet er sich gegen den Begriff »christliche Literatur«, den er für unzulässig hält, da er nichts über den literarischen
Rang aussage; auch der Ausdruck »christlicher Schriftsteller« sei
nur beim Finanzamt zulässig. Ein Christ unterliege auch als Schriftsteller den Maßstäben der Kunst. Er habe hier zwei Gewissen zu
folgen. In *»Rose und Dynamit«* (1960; ESR 1, 327 f.) greift er diesen
Gedankenbereich wieder auf, wenn er Ausdrücke wie »christlicher
Roman« und »christlicher Stil« verwirft, da es nur Christen gebe,
die schreiben, mitunter recht gut schreiben. Selten gab es allerdings
Heilige, die zugleich literarische Genies waren, wie z.B. Franz von
Assisi mit seinem Sonnengesang und Johannes vom Kreuz mit seinen Gedichten. Viel mystische Literatur sei »noch verborgen, weil
sie beides ist: Rose und Dynamit«.

»Über den Roman« (1960; ESR 1, 355–357), genauer: über den

modernen Roman, reflektiert Böll in diesem Essay. Dabei konstatiert er die Unmöglichkeit einer begrifflichen Definition darüber und betont die Humorlosigkeit des technischen Fortschritts wie auch moderner Romane. Wer aber noch irgendeine Verantwortung als Christ, Sozialist, Humanist verspüre, werde sich an das Minimum Humor mit metaphysischer Qualität halten, das allein ein Weiterleben ermögliche.

Mit der Formel »*Zwischen Gefängnis und Museum*« (1960; ESR 1, 389-394) umschreibt Böll die Situation der Literatur in Ost und West. Während man in Westdeutschland die literarische Wahrheit nur in ästhetisch einwandfreiem Gewand dulde, so den Formalismus fördere und die Literatur ins Museum sperre, bliebe ihr in Ostdeutschland nur die Wahl zwischen offizieller Kritik am Westen oder eine Art Erbauungsliteratur, der Elfenbeinturm des privaten Schreibens oder das Gefängnis.

Der Essaytitel »*Gesinnung gibt es immer gratis*« (1964; ESR 2, 21-24) bietet bereits das Resultat dieses Essays, in dem Böll erneut die Notwendigkeit der künstlerischen Form der literarischen Inhalte unterstreicht, sollte es sich nicht um bloße Erbauungsliteratur handeln. Einleitend betont er hier, daß er keine Auskunft über seine Figuren gebe (woran er sich aber nicht immer hielt) und daß die Umstände der Texterstellung nebensächlich für den Text seien.

Literarische Fragen tauchen mehr peripher auch in einigen anderen Essays auf, so etwa im historischen Überblick über die › Gruppe 47‹ in »*Angst vor der Gruppe 47*?« (1965; ESR 2, 163-173), wo Böll besonders den Pluralismus der Gruppe, die freie Kritik an den Lesungen und neuerdings die zunehmende Medienteilnahme hervorhebt. Auch im Essay »*Jugendschutz*« (1965; ESR 2, 133-136) spielt die Qualität der Literatur eine Rolle, insofern Böll hier bei Jugendbüchern eine Deckung von Ästhetik und Moral postuliert und als Autoren dafür den Jesuiten Jon Svenson (=Nonni) als naiven Jugenderzähler und Dostojewski als unruhigen, leidenschaftlichen, für jung und alt gefährlichen Autor nennt. Doch auch das Alte und das Neue Testament seien eine gefährliche Lektüre.

In den Folgejahren hat Böll derartige literarisch-poetologische Fragen mehr in seine Interviews verlagert.

Außer den genannten Essays verdienen auch einige mehr politisch-kritische Essays noch erwähnt zu werden, soweit sie Fragen berühren, die auch in Bölls literarischem Werk anklingen. So weist Böll z.B. in seinem umfangreichen Essay »*Karl Marx*« (1961; ESR 1, 395-413) außer auf biographische Details auf Marx' Bemühen um die Bewußtseins-,Kultur- und Rechtsverbesserung hin, aber auch auf die Verfehlung seiner Ziele im Westen, wo der Proletarier zum

Konsumenten und der Konsum zur neuen Religion, zum neuen Opium des Volkes wurde, und im Osten, wo man den Marxismus selbst zum Opium und Lenin und Stalin zu Inkarnationen von Marx machte. Böll betont auch die mögliche außersoziale Auffassung der Armut als »mystische Heimat Christi und seiner Heiligen« im Christentum.

Im »*Brief an einen jungen Nichtkatholiken*« (1966; ESR 2, 216-227), offenbar einem Gegenstück zum »*Brief an einen jungen Katholiken*« von 1958 (s. S. 14) hebt Böll die Rolle des Gewissens hervor, das er sowohl in der Waschmittelwerbung (› rein‹ statt › sauber‹) als auch bei Gewissensprüfungen für Wehrdienstverweigerer unter Mitwirkung von Geistlichen mißbraucht sieht. Schließlich konstatiert er auch in der Zustimmung der katholischen Verbände zur Wiederbewaffnung zwischen 1953 und 1965 einen ähnlichen »schnöden Verrat« an anderen Katholiken.

Eine recht persönliche Mischung von Essay, Legende und Heiligenanrufung bietet Böll in »*Steht uns bei, ihr Heiligen*« mit dem Untertitel: »*Wider die trügerische heidnische Göttin Sicherheit*« (1984; in »*Die Fähigkeit zu trauern*«, 1988, 43-49 (dtv 10609)). Er reflektiert hier über Legitimität, Notwendigkeit und Möglichkeiten des (gewaltlosen) Widerstandes, hebt die jetzigen Straßendemonstrationen vom Straßenterror der Nazis ab, den er in seiner Jugend erlebte, und stellt im Hl. Martin von Tours und im Hl. Mauritius zwei frühe Männer des Widerstandes vor; als neuere Widerständler nennt er Werner von Trott zu Solz und Reinhold Schneider. Makaber nennt er dagegen die Haltung der deutschen katholischen Bischöfe, die zum Widerstand gegen die Reform des Paragraphen 218 auffordern, aber die Raketenrüstung akzeptierten. Widerstand gegen Krieg und Aufrüstung sei aber Menschenrecht und Christenpflicht. Auch Kunst sei stets Widerstand, gegen das Material, mitunter auch gegen das Publikum. Dann ruft Böll einige Heilige um Hilfe an.

Zuletzt sei noch auf einen Essay Bölls hingewiesen, der zugleich Gedenkartikel wie historische Dokumentation ist: »*Die Juden von Drove*« (1984; in: *Die Fähigkeit zu trauern*, 1988, 22-42 (dtv 10609)). Böll beschreibt hier zunächst den Gedenkstein an die Judengemeinde von Drove (den er zufällig entdeckte), seine Vorgeschichte, die Forschungen um die rd. 600 kleinen Judengemeinden im Linksrheinischen und schließlich den Judenfriedhof. Historische Belege, die von Böll kommentiert werden, und Angaben und Reflexionen über Drove in der NS-Zeit, in denen tatsächliche und mögliche Situationen des dörflichen Lebens in Einzelschicksalen ausgemalt werden, sowie Listen der 59 jüdischen Epitaphien und der 25 aus Drove deportierten Juden schließen sich an (vgl. K. Jeziorkowski 1985/89, 57-68).

Reden und Vorträge

Böll war kein besonderer Redner, weder in der rhetorischen Ausfeilung seiner Texte noch in ihrem Vortrag. Was für ihn zählt, war der Inhalt, dem er stets neue, zumeist aktuelle Gedanken einzufügen suchte. Unter diesem Aspekt hat er in der ersten Gesamtausgabe seiner Werke (1977/78) auch eine Reihe von Reden und Vorträgen publizieren lassen, auf die hier nur hingewiesen werden kann.

»*Wo ist dein Bruder?*« so lautet der Titel der ersten dieser Reden (ESR 1, 167-178). Sie wurde anläßlich der Woche der Brüderlichkeit am 8.3.1956 gehalten und mahnt dazu, die »Schwelle der Nachdenklichkeit« zu überschreiten und nicht nur allein das Überleben zu feiern, sondern die Toten einzubeziehen.

Ähnlich besinnlich war Bölls Rede »*Heldengedenktag*« zum Volkstrauertag 1957 (ESR 1, 219-222), in der er vor dem politischen Falschgeld des Heldentodes warnt und den Tod als persönliches Leid würdigt.

Bedeutsamer ist Bölls erste › Wuppertaler Rede‹ »*Die Sprache als Hort der Freiheit*« vom 24.1.1959, mit der er auf die Verleihung des Eduard-von-der-Heydt-Preises der Stadt Wuppertal antwortete (ESR 1, 301-305). Er hob dabei den Reichtum und die Gefahren des Wortes hervor, die Chance zur verantworteten Freiheit wie zum gewissenlosen Verderben. Mit dem Preis werde dem Schriftsteller ein Stück Freiheit als materielle Unabhängigkeit zuteil. In einer »*Zweiten Wuppertaler Rede*« vom 18.1.1960 wies Böll auf die Beziehungen zwischen Kunst und Gesellschaft hin, die in der Kultur zusammentreffen, wenn die Kunst in die Kultur integriert wird. Er zweifelte aber daran, daß die Möglichkeit der Verständigung zwischen dem Schriftsteller und der Gesellschaft stets gegeben sei. Am 29.9. 1966 hielt Böll seine dritte ›Wuppertaler Rede‹ über »*Die Freiheit der Kunst*«. Die Kunst habe besonders gesellschaftliche Tabus zu durchbrechen, ihre Freiheit müsse darin stets neu getestet werden, da sie immer wieder von der Gesellschaft eingeholt würde. Bölls Ausfälle gegen den Staat, in dem er 1966 »nur einige verfaulende Reste von Macht« sah, die in Gefahr seien vor einem Messias, der »auftaucht und Ordnung schafft«, lösten erregte Diskussionen aus.

Auf die »*Frankfurter Vorlesungen*«, die Böll im Rahmen einer Poetik-Gastdozentur im Sommersemester 1964 an der Universität

Frankfurt hielt, ist an anderer Stelle hingewiesen worden (s.S. 146f.).

In ihnen versuchte er gleichsam seine eigene Poetik zu entwickeln. Böll betont hier zunächst seine Gebundenheit »an Zeit und Zeitgenossenschaft, an das von einer Generation Erlebte, Erfahrene, Gesehene und Gehörte«. Er sucht die Gesellschaft und die Gesellschaftskritik zu meiden, seitdem er das Modische dieser Zuwendungen erkannt hat; stattdessen fragt er nach der Rolle und der Sprache des gesellschaftlich verpönten Humanen und Sozialen.

Bölls Einsatz gegen die Notstandsgesetze 1968 kulminierte in seiner Rede »*Radikale für Demokratie*« im Bonner Hofgarten am 11.5. 1968. Böll kritisiert hier die Gesetzesvorlage zur Notstandsgesetzgebung unter mehreren Aspekten: 1. die Gesetze werden zu schnell und daher schlecht abgefaßt, 2. zahlreiche Begriffe seien zu wenig definier- und abgrenzbar, 3. die Machtverhältnisse im »Spannungsfall« blieben zu wenig klar bestimmt. Böll hoffte, daß die SPD doch noch zu einer klaren Opposition werden könne und die Gesetze verhindere.

Ausführlicher war Bölls Rede »*Ende der Bescheidenheit*« auf der Gründungsversammlung des Verbandes deutscher Schriftsteller am 8.6. 1969 in Köln. Böll reflektiert hier die gesellschafts- und finanzpolitische Situation der Schriftsteller, die bisher von Verlegern u.a. bestimmt wurde, nun aber von den Schriftstellern mitbestimmt werden soll. Dabei gehe es nicht um Idealismus und Ewigkeitswerte, sondern um Anteile an einer Großindustrie, die bisher »hinter einer rational getarnten Kalkulationsmystik ihre Ausbeutung« verschleiere. Der Honoraranteil an Büchern sei lächerlich gering, der Schriftsteller werde aber darüber noch wie ein Unternehmer versteuert. Als Kontrast nennt Böll die schwedischen Verhältnisse, die dem Autor mehr Rechte einräumen, und belegt an Musterrechnungen die ungerechten deutschen Verhältnisse. In einem Vergleich zwischen Naturrecht und Urheberrecht wird diese Ungerechtigkeit noch mehr deutlich. Böll wehrt sich auch gegen die Freigabe des Autorenschutzes nach siebzig Jahren, während privater Landbesitz Hunderte von Jahren privat verbleibe. Einer besonderen Ausbeutung unterliegen die Autoren durch Schulbuchverleger, die ihnen keine Honorare für Textabdrucke zahlen.

Wie 1956, so sprach Böll auch 1970 zur »Woche der Brüderlichkeit« über »*Schwierigkeiten mit der Brüderlichkeit*« und wies auf die plakative Sonderstellung solcher Veranstaltungen und Reden hin, wie auch auf die Verpflichtungen daraus für uns Deutsche.

»*Die Heuchelei der Befreier*« heißt eine bemerkenswerte Rede Bölls zur Pornographie-Diskussion des PEN-Zentrums der Bundesrepublik in Nürnberg am 18.4. 1971. Böll kritisiert hier die Institutionen, die die Prostitution nie ganz legalisierten und doch duldeten und durch Steuern daran verdienten, aber auch die Einrichtungen, die nun die Pornographie liberalisieren wollen, eine Industrialisierbarkeit und totale Materialisierbarkeit des Geschlechtlichen als Ware anstreben und neue Verklemmungen, Täuschungen und Selbsttäuschungen schaffen, weil die biologischen Grenzen, aber auch die Grenzen der Gewissensmißbildung ignoriert werden. So werde es nur eine heuchlerische Befreiung, die nur durch die Unterwerfung und Ausbeutung anderer, der Dirnen, möglich werde.

Zu den ungewöhnlichen Reden Bölls gehören eine »*Wahlrede in Kleve*« für die SPD am 3.10. 1972 und die Rede »*Gewalten, die auf der Bank liegen*« auf dem SPD-Parteitag am 12.10. 1972 in Dortmund. Während Böll in der Wahlrede die staatsmännischen Fähigkeiten Willy Brandts und besonders seine Ostpolitik (die Böll schon früh ähnlich artikulierte) feiert und dessen Reformprogramm lobt und die erhöhten Ausgaben dafür rechtfertigt, die gegenwärtige CDU-Politik dagegen kritisiert - sich also ganz wie ein SPD-Wahlredner verhält -, warnt Böll in der Parteitagsrede vor den Gewalten des Kapitalismus, die auf der Bank liegen, d.h. vor dem Druck auf die Medien und die Presse, der durch die Vergabe von Anzeigenaufträgen als Zensur wirksam sei.

Wenige Monate danach hielt Böll seine kurze »*Rede zur Verleihung des Nobelpreises am 10.12. 1972 in Stockholm*«, in der er neben Worten des Dankes vor allem seinen Weg aus dem »begehrten Land am Rhein« betonte, aus »den Schichten der Vergänglichkeit«, nach »langem Umhergetriebensein« und aus der Leidenschaft des Schreibens, die ihn nach Stockholm geführt habe.

Dieser kurzen Ansprache ließ er am 2.5. 1973 in Stockholm die Nobelvorlesung »*Versuch über die Vernunft der Poesie*« folgen. Böll geht in diesem gedankenreichen Vortrag von feinen Ungenauigkeiten und Zwischenräumen, Widerständen und Varianten aus, die selbst bei genauen Konstruktionen wie Brücken u.ä. entstehen und die von ihm der Ironie, Poesie, Gott gleichgesetzt werden. Auch das sprachliche Kunstwerk, die Literatur sei letztlich nie genau nachkonstruierbar, es bleibe Inkommensurables und Irreversibles, trotz der Auflösung in alle Gestaltungseinflüsse, bleibe ein Rest, Abfälliges, Widerstand. Die völlige Auflösung ins Rationale, Katechetische erfasse es nicht. Ständiger Formenwandel der Kunst, Entdeckung neuer Formen im Experiment, führten zur Verkörperung von geistigem Explosivstoff in der Kunst. Die Vernunft der Poesie, die eigene Poetiken verlangt, ist so eine andere als die Vernunft des Rationalen, die nach Ordnungen und Alternativen suche, wobei die Welt immer fremder werde.

»Radikalität und Hoffnung« lautet ein Funkvortrag Bölls, den er am 25.12. 1973 im WDR hielt. Böll betont hier, daß das Grundgesetz wie auch die historische Entwicklung Radikalität voraussetze und daß ein Staat nicht auf differenzierte Radikalität verzichten könne; ein Ideal der Ausgewogenheit fördere weder Kunst noch geistiges Leben, eine Gesellschaft ohne Konflikte, wo jeder Recht hat, führe zum Unrecht.

Wie sehr Böll in seinen öffentlichen Reden mitunter auch auf Tagesereignisse Bezug nahm, zeigt beispielsweise die Dankrede (*»Ich habe die Nase voll«*) anläßlich der Verleihung der Carl-von-Ossietzky-Medaille am 8.12. 1974 in Berlin, in der er auf die Hetzkampagnen gegen ihn und seine Gesinnungsfreunde eingeht und die »Scharfmacher auf der Rechten« angreift und sein eigenes Verhalten rechtfertigt.

Trotz des »Wahnsinns«, wie Böll in dieser Rede die Angriffe Ultrakonservativer gegen ihn bezeichnete, wiederholte Böll wenige Tage später, am 16.12. 1974 im SWF die Rede, die er kurz zuvor auf dem Internationalen PEN-Kongreß in Jerusalem gehalten hatte und der er den bemerkenswerten Titel gab: *»Ich bin ein Deutscher«*. Böll geht hier zunächst auf die Riesenzahlen von Terroropfern und Vertriebenen in unserem Jahrhundert ein, erwähnt dann die Verfolgungen der Völker auch in ihren Sprachen und hebt hervor, wie das jüdische Volk seinen Zusammenhalt und seine Kultur in seinen Texten und in seiner Sprache bewahrt habe. Der Autor kommt dann auf die Voraussetzungen seines Schreibens zu sprechen, seine zerstörte Heimat 1945, die Trümmer als Spielplätze seiner Kinder, Staub und Stille aus den Trümmern (die er wiederholt auch in anderen Texten erwähnt), die zerstörte neue Heimat also, die er nun bewußt als Deutscher angenommen habe.

Einer besonderen Gruppe von Reden Bölls wäre abschließend noch zu gedenken, der verschiedenen Laudationes zu Preisverleihungen u.ä., etwa an Jürgen Becker (*»Über die Gegenstände der Kunst«*, 26.10. 1968, ESR 2, 317ff.), Manès Sperber (*»Textilien, Terroristen und Pfarrer«*, 7.12. 1975, ESR 3, 292ff.), Reiner Kunze (*»Laudatio auf den Georg-Büchner-Preisträger«*, 21.10. 1977, ESR 3, 477ff.). Hier sind es zumeist Einzelheiten aus dem Leben oder Werk der so Hervorgehobenen oder eigene Erfahrungen, die der Redner zum Anlaß für allgemeinere Folgerungen oder Würdigungen wählt. Auch diese Reden werden so zu programmatischen Verlautbarungen des Autors Böll.

5. Interviews und Gespräche (Auswahl)

Wie kaum ein anderer deutscher Autor hat Böll das Gespräch mit der literarischen Öffentlichkeit gesucht, wie sie durch Literaturkritiker und Literaturwissenschaftler vertreten wird. Der Sonderband »*Interviews I*« in der zehnbändigen Werkausgabe (hg. von Bernd Balzer), der nur eine Auswahl von Interviews, Diskussionen und Gesprächen aus der Zeit von 1961-1978 enthält, umfaßt bereits 57 Texte, wobei einzelne Gespräche den Umfang eigener Bücher ausmachen und auch gesondert erschienen sind (z.b. »*Drei Tage im März*«, 1975; »*Eine deutsche Erinnerung*«, 1976).

Bölls Interviews entsprechen nur teilweise in Form und Inhalt dem üblichen journalistischen Interview, in dem bekannte Persönlichkeiten in Dialogform zu ihrer Meinung über aktuelle politische oder kulturelle Probleme befragt werden. Ein großer Teil der Gespräche, insbesondere der längeren Gespräche ist vielmehr auf Fragen der dichterischen Entwicklung und auf künstlerische Probleme bezogen. Andere Interviews dienen der Selbstinterpretation einzelner Werke durch den Autor.

Im folgenden sollen nur einige literarisch wichtige Interviews bzw. Gespräche nach Verlauf und Ergebnis zusammenfassend charakterisiert werden:

Werkstattgespräch mit Horst Bienek
(1961, Interv. I, 13-25)

Böll betont hier anfangs, daß ihm die Kurzgeschichte die liebste Gattung sei, daß er aber auch schon einige Romane (4-6) geschrieben habe. Beim Roman mache er keine Vorstudien, nur Stichwortzettel und farbige Tabellen mit Schichten für die reale Gegenwart, Reflexions- und Erinnerungsebene und Motivebene. »Billard um halbzehn« sei anfangs zusammengesetzt und verwandelt aus dem Schlagballspiel, der Hinrichtung von vier jungen Kommunisten in Köln und dem Bild des Gotteslammes im Genter Altar. Er benötige stets mehrere Fassungen und mehrere Kritiker. Es gebe keine Strukturunterschiede in seinen Romanen, nur Zeitunterschiede. Die Autoren nach 1945 hatten es schwer, da ihnen Vorbilder fehlten. Das liebste Buch sei ihm »Wo warst du, Adam?«.

Literatur und Religion
(Rundfunkgespräch mit Johannes Poethen am 27.8. 1969; Interv. I, 95-102)

Poethen verweist zunächst auf den Religionsersatz für viele in der Dichtung seit Goethe. Böll erklärt dies daraus, daß Theologie und Religion den Menschen aus dem Blick verloren hätten, die Kunst ihn dagegen in seiner Verlorenheit respektiere und so glaubwürdiger erscheine. Ein zweites Thema geht um den Mythos: Böll fordert für eine demokratische Literatur einen neuen Mythos vom Menschen und seiner Gleichheit, was aber schwierig sei. Doch entstünden auch im Alltag Mythen, z.b. in jedem Liebeserlebnis. Literatur solle als dritter Ort gelten und z.b. die Entstehung der Gewalt beobachten.

Gruppenbild mit Dame
(Tonbandinterview mit Dieter Wellershof am 11.6. 1971; Interv. I, 120-134)

Befragt nach der Absicht dieses Romans und nach der Form, erläutert Böll, daß es ihm darauf ankam, eine deutsche Frau von Ende Vierzig zu beschreiben, die »die ganze Last dieser Geschichte von 1922 und 1970 mit und auf sich genommen« habe. Der Roman sei das Ergebnis einer »Fortschreibung«. Die Zeugen sollten auch fiktiv und offen bleiben. Das weitere Gespräch geht um die Person Lenis, ihre naive Unschuld, sinnliche Sensibilität, Sexualität, Erziehung, um den erfaßten Zeitraum, die Detailstudien, die Subgesellschaft um Leni am Kriegsende, ihr soziales Abseits und ihren Widerstand, die Formen des Humors, Margarete als zweite Hauptfigur, die Auffassung Lenis als › rheinische Madonna‹, auch als Gegenbild zum heroischen Mann wie zum Frauenbild der Konsumwerbung.

Im Gespräch mit Heinz Ludwig Arnold
(20.7. 1971; Interv. I, 135-176)

Es geht hier um Fragen, die Bölls Stellung als Schriftsteller und als politisch engagierter Autor betreffen, zunächst um Motivationen seines frühen Schreibens, den Einfluß Dostojewskis und der französischen katholischen Autoren, geht über zu sozialkritischen Einstellungen und zur Wirkung seiner Texte, berührt Fernsehen und Verfilmungen seiner Werke und verweilt dann bei Bölls Verhältnis zur Kirche und Religion. Während Böll das Verhältnis zur Religion als privat ausklammert, nennt er Ursachen für seinen Dissens zur katholischen Kirche, z.T. schon aus seiner Jugend, so die Unsolidarität der Amtskirche mit den Notleidenden 1933/34 wie nach 1945, die Teilhabe am wirtschaftlichen Aufschwung und Kapitalismus nach 1948 via Kirchensteuer, schließlich die Identifizierung von Christentum, Katholizismus und CDU unter Adenauer und die globale Ausgrenzung der Menschen im Osten als Atheisten. Das Gespräch konzentriert sich dann auf die Rolle der Kritik, zunächst seitens der Kirche und ihrer Anhänger, dann seitens der Literaturkritiker, auch auf das Versagen der Kritik, z.B. bei »*Ende einer Dienstfahrt*« (im mangelnden Praxisbezug) und bei »*Ansichten eines Clowns*« (wo der Zusammenhang zur Ariadne und dem Labyrinth nicht gesehen wurde). Weitere Themen sind die Zweifel am Einsatz von Autoren im Wahlkampf, Bölls Wirkung in der Sowjetunion, die Entwicklung des Sozialismus und schließlich Fragen zu »*Gruppenbild mit Dame*«, z.B. über die Form, die Gegenkultur der Figuren um Leni, die Realisierbarkeit dieses Modells einer klassenlosen Gesellschaft, die Rolle des Boris und die verschiedene Interpretierbarkeit.

Ich tendiere nur zu den scheinbar Unpolitischen
(Gespräch mit Manfred Durzak, Anfang 1975; Interv. I, 321-347)

Durzak geht aus von der Frage nach dem fiktiven Erzähler in verschiedenen Werken. In »*Gruppenbild mit Dame*« und in »*Katharina Blum*« vollziehe sich in dieser Hinsicht ein Wandel. Böll bestreitet dies, im Schwinden des Erzählers werde der Pamphletcharakter verstärkt, auch die Zuordnung von Figurenmeinungen zum Erzähler sieht er nicht als Widerspruch. Katharina sei auch keine Heilige oder Heldin. Sie bleibe ganz realistisch, nicht ikonographisch. Auch Götten sei unpolitisch, werde nur politisiert. Katharina verstricke sich durch ihre Liebe, tragisch wie im Mythos, aber Böll wollte eine Kriminalgeschichte schreiben. Auch die spontanen Nebenaktionen Blornas u.a. seien politisch, aktiver Widerstand. Böll betont sein Interesse am Kompositionellen, »*Katharina Blum*« sei gleichsam musikalisch komponiert, was aber bisher nicht bemerkt worden sei. Er habe den Aufbau auch graphisch erfaßt, ohne graphische Skizze wie in den Romanen.

Drei Tage im März
(Gespräch mit Christian Linder vom 11.-13.3. 1975; Interv. I, 348-446)

Linder sucht Zusammenhänge zwischen der Biographie Bölls und seinem Schreiben zu ermitteln. Böll weicht hier zunächst aus, erläutert seine Pläne, seine Vorstudien, betont, daß er dem Publikum nicht entgegenkomme; dann geht er doch auf seine Jugend ein, erläutert die Wirkung von Weltwirtschaftskrise, Straßenterror der Nazis, des Krieges. Sein Verhalten im Krieg habe romanhaft-spielerische Züge in der eigenen Veränderung des vorgeschriebenen Schicksals aufgewiesen. Nach 1945 hätten die Autoren eigene Wege suchen müssen, da die Emigranten nicht zurückgekommen seien. Bei Linders Suche nach den Schreibmotiven Bölls verweist dieser auf den Ausdruckswillen und die Rolle von Sitauation und Milieu, den Niedergang des Kleinbürgertums, die Zerstörung der Heimat auf den Straßen durch den Straßenterror der Nazis, die Umzüge der Familie und eine antibürgerliche Anarchieneigung. Die Gesellschaft habe ihn nun politisiert und ihm ein bestimmtes Image zugeschrieben. Von seinen Romanfiguren sei Leni keine Identifikation Bölls, auch Katharina sei keine Idealfigur. Er wollte sich mit dem Buch nicht rächen, nur Methoden der BILD-Zeitung aufzeigen. Böll fordert eine Theologie der Zärtlichkeit. Gewalt ergebe sich bei ihm oft aus Konflikten, die er zeigen müsse. Er erläutert dann seine Auffassungen vom Abfälligen in der Literatur, kritisiert den Verfall der öffentlichen Meinung, so daß man Autoren zum Gewissen der Nation mache, was er ablehne. Er lehne auch jeden Dualismus ab und betont einen dritten Weg. Auch kämen in jedem Ort kleine und große Welt, Provinzialismus und Internationalismus vor.

Eine deutsche Erinnerung
(Interview mit René Wintzen, Okt. 1976; Interv. I, 504-665)

Böll gliedert das umfangreichste seiner Gespräche in fünf Themen: 1. Moral in der Sprache, 2. Katholizismus - katholische Literatur, 3. der Schriftsteller H.B., 4. der Gefreite H.B., 5.Beruf: Schriftsteller. 1. Als Deutscher stoße er in der Sprache auf Konflikte; die Geschichte liefere ihm das Material. Er skizziert dann die deutsche Geschichte seit Stalingrad und auch den Widerstand gegen Hitler. Auch ohne Krieg wäre Böll Schriftsteller geworden. 2. Böll nennt zuerst Autoren, die ihn beeinflußten, betont, daß er kein katholischer Schriftsteller sei; er habe auch nicht die Exkommunikationsangst älterer Autoren wie I. F. Görres, G. von le Fort, W. Dirks. Er berichtet dann von seiner religiösen Erziehung, der Krise nach 1930 und Zuwendung zu Anarchismus, Nihilismus, Antibürgerlichkeit, den Einfluß der Frauen, besonders seiner Mutter, der Lächerlichkeit der Männer; er verwirft die Verrechtlichung der Ehe und der Sakramente, nennt die Unauflöslichkeit der Ehe eine kirchliche Anmaßung, die Kirchensteuerforderung eine Zuhältermanier. 3. Er lehnt die Gleichsetzung von Autor und Held als bürgerlich ab, betont seine geringe Identifikation mit den Figuren seiner Werke. Weitere Themen sind hier die Radikalisierung seit 1967, die Situation der Dissidenten, Reflexionen über die DDR, die deutsche Einheit, über Sozialismus und Kommunismus und den sowjetischen Imperialismus. Er erläutert dann Einflüsse der Weltliteratur auf die deutsche Literatur nach 1945 und die damaligen Schwierigkeiten in der Sprache, die ›Gruppe 47‹, Literatur und Arbeitswelt und die Rolle von Provinz und Heimat (auch für Böll). 4. Böll schildert seine Kindheit und Jugend in Köln, sein Verhältnis zur Kirche als »notwendiges Übel«, seine Erlebnisse im Arbeitsdienst und im Krieg an verschiedenen Schauplätzen, seine Verwundungen und Desertionen, die Zeit als Kriegsgefangener; es folgen schließlich Reflexionen über Antisemitismus, Entnazifizierung und den Neuanfang nach 1945. 5. Gedanken über Kurzgeschichten, Hörspiele und Essays in der Nachkriegszeit, über das Verhältnis von Autor und Leser, von Sprache und Wirklichkeit, über das Beispiel Solschenizyns, über Tabus in der Literatur und die Verantwortung des Schriftstellers schließen sich an. Böll erläutert dann die Entstehung des »Berichts zur Gesinnungslage der Nation« und das Zusammenwirken von Intuition und Fleiß bei der Entstehung seiner Werke. Zuletzt spricht er über neue geistig-asketische Bewegungen in der Jugend, die man nicht verurteilen solle.

6. Thematische Hinweise

6.1 Böll, Köln und das Rheinland

Über Heinrich Böll und Köln oder Böll und das Rheinland ist schon manches geschrieben worden, und Böll selbst hat sich oft dazu geäußert, was darauf hinweist, wie wichtig ihm diese Stadt, seine Vaterstadt, und diese Beziehung zu ihr waren. Der weltweit bekannt gewordene Autor, der Literaturnobelpreisträger von 1972, hat wie kaum ein anderer Autor unserer Zeit seine Heimat in sein Werk einbezogen, sie zum Ausgangspunkt und indirekten Darstellungsziel gemacht, allerdings in immer wieder abgewandelter Form.

Köln erscheint in seinem literarischen Werk nicht wie das Lübeck der »Buddenbrooks« für Thomas Mann oder wie Berlin im Alexanderplatzroman für Alfred Döblin. Nur in Andeutungen und symbolischen Hinweisen spiegelt sich diese Stadt in den erzählenden Texten des Autors; sieht man von den autobiographischen Kurzgeschichten, Erzählungen und Essays (s. 2.1) einmal ab. Köln ist so die Stadt des Stromes (vgl. »Am Ufer«), die Stadt der Brücken über den Strom, die Stadt des Domes und des Bischofs (»Und sagte kein einziges Wort«), die Stadt der Kirchen und Klöster (»Billard um halbzehn«).

Während Böll andere Städte als Schauplätze der Romanhandlungen mit Namen nennt: Bonn z.B. für die »Ansichten eines Clowns«, Bad Godesberg für »Frauen vor Flußlandschaft«, oder als rheinische Phantasiestädte mit eigenen Namen belegt: Birglar als Kleinstadt in »Ende einer Dienstfahrt«, Tolmshoven als ländlicher Ruhesitz eines rheinischen Zeitungskönigs und Verbandspräsidenten in »Fürsorgliche Belagerung«, bleibt Köln als rheinische Metropole ungenannt und nur angedeutet. Es bildet aber ungenannt oder - in einzelnen Bauten umbenannt - die Kulisse für einen großen Teil seiner Romane und Erzählungen. Insofern bleibt es der Archetyp für die Stadt schlechthin, wo Bölls Menschen leben, sofern er sie nicht ausdrücklich woanders ansiedelt.

Im Gegensatz zur Epik, wo Köln kaum thematisiert wird, hat Böll in seinen zwei Dutzend Gedichten mehrmals seine Vaterstadt zum lyrischen Gegenstand erhoben: in den Gedichten »Köln I-III« und in »Versunken die Stadt«. Dabei offenbart der Autor ein merkwürdiges Verhältnis zu dieser Stadt: Während er sonst nie auf die Geschichte früherer Jahrhunderte zurückgreift, tut er es hier, wenn er die Stadt z.B. in »*Köln I*« mit einer alten Kuppelmutter vergleicht, die die Religionen und Kulturen miteinander vermengt und sich selbst an jeden, der Geld hat, verkuppelt; oder wenn er in »*Köln II*« die Vaterstadt, natürlich wiederum weiblich aufgefaßt, mit einer Hexe gleichsetzt, die aus Bürgertalg, Heiligenblut und Bischofsgebein ihr Süppchen kocht oder Flüche an die Grundmauern des Doms pinselt und den vorbeifließenden Rhein liebt, der sie jedoch nicht mag.

Noch bemerkenswerter erscheint die Stadt Köln in »*Köln III*«. Während Böll in »*Köln I*« und »*Köln II*« die Mythisierung der Stadt aus einer gewissen Distanz ohne subjektive Ausdrücke vornimmt, kennzeichnet er nun als Entstehungssituation einen eigenen Spaziergang durch die Stadt am Pfingstsonntag (30.5.) 1971 und gerät dementsprechend auch wiederholt in subjektive Kennzeichnungen und Ich-Aussagen. Die Stadt wird nun als verwandelte Gegenwart begriffen, die durch Geschäftssinn, Bauwut und Kirchenfeindlichkeit verfremdet erscheint. Von hier aus kehrt er im Gedicht »*Versunken die Stadt*« in die Zeit der zerstörten Stadt unmittelbar nach dem Krieg zurück, als alles in Trümmern lag und nur wenige markante Zeichen übrig waren; dabei weist er aber auch schon auf die künftigen Veränderungen (zur Stadt des Autoverkehrs) voraus.

Während Köln in Bölls fiktiver Epik nur andeutungsweise als Großstadt mit vertrauten Einzelheiten erscheint, in den Gedichten dagegen mehr mythologisch oder modern verfremdet, so wird sie in den autobiographischen Texten als in Vergangenheit und Gegenwart erlebte Realität begriffen, die mehr oder weniger ausführlich in ihrer Auswirkung auf den Autor charakterisiert wird. Böll gelangt dabei zu vier einander ablösenden Bildern seiner Heimatstadt. Das erste ist das Vorkriegs-Köln, wie er es als Kind erlebt hat und in einigen Texten beschreibt (z.B. »*Raderberg - Raderthal*«, »*Der Husten meines Vaters*«, »*Der Zeitungsverkäufer*«). Es sind vor allem Straßen und Häuser der Südstadt, wo die Bölls mehrfach umgezogen sind, wo Heinrich aufwuchs. Dieses kindlich erlebte Köln ist ihm nach 1933 durch die Aufmärsche der NS-Kolonnen verleidet worden. Nach dem Krieg begegnete ihm ein zweites Köln als Stadt der Ruinen und Trümmer, des Staubes und der Stille, das sich zunächst jahrelang nur wenig veränderte. Es war für Böll zugleich Mahnmal und Symbol für alle Folgen und alle Schuld des Krieges, die man allerdings in den vielen, oft kommerziell bestimmten Bauten der Wirtschaftswunderzeit (besonders der Banken und Versicherungen) zu verdrängen suchte. Dieses neuerbaute Köln war für ihn das dritte Köln, zu dem er nur ein distanziertes Verhältnis gewann (vgl. *»Köln III«*), obwohl er durch seinen Umzug in die Hülchrather Straße (1969) noch einen Versuch wagte, durch »urbanes Wohnen« wiederum in der Nähe des Rheins sich auch mit diesem Stadtbild auszusöhnen. 1982 mußte er diesen Versuch abbrechen: die ihm nach einer Zehenamputation vorgeschriebenen längeren Wanderungen wurden ihm durch den ständig zunehmenden Autoverkehr erschwert. Dieses Köln der Autos hat er gelegentlich (im *»Gespräch mit Werner Koch«*, 1979) als viertes Köln bezeichnet, dem er sich schließlich durch die Umsiedlung in die Eifel entzog.

Mit den Kennzeichnungen der Stadt hat Böll auch oft Charakterisierungen ihrer Bewohner und ihres Wesens verbunden. Es sei weniger die oft popularisierte rheinische Fröhlichkeit, in der Böll das Wesen des Kölnischen erblickt, das sich in den Kölnern spiegele, als vielmehr das geringere Maß an Ernsthaftigkeit, das der Kölner auferlegten und angemaßten Autoritäten entgegenbringe. Böll sieht darin noch eine Auswirkung des antipreußischen Ressentiments der Kölner und der Rheinländer allgemein, die sich nach der Zuweisung der einstigen Freien Reichsstadt Köln und des Rheinlandes an Preußen auf dem Wiener Kongreß 1814/15 als »Muß-Preußen« betrachteten, aber auch eines kritischen politischen Vorbehalts und einer heiteren Distanz gegenüber durchschaubaren Demagogenreden, weshalb die Nazis bei der letzten noch fast demokratischen Wahl 1933 in Köln nur 30% an Stimmen bekamen und Hitler sich in Köln nie wohl fühlte. Aber auch der antiklerikale Zug in seinem Schaffen und Reden sei nach Böll mit diesem kölnischen Wesen verbunden und habe seinen Ursprung schon in den mittelalterlichen Streitigkeiten zwischen dem Erzbischof und den Bürgern der Stadt.

Bei aller Verbundenheit mit dem alten Köln hat Böll sich jedoch nie mit dem › kölnischen Milieu‹, der überlegenen und anbiedernden Art vieler Kölner, auch nicht mit dem Kölner Dialekt anfreunden können (vgl. das *»Gespräch mit Werner Koch«*, 1979), wie er auch den kommerzialisierten Karneval ablehnte. Letztlich sei ihm Köln fremd geblieben, räumt er Werner Koch gegenüber ein und fährt fort: »Köln gibt's schon, aber es ist ein Traum.« Als solcher sind in ihm - und in Bölls Werk - Elemente der Wirklichkeit aufgehoben und neu komponiert als bedrängende wie als verklärte Erinnerungen.

6.2 Bölls Stellung zu Kirche und Christentum

Bölls Verhältnis zum Christentum und zur katholischen Kirche gehört zu den häufig diskutierten Themen, die mit dem Leben und dem gesamten Werk des Autors verbunden sind. Auch dazu sind hier nur wenige Angaben möglich, die zunächst auf notwendige Differenzierungen verweisen sollen. In diesem Problembereich ist zu unterscheiden zwischen dem, was Böll in seinen persönlichen Mitteilungen (Essays, Interviews, Gesprächen) äußert, und dem, was er in seinen fiktiven Darstellungen den Figuren und Erzählern in den Mund legt. Außerdem ist dabei stets zu bedenken, daß Bölls Äußerungen zu diesem Fragenkomplex das Ergebnis einer bestimmten Entwicklung und entsprechend zu relativieren sind. Und schließlich ist - auch nach Bölls eigener Unterscheidung - zwischen dem Bereich des Religiösen bei ihm und seinen verschiedenen Haltungen zu Christentum, christlich, katholisch, katholischer Kirche, Katholizismus, Verbandskatholizismus u.ä. zu differenzieren. Genauere Bestimmungen des jeweils Gemeinten erweisen sich als notwendig, wenn man diese wesentliche geistige Schicht im Werk Bölls und ihre Auswirkung auf seine Menschen- und Problemdarstellung zu erfassen sucht.

Heinrich Böll ist nach seinen eigenen Angaben (besonders in *»Eine deutsche Erinnerung«*) in einer traditionell katholischen Familie aufgewachsen, in der die konventionellen Formen des religiösen Verhaltens (Beten, Kirchenbesuch, Sakramentenempfang) beachtet, jedoch auch Abweichungen davon toleriert wurden. So berichtet Böll, daß er nach anfänglich begeisterter Mitarbeit in einem von Jesuiten, besonders von P. Schuh, geleiteten Jugendbund in seiner Jugendzeit etwa zwischen dem 14. und 18. Lebensjahr eine Zeit religiöser Passivität erlebte (die jedoch Aktivitäten für die kirchliche Jugendarbeit nicht ausschloß); während seiner Lehre fand er in Bonn wieder vorübergehend Anschluß an religiöse Kreise.

Ein wichtiges Ereignis, das die Distanz Bölls zur Kirche und zum höheren Klerus vertiefte, war im Juli 1933 der Abschluß eines Konkordats zwischen dem Vatikan und der Regierung Hitler, die durch die Anerkennung durch die moralische Instanz der Kirche internationale Aufwertung erfuhr. Nach Bölls Berichten habe dies in der Familie zu heftigen Diskussionen und bis zu Überlegungen eines Kirchenaustritts geführt.

Später kritisierte er die offizielle Militärseelsorge in der deutschen Wehrmacht (vgl. *»Brief an einen jungen Katholiken«*, 1958); er scheint aber während der Zeit als Soldat wieder einen Zugang zur

Kirche und zu den Sakramenten gefunden zu haben, wie sich aus Briefen aus der Soldatenzeit ergibt.

In den frühen Dichtungen Bölls aus den vierziger und fünfziger Jahren finden sich wiederholt Hinweise, die auf ein positives Verhältnis des Autors zu Christentum und Kirche schließen lassen, wenn hier auch mitunter eigene theologische Aussagen entwickelt werden. So ermahnt der Soldat Paul, die Hauptfigur in »*Der General stand auf einem Hügel*« (entst. 1946), seine Kameraden in der Schlacht zum Gebet und erklärt später dem Arzt das Leiden Christi, des menschgewordenen Gottes, als ein Leiden an der Welt. In »*Das Abenteuer*« wird das Mysterium von Sünde und Beichte vorgestellt, in »*Kerzen für Maria*« werden Beichte und Kommunion eines jungen Liebespaares zum Vorbild für den Ich-Erzähler, der alle seine Kerzen der Madonna spendet. In »*Der Zug war pünktlich*« wird die Fahrt in den vorgewußten Tod zum religiösen Läuterungsprozeß. In »*Wo warst du, Adam?*« sind es die katholische Jüdin Ilona, die während des Gesangs der Allerheiligenlitanei im KZ stirbt, und der Soldat Feinhals, der Gott eine Chance geben will, »alles so zu wenden, wie es schön gewesen wäre«.

Böll hat sich jedoch später wiederholt dagegen gewehrt, als man ihn in der Öffentlichkeit wegen dieser Frühwerke als katholischen oder christlichen Autor bezeichnete, weil er nicht nur wegen seiner literarischen Inhalte eingruppiert werden wollte (vgl. »*Kunst und Religion*«, »*Eine deutsche Erinnerung*«).

Kirchliche Vertreter spielen hier noch keine oder nur unbedeutende Rollen. Bedeutsamer werden diese jedoch dann in satirischen Texten, in denen sie vorkommen, etwa in »*Nicht nur zur Weihnachtszeit*«, wo zunächst der Gemeindepfarrer, dann der Kaplan und, zuletzt dann für dauernd, ein alter Prälat die tägliche Weihnachtszeremonie mitmachen, und im »*Hauptstädtischen Journal*«, wo nach dem Festgottesdienst des neuen Offizierskorps der zelebrierende hohe Prälat keine Bedenken hat, die achte Ehe Inns mit dem neuen General Machorka-Muff kirchlich abzusegnen und so die kirchliche Eheauffassung selbst ad absurdum zu führen.

Mit den Gegenwartsromanen in den fünfziger Jahren bezieht Böll in mehr oder weniger starkem Maße die Kritik an offiziellen Vertretern der katholischen Kirche in sein literarisches Werk ein. Den Anfang macht Bölls erster Zeitroman »*Und sagte kein einziges Wort*« (1953), wo der Autor in der Figur des eitlen und »dummen« Bischofs, der lieblosen Atmosphäre des Generalvikariats und in der unsozialen Haltung der Hauswirtin der Bogners kirchliche Vertreter in ihrem Versagen bloßstellt. Diesen »Orthodoxen«, wie H. Hengst ([3]1982, 100) diese Gruppe nennt, werden in den Bogners, dem › Bauernpriester‹ und den Kioskleuten »Gläubige des zweiten Typs« gegenübergestellt.

Die Gründe für diese Bloßstellung kirchlicher Würdenträger wie auch der Vertreter des sog. Verbandskatholizismus liegen bei Böll in Vergangenheit und Gegenwart begründet (s.o.).

Eine antiklerikale Tendenz fand Böll auch bei den Autoren des französischen ›Renouveau catholique‹, in denen er Vorbilder sah, vorgeprägt. Bölls Verhältnis zu diesem Zweig einer gesamteuropäischen Literaturbewegung, vor allem im ersten Drittel unseres Jahrhunderts, ist bisher kaum untersucht worden. Doch beweist ein kurzer Vergleich der Hauptwerke L. Bloys, G. Bernanos' und F. Mauriacs etwa mit denen Bölls, daß außer der erwähnten antiklerikalen Tendenz wenig davon auf ihn eingewirkt hat. Das Dämonische, Satanische, Sündhafte, aber auch das Gnadenhafte in den Figuren der französischen Autoren fehlt bei Böll; allenfalls der KZ-Kommandant in »*Wo warst du, Adam?*« zeigt ähnliche negative Züge, bleibt allerdings rollenbedingt zu episodenhaft. Bölls Figuren versagen eher aufgrund ihrer Mittelmäßigkeit oder Opportunität, seine Kirchenvertreter aufgrund ihrer Weltlichkeit und ihrer fehlenden moralischen Rigorosität.

Einer der kritischen Vorwürfe Bölls gegen den katholischen Klerus war nach 1945, daß in der Zeit der schlimmsten Wohnungsnot im zerstörten Köln vielfach in unzerstörten Pfarrhäusern und kirchlichen Gebäuden am wenigsten Platz für Obdachlose, Flüchtlinge und Rückkehrer eingeräumt wurde, wogegen auf kirchliche Repräsentation mehr Wert gelegt wurde.

In »*Haus ohne Hüter*« (1954) kritisiert Böll in der Figur des Paters Willibrod und seines Winfriedbundes die kirchliche Förderung von Restauration und Reaktion.

Am stärksten störte sich Böll in der Folgezeit an der engen Verbindung zwischen der katholischen Kirche, insbesondere auch den katholischen Laienverbänden (dem »Verbandskatholizismus«) und der CDU, deren kapitalorientierte Wirtschafts- und Sozialpolitik und später auch Wehrpolitik ihm unchristlich erschienen, weshalb ihm mitunter auch der Begriff des Christlichen suspekt wurde. Als er im Zusammenhang mit seiner Kritik an der Wiederbewaffnung der Bundesrepublik (und der DDR) den »*Brief an einen jungen Katholiken*«, 1958) publizierte und darin die einseitige Sexualmoral und Kriegsrechtfertigung der katholischen Kirche angriff, führte die Kritik aus dem katholischen Lager zu einer beiderseitigen Verhärtung der Positionen. Im Roman »*Billard um halbzehn*« sind die Mönche der Abtei St. Anton die kirchlichen Vertreter, die er wegen ihrer Zugehörigkeit zum »Sakrament des Büffels«, d.h. ihrer profaschistischen Ausrichtung kritisiert.

Die schärfste Werkkritik an Vertretern der katholischen Kirche, besonders den Mitgliedern des ›Kreises fortschrittlicher Katholiken‹ um den Prälaten Sommerwild, zu denen auch Mitglieder des Bundestages gehören, übt Böll in den »Ansichten eines Clowns« (1963). Aus der Kritik an Vertretern dieses Kreises, die nach Ansichten des Clowns ihm die Geliebte Marie abspenstig gemacht und damit nach Bölls eigener Deutung nach dem Labyrinth-Modell den Lebensfaden abgeschnitten haben, entwickelt Schnier eigenwillige quasitheologische Auffassungen zur Ehe vor Gott, die mit jeder festen Liebesbeziehung gestiftet werde, wogegen Maries kirchlich eingesegnete Ehe mit Züpfner von Schnier als Ehebruch angesehen wird.

Diese Auffassungen, wie die weiteren Ausfälle Schniers gegen Katholiken, sind von katholischer Seite (vor allem durch den Berliner Prälaten Klausener) Böll angelastet worden, obwohl dieser sich ausdrücklich gegen eine solche Gleichsetzung der Meinung des Autors mit der seiner Figuren gewehrt hat. Da im gleichen Jahr auch Rolf Hochhuths Antipapstdrama »Der Stellvertreter« und Carl Amerys kirchenkritische Dokumentation »Die Kapitulation« erschienen, sahen sich sogar die deutschen katholischen Bischöfe genötigt, in einem Hirtenbrief gegen die »zersetzende Kritik« und »Neigung zum Pessimismus« bei bestimmten katholischen Literaten zu warnen. Böll hat in seinen weiteren Romanen diese Katholizismuskritik zwar nicht aufgegeben, sie aber doch abgeschwächt und in die Bereiche der offenen essayistischen Auseinandersetzung und der politischen Kritik an der CDU-Politik verlagert.

Zur Kritik an der Verflechtung von Kirche und restaurativer CDU-Politik, an der Entwertung des Begriffs des Christlichen und an der Kritik der kirchlichen Eheauffassung treten in den sechziger Jahren aber auch neue Aspekte des Konflikts Bölls mit der katholischen Amtskirche. Zu diesen neuen Aspekten gehören die gewandelte Auffassung des Sakramentalen und die Frage der Kirchensteuern.

Bölls Auffassung vom Sakramentalen steht sowohl im Zusammenhang mit seiner Auffassung eines lebendigen Gottes und der Menschwerdung Gottes in Jesus Christus und durch ihn in jedem Menschen als auch mit seiner Begründung einer Poetik des Humanen, die bestimmten menschlichen Verhaltensweisen wie Essen, Trinken, Wohnen, Lieben eine Erhöhung im Sinne des Sakramentalen zuspricht. Böll erstrebt damit keine Verdrängung der kirchlichen Sakramente, auf die er sich weiterhin angewiesen fühlt. Ausgehend aber von der kirchlichen Lehre von der Selbstspendung des Ehesakraments durch die Ehepartner (die er auch im Hörspiel »Hausfriedensbruch« ähnlich wie in den »Ansichten eines Clowns« argumentativ zur sakramentalen Rechtfertigung der Liebe vor der Ehe nutzt), erweitert er den Begriff des Sakramentalen auf andere menschliche Bindungen, Lebensvollzüge und Gegenstände (z.B. Brot) in einem unkirchlichen mystischen Sinn. In »Gruppenbild mit Dame« z.b. verleiht er Lenis Zuwendungen zu Boris und Lew diese sakramentale Würde. Aufsehenerregender war Bölls Infragestellung der in Deutschland gesetzlich verankerten Erhebung der Kirchensteuer. In dieser Zwangssteuer in Höhe von bis zu 10% der Lohn- oder Einkommensteuer, die damit den Kirchen eine nach den Konjunkturschwankungen variable, aber stets sichere Einnahme verschaffe, sah Böll einen unmoralischen Vorgang, den er mit der »Zuhälterei« bei der Prostitution verglich. Mit der Zunahme der Honorareinnahmen Bölls wuchsen dementsprechend auch seine unfreiwillig gezahlten Kirchensteuern. Als er diese 1972 dem Kölner Generalvikariat aufkündigte, mußte er erleben, daß sie durch den Gerichtsvollzieher eingezogen wurden. Daraufhin traten Heinrich Böll und seine Frau 1976 offiziell aus der katholischen Kirche aus. Daß er damit keinen Bruch mit seinem Glauben, seiner Religiosität und mit der mystisch-spirituellen Einheit der Gläubigen vollzog, hat Böll wiederholt betont: Er sei aus der Körperschaft der Kirche ausgetreten, nicht aber aus dem Corpus, den schon der heilige Paulus als den fortlebenden mystischen Leib Christi bezeichnet hatte. In diesem mystischen Sinne fühlte sich Böll weiterhin der Kirche zugehörig.

Bölls Auseinandersetzung mit der katholischen Amtskirche und dem politisierenden Katholizismus war für ihn eine leidvolle Entwicklung, die er nicht gelassen ertragen konnte. Die Leidenschaftlichkeit, mit der er hier agierte und reagierte, zeugt von der seelischen Betroffenheit und Ernsthaftigkeit, die er mit diesen Problemen verband.

6.3 Bölls Verhältnis zu Staat und Gesellschaft

Heinrich Böll war zweifellos einer der engagiertesten Autoren, wenn nicht gar der engagierteste im Hinblick auf die Zeitfragen in den sechziger bis achtziger Jahren. Um so mehr verwundert es, daß es über Bölls Auffassungen über Staat und Gesellschaft bisher keine abschließende Darstellung gibt. Die bisher vorliegenden Untersuchungen zu diesem Thema von A. Beckel (1966), G. Wirth (1967, [3]1974), H.J. Bernhard (1970, [2]1973) stammen aus den sechziger oder frühen siebziger Jahren und sind durch einseitige parteiliche Blickwinkel bestimmt. Beckel kritisiert Böll aus der Sicht eines westdeutschen CDU-Politikers; G. Wirth und H.J. Bernhard sehen ihn durch eine teilweise marxistisch-leninistisch eingetrübte Brille einstiger DDR-Wissenschaftler. Eine ausführlichere objektivere Darstellung dieses Problemzusammenhangs im Gesamtwerk Bölls wäre also ein dringendes Desiderat. Dabei wird es sich bei einem solchen Thema wohl kaum vermeiden lassen, daß auch subjektive Wertungen in die Darstellung einfließen. Doch wird man heute nach Bölls Tod und nach der Veränderung der Weltpolitik in den letzten Jahren manches mehr als rückblickender Historiker und weniger als noch erlebender Zeitgenosse sehen müssen. Eine solche fehlende Gesamtschau kann hier nicht geboten werden, auch sollen die mitunter subtilen Einsichten Beckels, Wirths und Bernhards sowie die Ansätze anderer Autoren (z.B. W. Brettschneider 1979; C. Burgauner 1974; R. Pascal [7]1980; E. Goette 1973/74; R. Supplié 1985) nicht abgewertet werden. Der Problembereich ›Staat und Gesellschaft‹ ist zudem so komplex, daß er nicht auf wenigen Seiten behandelt werden kann. Andeutungen müssen hier genügen.

Heinrich Böll gehört zu jenen Jahrgängen, die die Weimarer Republik nur noch in ihrer Agonie erlebt und kein Verhältnis einer politischen Identifizierung mit ihr mehr gefunden hatten. Seine katholische und antinazistische Erziehung in der Familie versagte es ihm glücklicherweise, sich mit dem neuen Staatsgebilde Hitlers und seiner Anhänger zu identifizieren, so blieb ihm 1945 die Notwendigkeit einer subjektiven Umkehr erspart. Der Zwang aber, sechs Jahre ohne innere Anteilnahme Soldat zu sein, führte zu einer andauernden seelischen Belastung, zur Gefahr von Apathie oder Zynismus, der er nur durch Verbundenheit mit seiner Frau und seiner Familie, durch Religiosität und durch Anarchie in Form wiederholter Desertionen entging. Böll berichtet, daß in ihm erst im Gefangenenlager angesichts der Schikanen der Siegersoldaten eine Art nationalistisches Gefühl wach wurde. Das Bewußtsein einer demokratischen Mitverantwortung und Mittätigkeit bei der Schaffung neuer Staatsstrukturen entging Böll jetzt wie auch später; ihm paßte die Rolle des literarischen Programmierers und des Kritikers mehr. Zudem schien ihm zunächst die Staatsgewalt in den Händen der Alliierten zu liegen.

Bölls Zeit und Interesse waren auch zunächst durch die schriftstellerische Tätigkeit und die Existenzsicherung für die Familie voll beansprucht. Erst später hat Böll über diese frühen Jahre in autobiographischen Texten und Interviews berichtet. Es bleibt so offen, ob er etwa im Juni 1948 in der Währungsreform die Chance für eine Art sozialistische Gesellschaftsordnung der Gleichbesitzenden bereits gesehen hat, die er später diesem Tag zugesprochen hat, oder ob er bereits den Beginn einer kapitalistischen Marktwirtschaft damit verband.

Das bedeutendste politische Ereignis, auf das Böll unmittelbar reagierte, war die Remilitarisierung der Bundesrepublik und ihre Einbeziehung in die Nato 1956. Mit der Aufstellung deutscher Truppenverbände, z.T. unter dem Befehl einstiger Wehrmachtoffiziere, und der Einführung einer allgemeinen Wehrpflicht, fühlte er sich wieder an die Zeit vor dem Zweiten Weltkrieg erinnert. Literarisch konnte er darauf nur in der Form von Satiren antworten (vgl. *»Doktor Murkes gesammeltes Schweigen«*, 1955; *»Hauptstädtisches Journal«*, 1957).

Böll hatte zu dieser Zeit bereits ein beträchtliches literarisches Werk aufzuweisen, in dem auch die gesellschaftlichen Zustände der Bundesrepublik kritisch gespiegelt waren, wenn auch - dem Sinn der Dichtungen gemäß - mehr oder weniger ausschnittweise. Mit der Eigenart der dargestellten Menschen und Situationen erfaßte er auch deren gesellschaftliches Umfeld als Kontrast oder Bedingungsgefüge. Besonders in manchen satirischen Kurzgeschichten und in den Romanen findet sich ein beträchtliches Maß an Gesellschaftsspiegelung und Gesellschaftskritik.

So stellen z.B. die beiden Kurzgeschichten *»Über die Brücke«* und *»Mein teures Bein«* u.a. die menschenunwürdige Behandlung dar, die Kriegsversehrten bei ihrer Wiedereingliederung in den Arbeitsprozeß zuteil wurde; *»Mein Onkel Fred«* beschreibt zunächst das Desinteresse eines Heimkehrers und dann dessen Wirtschaftswunderstart durch Ausnutzen einer Marktlücke. In *»Und sagte kein einziges Wort«* wird über das ›katholische Milieu‹ hinaus auch die Konsumwerbung am Beispiel der Drogistenwerbung kritisch beleuchtet. Ausführlicher ist die Gesellschaftskritik in *»Haus ohne Hüter«* insofern, als hier auch die zeitgeschichtliche Dimension einbezogen wird, wobei NS-Zeit und Nachkriegszeit konfrontiert werden. *»Wie in schlechten Romanen«* schildert die üblichen Betrügereien bei der Vergabe öffentlicher Arbeiten. In *»Das Brot der frühen Jahre«* werden im Rückblick auch die Methoden des wirtschaftlichen Aufschwungs der Waschmaschinenfirma bloßgestellt, bei der der Held der Erzählung beschäftigt ist. Daß diese Methoden nicht immer anständig waren, wird dem Leser im Laufe der Zeit enthüllt.

Mit dem *»Hauptstädtischen Journal«*, der bissigen Satire auf die

Remilitarisierung, gewinnt die Gesellschaftskritik eine neue Dimension insoweit, als nun auch der Staat, Regierung und Parlament in die satirische Kritik einbezogen werden. In »*Billard um halbzehn*« wird mit den Erinnerungsmonologen auch die historische Dimension ausgeweitet und zur Gesellschaftskritik genutzt; die zusätzliche allegorische Typik nach »Büffeln« und »Lämmern« unterstreicht die negativen und positiven Wertungen. Daß die damit verbundene Figurenschichtung nicht nur auf die Vergangenheit bezogen ist, sondern auch die Gegenwart umgreift, zeigen Vorgänge wie das Treffen des ›Kampfbundes der Blauuniformierten‹ und die Wiederabreise Schrellas.

Die »*Ansichten eines Clowns*« enthalten nicht nur Katholikenkritik in reichem Maße, sondern sind auch gegen Staat und Gesellschaft gerichtet. Die Kräfte des Staates sind hier durch die Sozialpolitiker des Sommerwild-Kreises vertreten, die Gesellschaft zum einen durch Schniers Familie, zum andern durch Schniers Publikum, den alten Derkum und den Sommerwild-Kreis. Hans Schnier selbst verkörpert als »Aussteiger« eine Figur des Protests gegen korrumpierte gesellschaftliche Strukturen und bildet darin einen Kontrast und somit auch einen Bestandteil dieser Gesellschaft. Die scheinbar in private Erinnerungen verlagerte Erzählung »*Entfernung von der Truppe*« sucht durch die Darbietungsform wie durch das Motto des Titels zu gesellschaftlicher Aufmerksamkeit zu mahnen, wogegen »*Das Ende einer Dienstfahrt*« eher als eine Kritik an Bundeswehr, Gerichtsbarkeit und Presselenkung anzusehen und somit gegen staatliche Institutionen gerichtet ist.

Mit der aktiven Teilnahme an den Protestaktionen gegen die Große Regierungskoalition unter dem CDU-Politiker Kiesinger, der einst der NSDAP angehörte, und die zur Gesetzesberatung und zum Beschluß anstehenden Notstandsgesetze trat Böll in die politisch aktivste Phase seines Lebens ein, die ihn in den folgenden Jahren in eine Gegenposition zu Staat und Gesellschaft, aber auch zu weltweitem Engagement und internationalen Ehren führen sollte. Nachdem sich Böll 1964 in seinen »*Frankfurter Vorlesungen*« von einer Gesellschaftskritik losgesagt hatte, die vom Publikum nur als Unterhaltung genossen wurde, suchte er nun subtilere Formen sowohl als Sprachkritik als auch im aktiven politischen Protest. Seine an Schärfe zunehmende Kritik politischer und gesellschaftlicher Zustände, wie etwa in der dritten ›Wuppertaler Rede‹ 1966 (»*Die Freiheit der Kunst*«), in der er in rhetorischer Übertreibung vom damaligen Staat als von »einigen verfaulenden Resten von Macht« sprach, führte natürlich auch zu Gegenkritiken, die das Ansehen des nunmehr politisierenden Autors Böll in Frage zu stellen suchten. Bölls Ablehnung des Staates als Machtinstrument führte damals zu Sätzen wie: Der Künstler »braucht keinen Staat« und »Ich brauche keinen.« Einen Höhepunkt erreichte Bölls Engagement 1968 mit seinen Reden auf den Protestkundgebungen gegen die Notstandsgesetze in Bonn.

Bölls literarische Gegenentwürfe zu Staat und Gesellschaft müssen nun in zunehmendem Maße durch seine entsprechenden essayistischen Schriften, Reden und Interviews ergänzt werden. Das sich daraus ergebende Bild von Staat und Gesellschaft darf dabei nicht als ein statisches betrachtet werden; es muß vielmehr im Wandel begriffen werden. Als ein besonders bedeutsamer Faktor wurde von ihm die Rolle der Presse und der elektronischen Medien gesehen. Böll suchte sich ihrer wiederholt zu bedienen, um seine Ansichten wirksamer zu vermitteln. Er bezog sie aber auch in seine Kritik ein, wenn sie seiner Ansicht nach zu parteilich oder unwahr berichteten, wie dies der mit äußerster Schärfe betriebene Streit Bölls mit der Springer-Presse bezeugte. Die seit 1968 andauernden Straßendemonstrationen und Protestaktionen der Studenten billigte und unterstützte er, die Gewaltforderungen und -aktionen radikaler Gruppen lehnte er jedoch ab und mahnte zur Mäßigung. Trotzdem wird er mit anderen Liberalen zusammen von rechtsstehenden Kreisen und Blättern später als einer der »Ziehväter des Terrorismus« bezeichnet. Daß er trotz seiner engagierten Einsätze gegen ungerechte Gewalt seitens des Staates, auch im Ausland (gegen die sich Böll u.a. in Aktionen des »Politischen Nachtgebets« wandte), nicht außerhalb des Staates in Westdeutschland stand, bewies Böll, als er 1972 den Wahlkampf der SPD (gegen die er bisher in Distanz abgewartet hatte) aktiv unterstützte und sogar selbst Wahlreden hielt. Seine politische Hoffnung auf allmähliche Änderung der Sozialstrukturen in der Bundesrepublik setzte er auf Willy Brandt, mit dem er vor allem in der Ostpolitik übereinstimmte. Für manche Gegner Bölls bot dies allerdings auch neuen Anlaß zur Kritik, obwohl Böll zunächst 1970–71 Präsident des deutschen PEN-Zentrums und 1971–74 der des Internationalen PEN-Clubs wurde und 1972 den Literaturnobelpreis erhielt.

In einer längeren Atempause zwischen den politisch-publizistischen Auseinandersetzungen Bölls mit seinen Gegnern, hatte er 1971 seinen Roman *»Gruppenbild mit Dame«* vollendet, der im Herbst dieses Jahres im Druck erschien. Man hat bei diesem Werk den Eindruck, daß hier der gesellschaftlich-politische Aspekt im programmatischen Sinne einer Gesellschaftskritik zurücktritt gegenüber der Hervorkehrung der menschlichen Persönlichkeit der »Dame« Leni Pfeiffer. Böll spiegelt zwar im gesellschaftlichen Verhalten der jeweiligen Umwelt Lenis wie auch anderer Personen, etwa der Nonne Rahel, eminent gesellschaftliche Probleme der damaligen Zeit wie auch im Schlußteil des Romans am Beispiel der Wohnungsprobleme seiner Gegenwart, doch gilt ihnen nicht das besondere Augenmerk des Autors. (G. Wirth (1979) sieht in diesem Rückgang der Gesellschaftskritik Bölls und seinem gleichzeitigen Antikommunismus Zusammenhänge.)

Stärker scheint dies jedoch in Bölls nächstem Werk *»Die verlorene Ehre der Katharina Blum oder: Wie Gewalt entstehen und wohin sie führen kann«* (1974), mit der die literarische Spiegelung der Terrorismusprobleme der siebziger Jahre beginnt, der Fall zu sein. Dem Autor war es in dieser Erzählung, die er selbst als politisches »Pamphlet« im Zusammenhang seiner Auseinandersetzung mit der Springer-Presse nach 1972 bezeichnet hat, besonders daran gelegen, die Auswirkung der Terroristenfurcht auf den Staats- und Polizeiapparat bzw. die Gerichtsbarkeit und die infame Ausschlachtung dieser Hysterie durch die Boulevardpresse am Schicksal einer bisher unbescholtenen jungen Frau aufzuzeigen. Durch verschiedene makrostilistische Mittel gelingt es Böll, besonders eindringlich zu verdeutlichen, wie sehr Katharinas Tat gesellschaftlich bedingt ist, wie hier repressive Gewalt durch die Polizei und Staatsanwaltschaft und subtiler durch die Sensationspresse zu aktiver subjektiver Gegengewalt führt. Daß zugleich mit diesen primären Gewaltfaktoren auch die gesellschaftlichen Hintergründe aufgezeigt werden, etwa in der Verbindung des Rechtsanwalts Blorna mit dem Industriellen Sträubleder oder in der vorurteilsbestimmten dörflichen Heimat Katharinas, einschließlich ihres etwas beschränkten einstigen Pastors, verstärkt die gesellschaftliche Relevanz dieser Erzählung.

In Bölls nächstem größeren Text, der parodistischen Berichtsammlung *»Berichte zur Gesinnungslage der Nation«* (1975) rückte er mit der Bloßstellung der Geheimdienstarbeit wiederum (wie ähnlich im *»Hauptstädtischen Journal«*, nur weniger individuell) eine staatliche Institution unter das Brennglas der Satire. Das Faktum, daß es sich hier nicht um die Darstellung eines Außenstehenden, sondern um Spiegelungen von Insidern handelt, erweist sich hier als besonders wirksam.

Das schon in *»Katharina Blum«* anklingende, in *»Berichte zur Gesinnungslage der Nation«* satirisch überzeichnete Thema des Überwachungsstaates, den Böll aufgrund eigener Erlebnisse (z.B. Überwachung seines Hauses in der Eifel) in der Staatsentwicklung der Bundesrepublik immer mehr befürchtete, wird ernsthafter im Roman *»Fürsorgliche Belagerung«* dargestellt. Hier bildet der »Personenschutz«, wie die Überwachung der Familie des Zeitungsverlegers und Verbandspräsidenten Tolms vor terroristischen Anschlägen amtlich heißt, den Rahmen, in dem sich die Familiengeschichte der Tolms ausbreitet. Die Familie selbst und ihr Bekanntenkreis bilden hier ausschnitthaft die Gesellschaft, deren berufs- und generationenbedingt variierende Interessen eigene Spannungsbögen ergeben. Dabei wird dem Verleger in seinen Kindern und deren Freunden die Gruppe der einstigen, gegenwärtigen, potentiellen und der künftigen Terroristen wie auch die Vertreter individueller Frömmigkeit und Liebe (bis zum Ehebruch) gegenübergestellt. Die strenge Personenüberwachung, die aus staatlicher »Fürsorge« zum Schutze und zur Sicherung bestehender Ordnungen erfolgte, erweist sich als Auslöser einer Reihe von Veränderungen, die einerseits Bindungen lösen (Sabine, Roickler), andererseits Freiheit zu Gebundenheit erstarren lassen (Tolm, Korstede, Bleibl). Tolm etwa wird zunehmend handlungsunfähiger, erkennt seine Unfreiheit gegenüber dem kapitalistischen »System« zunehmender Kapitalakkumulation (wie auch gegenüber den Braunkohlenbaggern) und sucht nach innerer Freiheit, die Korstede und Bleibl bereits verloren haben. Tolms Schlußerwartung eines menschlichen »Sozialismus« könnte einer Wunschvorstellung Bölls entsprochen haben.

Im letzten episch-dramatischen Werk Bölls, dem › Roman in Dialogen‹ »Frauen vor Flußlandschaft«, steht das Politische als Teilhabe an der Macht und Sorge um diese Macht im Zentrum der meisten Gespräche und Reflexionen. Von einer Gesellschaft im Sinne einer repräsentativen Schichtenspiegelung kann hier kaum gesprochen werden; es wird lediglich ein kleiner Kreis Eingeweihter dargestellt, in dem es unterschiedliche Positionen und Standpunkte gibt. Obwohl sogar Spitzenpolitiker des Staates (offenbar nur aus der CDU) hier erscheinen, kann nicht von einer Repräsentanz des Staates gesprochen werden, auch das Staatsbewußtsein der Politiker ist weithin korrupt und undemokratisch. Bölls letztes Werk ist so ein politisch pessimistisches Buch.

Der vorstehende Überblick über die Spiegelung von Staat und Gesellschaft im literarischen Werk Bölls bleibt notgedrungen zu knapp; er müßte vor allem durch die sich wandelnden oder gleichbleibenden Ansichten in den Essays und Reden ergänzt werden. Es zeigt sich aber bereits hier, wie sehr das Gesellschaftsbild Bölls seinen moralischen Urteilen unterliegt, weniger Blickweisen eines demokratischen Denkens vermittelt. Hervorzuheben bleibt, daß Böll dabei oft von der Sorge um die Bewahrung humaner Grundpositionen bestimmt ist, unabhängig von der jeweiligen Staatsauffassung.

6.4 Poetologische Positionen Bölls

Böll hat keine systematische Darstellung seiner poetologischen Positionen, seiner Zielsetzungen als Autor hinterlassen, obwohl er sich in der ständigen Reflexion über derartige Fragen wiederholt darüber geäußert hat. Man kann aus den verschiedenen poetologischen Bemerkungen in Essays, Interviews, noch mehr aus seinen »*Frankfurter Vorlesungen*« von 1964, eine solche Poetik seines schriftstellerischen Tuns zusammenstellen. Solche Versuche sind von verschiedener Seite aus unternommen worden; von H.L. Arnold (in: Lengning, W. [5]1977), der Böll in eine Tradition bis zu Klopstock stellt), von H.J. Bernhard (1975, 77ff.), der einen Vergleich mit Thomas Mann vornimmt, von B. Balzer (1975, 1ff.), der die Humanität als ästhetisches Prinzip vor allem am »*Clown*« aufweist, und M. Lange ([3]1982, 89ff.), der Ähnliches am Beispiel der »*Katharina Blum*« versucht.

Hier soll eine Zusammenstellung poetologischer Grundsätze Bölls am Beispiel relevanter Äußerungen des Autors erfolgen.

Bölls erste Äußerungen dieser Art (»*Bekenntnis zur Trümmerliteratur*«; »*Zur Verteidigung der Waschküchen*«) dienten der Rechtfertigung des eigenen Literaturkonzepts, der Richtung und der stofflichen und moralischen Grundlagen seiner Dichtung gegen konservative Kritiker, die eine solche Ausrichtung für nicht mehr zeitgemäß hielten. Böll will bewußt an den Trümmern des Krieges literarisch arbeiten, die für ihn nicht nur materieller Art sind, sondern auch soziale, familiäre, psychische, moralische, religiöse und sprachliche Defekte ausmachen, die er aufzeigen, bewußtmachen und so nach Möglichkeit auch ändern möchte. So will Böll zunächst als Autor auch engagierter Zeitgenosse sein, »gebunden an Zeit und Zeitgenossenschaft, an das von einer Generation Erlebte, Erfahrene, Gesehene und Gehörte«, wie er es 1964 in den »*Frankfurter Vorlesungen*« artikuliert. Mit dem zweiten Bekenntnis, nun zu den »Waschküchen«, umschreibt er einen weiteren stofflichen Bereich: die Welt des Allltags und der kleinen Leute, aus der er (zunächst) bevorzugt seine Stoffe nimmt und aus deren Perspektive er schreibt. Im Gedicht »*Meine Muse*« hat er diese Inspirationsbasis (Muse) gekennzeichnet als »an der Ecke« stehend, als »Nonne«, als »Hausfrau«, als »in der Fabrik« arbeitend, als »alt«, als aussätzig, als »Deutsche«, und damit die verschiedenen Erfahrungsbereiche für seine Dichtung angegeben. Es geht also Böll darum, Alltagserfahrungen, Lebensweisen, Bedürfnisse, Wünsche, Ziele der Menschen aus diesen Lebensbereichen in die Literatur einzubringen und hier kritisch zu spiegeln. Mit dieser Alltagswelt ist zugleich als Darstellungstechnik jener bei Böll oft gerühmte Milieurealismus verbunden, über den sich zwar Böll nicht theoretisch äußert (er behauptete einmal sogar ironisch, nicht zu wissen, was Realismus sei), der sich aber aus weiteren poetologischen Positionen bei ihm ergibt.

Als in den sechziger Jahren manche Autoren dazu übergingen, Texte ohne rechten Inhalt, als bloße sprachliche Experimente, zu verfassen, verharrte Böll in Distanz zu dieser Richtung wie auch gegen entsprechende Romane (vgl. *»Über den Roman«*), deren Humorlosigkeit er beklagt, um in diesem Zusammenhang »das Minimum Humor mit metaphysischer Qualität« zu fordern, »das allein ein Weiterleben ermöglicht.« Realisiert wird dieser Humor in den Inhalten der Zeiterfahrung, die er oft ironisch oder satirisch erfaßt und so relativiert. Die »metaphysische Qualität« ist ein weiterer Aspekt im Schaffen Bölls wie in seiner theoretischen Fundierung. Böll deutet damit die grundsätzliche Verwurzelung seiner Welt- und Menschendarstellung in einer transzendenten, religiösen Sichtweise an, die er letztlich - trotz seiner Querelen mit der katholischen Hierarchie - bis zu seinem Ende durchgehalten hat. Böll hat sich darüber jedoch kaum theoretisierend geäußert, weil er nicht als ›christlicher‹ oder ›katholischer Schriftsteller‹ in einem plakativen Sinne aufgefaßt werden wollte (vgl. *»Kunst und Religion«*; *»Eine deutsche Erinnerung«*). Eine seiner Sorgen in dieser Hinsicht war, daß er nur wegen seiner moralischen, ethischen, religiösen oder politischen Inhalte beachtet und geschätzt werde (was zur Erbauungsliteratur führe) und nicht auch wegen der Form und damit der Ästhetik seiner Werke (vgl. *»Kunst und Religion«*; *»Rose und Dynamit«*; *»Gesinnung gibt es immer gratis«*).

Die ausführlichste Darlegung seiner poetologischen Positionen bietet Böll in seinen *»Frankfurter Vorlesungen«*. Bereits im ersten Satz betont er, daß es ihm darum gehe, eine »Ästhetik des Humanen zu behandeln - das Wohnen, die Nachbarschaft und die Heimat, das Geld und die Liebe, Religion und Mahlzeiten« (ESR 2, 34). Zu den Voraussetzungen einer solchen »Ästhetik des Humanen« zählt er die Auffassung, »daß Sprache, Liebe, Gebundenheit den Menschen zum Menschen machen, daß sie den Menschen zu sich selbst, zu andern, zu Gott in Beziehung setzen - Monolog, Dialog, Gebet.« (ESR 2, 37).

In den nachfolgenden Reflexionen über die Sprache der Zeit konstatiert er: »Es scheint weder vertraute Sprache noch vertrautes Gelände zu geben, nicht einmal Vertrautheit mit der Gesellschaft, nicht mit der Welt, schon gar nicht mit der Umwelt.« Und weiter: »Mir scheint, daß in unserem Teil der Welt, der sich der westliche nennt, eine selbstmörderische Verleugnung des Humanen und Sozialen praktiziert und propagiert wird.« Böll kritisiert auch die Wendung der Deutschen »gegen Provinzialismus, gegen das Alltägliche, das eigentlich das Soziale und Humane ist.«

Provinzen aber könnten zu Orten der Weltliteratur werden, wenn ihnen Sprache zuwachse, zugetragen werde. An anderer Stelle deklarierte Böll als Ziel, »eine bewohnbare Sprache in einem bewohnbaren Land« zu suchen. Aufgabe des Schriftstellers sei es demnach, die verlorene »Vertrautheit in und durch die Sprache zu schaffen« (R. Nägele 1976, 33). Am Beispiel von Texten H.G. Adlers, G. Eichs, A. Stifters, Th. Manns und F. Kafkas über Reisen, Wohnen und Abfall sucht Böll Züge einer Poetik des Humanen zu erkennen und zu entwickeln. Eine besondere Bedeutung hat dabei für Böll das Abfällige, gesellschaftlich Verachtete und Verstoßene. Die Kunst habe auch den Abfall, die Außenseiter und Verkannten einzubeziehen. (Möglicherweise wirkte hier Dostojewskis Begriff der ›Erniedrigten und Beleidigten‹ ein). Zur Ästhetik des Humanen gehöre auch eine ›Ästhetik des Brotes, der Liebe, der Ehe, des Erotischen, des Religiösen‹ wie auch die ›elementaren Dinge‹ Essen, Trinken, Rauchen, Schlafen, Sprechen, Lieben, die durch den menschlichen Umgang mit ihnen Vertrautheit schaffen können, von ihm in diesen Aufwertungsprozeß des Humanen einbezogen werden. Im weiteren kommt Böll erneut auf die Kongruenz und Untrennbarkeit von Moral und Ästhetik, Inhalt und Form zu sprechen und verwirft die bloße Inhaltswertung literarischer Texte ohne Berücksichtigung der Form als »Betrug«. Schließlich betont er die humane Funktion des Humors, wenn es darum geht, das »von der Gesellschaft abfällig Behandelte in seiner Erhabenheit darzustellen.« »Erhaben ist das Asoziale, und es muß einer Humor haben, es erhaben zu finden.« Im Humor eines Jean Paul entdeckt er ihn, während der Spießerhumor eines Wilhelm Busch zum gesellschaftlichen Abfall beitrage. Als kritische aufdeckende Form des Humors sieht er die Satire: »Es gehört Satire dazu, eine sich immer noch als christlich deklarierende Welt, mit dem, was sie als Anspruch stellt, zu konfrontieren.«

Faßt man das Ergebnis dieser »*Frankfurter Vorlesungen*« zusammen, so ergeben sich vier wichtige Aspekte, die auch in Bölls Dichtungen dominieren: 1. die Betonung des Humanen und Sozialen auf der Basis von »Sprache, Liebe, Gebundenheit« und gegenseitiger Vertrautheit der Menschen, 2. die Aufwertung, ja Heiligung der ›elementaren Dinge‹ des Alltags, 3. die Wertschätzung des gesellschaftlich ›Abfälligen‹, der Ausgesonderten und Außenseiter, 4. die Hervorhebung der den Menschen vertrauten Sprache und die kritische Sichtung der funktionalen Sprachverwendung in der Gesellschaft.

Fügt man die zuvor erwähnten künstlerischen Positionen Bölls hinzu, die (seit Ende der fünfziger Jahre auftauchende) Ablehnung einer plakativ ›christlichen‹ oder ›katholischen‹ Autorenschaft einerseits und die Transparenz einer ›metaphysischen Qualität‹ andererseits sowie die Betonung der Kongruenz von Moral und Ästhetik, der künstlerischen Form neben den Inhalten seiner Werke, so ergibt dies die wesentlichen poetologischen Grundsätze dieses Autors.

In den politischen Auseinandersetzungen der sechziger und siebziger Jahre wird noch ein weiterer Aspekt deutlich, der latent von Anfang an bei Böll vorhanden war, nämlich der eines zumeist ›antibürgerlichen Anarchismus‹. Böll hat sich wiederholt selbst dazu bekannt, sofern man unter ›Anarchismus‹ nicht ›Terrorismus‹ oder unbefugte politische Gewaltanwendung versteht, sondern eine nichtaffirmative, auf notwendige gesellschaftliche Änderungen bedachte Haltung, wie sie vor allem der Kunst und dem Künstler zukomme und in seinen Gestalten realisiert werden sollte (vgl. »*Kunst ist Anarchie*«, Interv. I, 442ff.). Dieser weitere poetologische Aspekt rechtfertige auch radikale Ansichten (wie z.B. die des › ausgestoßenen‹ Clowns Hans Schnier, die nicht die des Autors sein müßten) und herrschaftsfreie Utopien oder Idyllen.

Diese hier aufgeführten poetologischen Positionen Bölls beziehen sich vor allem auf die Inhalte seiner Dichtungen, deren Form zwar wiederholt als wichtig hervorgehoben, im einzelnen aber nicht weiter differenziert wird. Sie bedarf deshalb weiterer Erhellungen sowohl aus relevanten Äußerungen Bölls (besonders in verschiedenen Interviews) wie auch aus Einzelanalysen seiner Werke.

6.5 Zur Entwicklung der Form in Bölls Epik

Heinrich Böll hat nach seinen eigenen Angaben über seine schriftstellerischen Anfänge und nach Ausweis seiner frühesten Texte längere Zeit gebraucht, bis er zu einem ihm angemessen erscheinenden Verhältnis von Inhalt und Form gefunden hat, und er hat auch immer wieder an der Form seiner Epik gearbeitet, neue Formen gesucht. Zunächst standen bei ihm Inhalt und Bildlichkeit im Vordergrund (vgl. z.B. »*Der General stand auf einem Hügel*«, »*Das Vermächtnis*«, »*Aus der Vorzeit*« (dessen Mskr. ursprünglich 18 Seiten umfaßte), »*Die Botschaft*«).

Die bei den zahlreichen Kurzgeschichten notwendige Straffung und Konzentration auf das Besondere und Wichtige war zweifellos auch formbestimmend für andere epische Werke Bölls. Deutlich wird dies etwa im Roman »*Wo warst du, Adam?*«, der wie eine Anreihung von Kurzgeschichten wirkt, während »*Der Zug war pünktlich*« eher wie eine zerdehnte Kurzgeschichte anmutet, die allerdings durch die Streckung der Bahnfahrt sinnbildlich auch deren Länge verdeutlicht.

In den Kurzgeschichten hat Böll auch immer wieder Versuche zu unterschiedlichen Erzählerrollen, Erzählhaltungen und Erzählperspektiven unternommen. Ausgehend von auktorialen Erzählerrollen (vgl. »*Der General stand auf einem Hügel*«, »*Aus der Vorzeit*«) mit der umfassenden Erzählperspektive des traditionellen allwissenden Erzählers, gelangt Böll immer häufiger zur Ich-Erzählung und zur scheinbar eingeengten Erzählperspektive des Ich-Erzählers (vgl. z.B. »*Nicht nur zur Weihnachtszeit*«), seltener zur personalen Erzählerrolle mit der begrenzten Perspektive der Hauptperson (vgl. z.B. »*Doktor Murkes gesammeltes Schweigen*«).

Mit Bölls Gegenwartsromanen beginnt sein intensiveres Bemühen um eine Kongruenz von Inhalt und relevanter Form. Böll hat sich wiederholt darüber geäußert, daß ein Autor nicht nur auf den Inhalt, aber auch nicht nur auf die Form achten müsse und daß ein bloßes Lob des Inhalts einer Kritik gleichkomme.

In »*Und sagte kein einziges Wort*« stellt er die Lebensschilderungen und Erzählperspektiven von Fred und Käthe Bogner in einander ablösenden erlebten Reden gegenüber, gleichsam als Sinnbild der Trennung beider Ehepartner, die erst nach Aussage des Schlußsatzes wieder zusammenleben werden. Die Sukzessivität des dualistischen Erzählens bleibt im allgemeinen gewahrt, wenn sich auch durch unterschiedliche Rück- und Ausblicke leichte Verschiebungen ergeben.

Im »*Haus ohne Hüter*« wird diese Form schon aufgelockert. Bereits der Umstand, daß hier das Schicksal zweier Kriegerwitwen und ihrer Söhne und Liebhaber gegenübergestellt wird, bedingte folgerichtig eine formale Variation, zumal in der Figur des Albert ein zusätzlicher Erzählbereich gegeben ist, so daß es hier zu einem »Roman aus fünf inneren Monologen« (H. Plard) kommt.

Dieses Instrumentarium wird in »*Billard um halbzehn*« am perspektivenreichsten und gewolltesten von Böll eingesetzt« (M. Durzak 1971, 40). Hier ist die Zahl der inneren Monologe noch mehr gesteigert, bildet aber nicht mehr die einzige Darstellungsform. Die komplexe Erzählstruktur wird zudem durch eine verwickelte Zeitstruktur und Symbolkonstellation durchsetzt, die die narrative Schichtung des Textes noch verdichtet und die Sukzessivität der Texterfassung erschwert.

Die Trias der hier genannten Texte mit inneren Monologen und erlebten Reden im Mittelpunkt, die in moderner Manier weitgehend auf den Erzähler verzichtet, wird unterbrochen durch *»Das Brot der frühen Jahre«*, das in der durchgehenden Ich-Form wieder an manche Kurzgeschichten anknüpft und ebenso auf die *»Ansichten eines Clowns«* vorausweist. Die formale Gestaltung dieser Erzählung mit ihren Augenblicks- und Rückblicksdarstellungen wird zusätzlich durch die strukturierende und kontraktierende Funktion der Leitmotive, insbesondere des Leitmotivs des Brotes, geprägt.

In *»Ansichten eines Clowns«* greift Böll ebenfalls wieder auf die konventionelle Form der Ich-Erzählung zurück, stoppt also den formalen Fortschritt, den er mit *»Billard um halbzehn«* erreicht hatte, um nun das Romangeschehen wieder zu verinnerlichen, als Kette von Reflexionen darzubieten. Vom *»Brot der frühen Jahre«* unterscheidet sich dieser Roman auch thematisch, insofern dort der Beginn einer neuen festen Liebesbindung geschildert wurde, hier aber vor allem das Ende einer solchen Liebe.

Im folgenden *»Entfernung von der Truppe«* schließt die Trias der Ich-Erzählungen. Die hier gebotene Ich-Form des Erzählens ist allerdings schon nicht mehr als stringentes Medium des Ich-Erzählers anzusehen, da es wiederholt durch Leseransprachen und Reflexionen über das Erzählen sowie durch Textmontagen unterbrochen wird.

Die Erzählform in *»Ende einer Dienstfahrt«* hebt sich von der Kette der Ich-Erzählungen ab und wendet sich wieder der scheinbar objektiven auktorialen und personalen Erzählweise zu.

In der Auflösung des Erzählerberichts des Anfangs in ein Nebeneinander der verschiedenen Zeugenaussagen, das der »Verf.« vermittelt und kommentiert, bereitet Böll nach einer Feststellung M. Durzaks die »Rückkehr des Erzählers« vor, der allerdings seine scheinbar objektive Vermittlerrolle verläßt und zu einer Nebenfigur des Geschehens wird. In *»Die verlorene Ehre der Katharina Blum«* wird die Erzählerrolle in der Figur des Berichterstatters neu belebt, der vorgibt, durch eine Vielzahl von Quellen (die er mit Wasserquellen vergleicht) die entsprechenden Informationen erhalten zu haben, um sie in analytischer wie in sukzessiv-progredienter Form zu vermitteln. Er bleibt dabei allerdings nicht immer der objektive Berichterstatter, sondern läßt wiederholt parteiliche Wertungen einfließen.

»Fürsorgliche Belagerung« wirkt in der Erzählweise wie ein tra-

ditioneller Roman mit auktorialen wie personalen Erzählerrollen, die wiederholt durch kleinere Dialoge aufgelockert erscheinen. Was hier jedoch neuartig wirkt, ist der ständige Wechsel der Erzählperspektiven in den 21 Kapiteln des Buches, wobei die Sichtweisen der »Bewachten« ebenso wie die der »Bewacher« in den Vordergrund gerückt werden. Auf diese Weise erhält das Werk seinen polyperspektivischen Charakter, der innerhalb der eingeengten subjektiven Gerichtetheit, die zudem durch Rückerinnerungen und Standortreflexionen erweitert ist, nur allmählich einen bestimmten Handlungsverlauf erkennen läßt.

Bölls letztes episches Werk, der posthum erschienene »Roman in Dialogen« »Frauen vor Flußlandschaft« hat sich einer exakten Formbestimmung bisher widersetzt. Einleitende »Regiebemerkungen« über Ort und Kleidung der Personen vor den zwölf Dialogteilen erinnern eher an ein Drama, vielleicht ein Lesedrama, oder Hörspiel, wobei allerdings eine innere Spannung oder Zuspitzung fehlt, so daß auch Kennzeichnungen wie Feature oder Romanfragment aufgekommen sind. Dem Romancharakter, den Böll ja im Untertitel signalisierte, entspricht hier eher der gebotene Weltausschnitt der Bonner Politikerszene, wie er durch die vorgeführten Figuren eines bestimmten Establishments geboten wird. Böll schließt so den Reigen seiner stets wechselnden Erzählformen mit einer Besonderheit, die vom Erwartungsschema abweicht und so die Kritiker verwirrte.

Bölls epische Formen sind wiederholt mit denen mancher Zeitgenossen verglichen worden, besonders dann, wenn eine gewisse Formparallelität vorzuliegen schien, wie etwa bei den frühen Gegenwartsromanen ein Einfluß W. Faulkners gesehen wurde, bei »Billard um halbzehn« ein solcher des französischen ›nouveau roman‹, wie er durch Robbe-Grillet u.a. vertreten wurde. Böll selbst hat solche Einflußvermutungen und Vergleiche stets zurückgewiesen und die eigene Formgestaltung betont. In der Tat konnte bisher auch kein fremder Formeinfluß stringent nachgewiesen werden, was eigentlich die Einschätzung Bölls (der stets die Gleichwertigkeit der Form mit dem Inhalt betonte) als auch formal kreativen Romanautor rechtfertigt.

7. Aspekte der Böll-Forschung

7.1 Schwerpunkte der bisherigen Böll-Forschung

Die Forschungs-(Sekundär-)literatur zu Bölls schriftstellerischem Werk ist trotz mehrerer (jeweils unzulänglicher) Bibliographien (von F. Melius 1959/W. Lengning [5]1977; A. Nobbe 1961; W. Martin 1975 (nur Texte Bölls); R. Nägele 1976; V. Böll 1982; G. Rademacher 1989) bereits unübersichtlich geworden. Ein Forschungsbericht für die neuere Forschung steht - nach R. Nägeles verdienstvoller Übersicht bis 1976 - weiterhin aus. Die folgende Übersicht kann dieses Desiderat keineswegs beseitigen; sie will lediglich wichtige Forschungstendenzen hervorheben.

Die ersten Beiträge zur Rezeption Bölls unter wissenschaftlichen Aspekten sind in den mehr oder weniger ausführlichen Rezensionen seiner selbständigen Publikationen zu sehen. Die Literaturwissenschaft sollte die Ergebnisse der Literaturkritik, die nur R. Nägele (1976) z.T. berücksichtigt, nicht weiterhin ignorieren, sondern zum Anlaß für weitergehende Forschungen nehmen, auch wenn manche Rezensionen recht kontrovers erscheinen.

Nach der Übersicht bei W. Lengning ([5]1977, Abt. Q, S. 235ff.) beginnt die Kette der Böll-Rezensionen bereits 1949 mit den ersten zu »Der Zug war pünktlich«. Waren diese noch wenig zahlreich, so nahm später die Zahl der Rezensionen ständig zu. Als früher Kritiker ist H. Schwab-Felisch zu nennen, der Böll schon 1952 und 1953 kritisch kennzeichnete.

Die erste literaturgeschichtliche Würdigung Bölls erfolgte 1953 durch Wilhelm Grenzmann in seiner Literaturgeschichte. 1955 ist es Gert Kalow, der in dem von H. Friedmann und O. Mann herausgegebenen Sammelband »Christliche Dichter der Gegenwart« wie auch in den »Frankfurter Heften« eine Würdigung Bölls schrieb, wobei Böll noch ganz als christlicher Dichter und als Verfechter der »Unauflöslichkeit der Ehe« gesehen wurde, eine Kennzeichnung, die Böll später nicht mehr akzeptierte.

Die ersten interpretativen Erschließungen der Texte Bölls erfolgten – zumindest teilweise – durch Deutschlehrer, die Böll als Autor von Kurzgeschichten entdeckten und schätzten (vgl. W. Zimmermann 1954, 1956-58 u. ö.; J. Lehmann 1956; T. Dotzenrath 1957/58;

R. Lorbe 1958; H. Motekat 1957; R. Ulshöfer 1958; L. Lauschus 1958; A. Phlippen 1958). Die didaktisch orientierte Interpretation von Kurzgeschichten Bölls wird in den sechziger Jahren fortgeführt (vgl. W. Helmich 1960; B. Schulz 1961-663; W. Jacobs 1962; K. Zobel 1963; H. Brinkmann 1964; C. Henke 1964; E. Neis/R. Hippe/K. Brinkmann/M. Pfeiffer 1964ff.; K.H. Kreter 1964; P. Dormagen/W. Klose 1965; K. Daniels 1965/66; U. Gerth 1966; R. Fabritius 1966; F. Thiemermann 1967), bevor dann größere Interpretationssammlungen von Kurzgeschichten Bölls im Bange-Verlag Hollfeld (1964ff.) und im Oldenbourg-Verlag München (1965ff.) erschienen und auch vergleichende Untersuchungen zur Kurzgeschichte Böll einbezogen (K. Doderer 1953; R. Kilchenmann 1967; L. Zohner 1973; M. Durzak 1980).

Die ersten größeren Würdigungen Bölls als Autor erfolgten bezeichnenderweise zuerst in ausländischen Publikationen, ein Umstand, der auch für die weitere Böll-Forschung charakteristisch blieb. Man gewinnt den Eindruck, daß Böll im Ausland zeitweise mehr geschätzt wurde als in Deutschland (aber s.u.), doch dürfte dabei auch die übliche Zurückhaltung der deutschen Germanistik gegenüber Gegenwartsautoren eine Rolle spielen. 1958 veröffentlichte der Luxemburger Forscher Leopold Hoffmann eine erste Studie über Böll (»Kulturpessimismus und seine Überwindung. Essay über Heinrich Bölls Leben und Werk«), die später zur Monographie erweitert wurde ([2]1973). Ebenfalls 1958 erschien in Oxford eine Übersicht über »The novels and stories of Heinrich Böll« von Herbert Morgan Waidson. Auch der 1960 erschienene Aufsatz des Belgiers Henri Plard (1960, frz. Fassung 1957) ist in diesem Kontext zu nennen.

Eine systematischere Forschung zu Böll beginnt erst nach der Edition von »*Billard um halbzehn*« (1959). Nun wird Böll auch in den zahlreichen literaturwissenschaftlichen Handbüchern und Lexika berücksichtigt, die zumeist in kurzen Überblicken informieren (vgl. die Angaben bei W. Lengning [5]1977 Abt. P, S. 224ff.). Bei den Untersuchungen zu einzelnen größeren Werken machen wieder didaktisch ausgerichtete Arbeiten den Anfang (s. Th. Poser 1962; K. Migner 1962). Zu den Forschungen über Böll aus dieser Zeit zählen mehrere Hochschulschriften aus der einstigen DDR, die z.T später in Buchform erschienen. Neben weniger bedeutenden Arbeiten (H. Schulz 1964; J. Kuczynski 1966; K. Batt 1975) sind hier die Monographien von G. Wirth (1961 Dipl. Arbeit Ost-Berlin; 1967 u.ö. Buchform; 1977 Diss.) und H.J. Bernhard (1966 Habil. Schrift, [1]1970, [2]1973) zu nennen, die vor allem die frühen Romane Bölls unter vorwiegend gesellschaftskritischen Aspekten untersuchen, wobei allerdings Wirth wie auch Bernhard immer wieder in propagandistische Klischees über den westdeutschen Staat und in apologetische Lobreden auf den eigenen Staat, die Sowjetunion und die »Partei der Arbeiterklasse« verfallen und so die mitunter scharfsinnigen Analysen beeinträchtigen. Auf textbezogene und mehr formbetonte Analysen zu »*Billard um halbzehn*« und zum »*Wegwerfer*« beschränkt bleibt dagegen die Dissertation von K. Jeziorkowski von 1967 (ersch. 1968). Auch die späteren Forschungen der bedeutenden angelsächsischen Böll-Forscher R.C. Conard (Diss. Cincinatti 1969) und J.H. Reid (Diss. Glasgow 1966) gründen auf ihren Dissertationen aus den sechziger Jahren.

In den sechziger Jahren wird auch die Zahl der Biographien über Böll durch die Bücher von H. Stresau (1964; [6]1974); W.J. Schwarz (1965 Diss.; 1967; [3]1973); A. Beckel (1966) und K.H. Berger (1967) erweitert. 1967, zum 50. Geburtstag des Autors, sollte ein von dem Literaturkritiker M. Reich-Ranicki zusammengestellter Sammelband mit zahlreichen Beiträgen aus Literaturkritik, Literaturwissenschaft und Publizistik veröffentlicht werden. Er erschien erst 1968 mit insgesamt 47 kurzen Texten namhafter Böll-Forscher, - Rezensenten und Schriftstellerkollegen und wurde wiederholt neu herausgegeben ([8]1985). Neben mitunter recht persönlich gehaltenen Würdigungen und Charakterisierungen Bölls finden sich auch für die Forschung wichtige Analysen, so z.B. zu »*Die Waage der Baleks*« (C. Cases), zu »*Im Tal der donnernden Hufe*« (C. Hohoff), zum Stil des »*Irischen Tagebuchs*« (W. Rasch), zu »*Doktor Murkes gesammeltes Schweigen*« (D.E. Zimmer), zu »*Entfernung von der Truppe*« (W. Emrich), zu »*Ansichten eines Clowns*« (T. Ziolkowski) und zu »*Billard um halbzehn*« (E. Endres). Mit den siebziger Jahren nehmen die Untersuchungen zu, die sich dem Gesamtwerk oder einzelnen Texten Bölls unter bestimmten Aspekten widmen. Solche Teilaspekte sind z.B. das Wesen und die Funktion des ›Realismus‹ bei Böll (vgl. H.J. Bernhard 1970 und die entsprechenden Angaben bei R. Nägele 1976, 61ff. u. 77ff.), der christliche oder katholische Aspekt (vgl. die Arbeiten von F. Manthey 1965; G. Wirth 1967; P.K. Kurz 1968 u.ö.; K. Harpprecht 1968; W.H. Grothmann 1971; H. Hengst 1972; H. Moling 1974; L.H. Schnedl-Bubenicek 1977; J.K. Kuschel 1978; M. Nielen 1987; H. Jürgenbehring 1990), Aspekte der formalen Gestaltung (vgl. bes. die Beiträge in: M. Durzak 1971) sowie Einzelinterpretationen (z.B. M. Stone, Brot der frühen Jahre, 1974). 1972 beginnt mit einem Böll gewidmeten Heft von »Text und Kritik« (TuK 33, [3]1982, hg. v. H.L. Arnold) die Kette der Aufsatzsammlungen zu Böll. Dieses Heft erfuhr 1974 eine zweite, inhaltlich z.T. veränderte Auflage und 1982 eine dritte erneut veränderte Auflage. Aus der dritten Auflage seien hier nur die neuen Beiträge von Arpád Bernáth und Volker Neuhaus erwähnt. Während Bernáth nach der Priorität von »*Der Zug war pünktlich*« oder von »*Das Vermächtnis*«, also nach dem »Ur-Böll« fragt, konstatiert Neuhaus in »*Ende einer Dienstfahrt*« als Folge des von Habermas analysierten »Strukturwandels der Öffentlichkeit« eine Vermittlung politischer Botschaften und Appelle über die gesellschaftlich akzeptierte und tolerierte Kunst. 1973 beginnen an der Universität von Dayton/Ohio unter der Initiative von R.C. Conard jährliche Böll-Seminare, deren Ergebnisse in Form von Aufsätzen in der UDR (The University of Dayton Review) publiziert werden. 1975 erscheinen – gleichsam als Resümee bisheriger Böll-Forschungen – drei verschiedene Aufsatzsammlungen (hg. von R.Matthaei, H.Beth, M.Jürgensen). Die Beiträge in Matthaeis Sammlung (von B.Balzer, A.Bernáth, M.Durzak, V.Lange, T.Ziolkowski) sind alle auf das »*Gruppenbild mit Dame*« und dessen Hauptfigur, die »subversive Madonna« Leni Pfeiffer bezogen. In den beiden anderen Editionen ist die Thematik gemischt. Während in H.Beths Sammlung nur der Herausgeber sich an das Programm des Untertitels hält, eine »Einführung in das Gesamtwerk in Einzelinterpretationen« zu vermitteln, indem er eine Interpretation der »*Katharina Blum*« bietet, wogegen die übrigen Beiträger (B.Balzer, U.Burbach u.a., H.Glaser, K.Huffzky, H.Pross, P.Schütt, J.Vogt) zusammenfassende Analysen publizieren, sind in der von M.Jürgensen edierten Aufsatzsammlung einzelne Werke Bölls in den Mittelpunkt gerückt, u.a. »*Die Ansichten eines Clowns*« durch W. Hinck und C.Noble, »*Gruppenbild mit Dame*« durch M.Durzak und G.Just, »*Katharina Blum*« durch M.Durzak und G.Wirth, Kurzgeschichten durch M.Benn. Mit den Forschungsüberblicken von R.Nägele (1976) und W.Lengning ([5]1977) findet die bisherige Böll-Forschung einen vorläufigen Abschluß. Nägele bietet in seiner »Einführung in das Werk und die Forschung« zunächst eine Einordnung Bölls in den Kontext der Nachkriegsgeschichte und der Literaturproduktion zwischen 1945 und 1975, der sich ein »Abriß zur Rezeptionsgeschichte Bölls« anschließt, bevor Nägele zum »systematischen Teil« mit »Leitthemen der Diskussion« und zu Forschungsergebnissen zu den Einzelwerken übergeht. Im »Abriß zur Rezeptionsgeschichte«, der hier relevant erscheint, konzentriert er sich nicht nur auf Rezensionen und Forschungsaufsätze bzw. -bücher zu den Einzelwerken, sondern bezieht auch eigene Analyseansätze ein, wie etwa zur frühen Kurzgeschichte »*Die Botschaft*«. W.Lengning, der den ›biographisch-bibliographischen Abriß‹ »Der Schriftsteller Heinrich Böll« von F.Melius (1959) zunächst nur bibliographisch mitbearbeitete und ab 1968 bis 1977 selbständig weiterführte (²1977), vereinigt eine Aufsatzsammlung (mit frühen Beiträgen von W. Rasch, H. Böll, H.M. Waidson, H. Plard, K. Korn, K.A. Horst, W. Widmer, G. Blöcker, U. Jenny, H.L. Arnold, H.J. Bernhard, J. Améry, J.P. Wallmann, A. Oplatka) und eine systematisch und annual geordnete Böll-Bibliographie.

Für die Böll-Forschung ist das Jahr 1977 besonders interessant durch die nun erscheinende zehnbändige Ausgabe der Werke Bölls, die erste annähernd vollständige Edition der bis dahin erschienenen dichterischen Werke sowie (1978) eine umfangreiche Auswahl der essayistischen Schriften und Interviews. Eingeleitet wird diese Edition, die 1987 eine Neuauflage erlebte, durch einen umfangreichen einführenden Essay des Herausgebers Bernd Balzer, der in seiner Thematik über die in seinem Titel genannten Aspekte (»Anarchie und Zärtlichkeit«) weit hinausführt.

Nach Balzers Werkedition erscheinen weitere wichtige Beiträge zur Böll-Forschung: So 1978 Christian Linders einseitiger Versuch, Bölls Gesamtwerk aus dem Verlust der Geborgenheit in der Familie zu erklären; objektiver ist dagegen Jochen Vogts Böll-Monographie, die Bölls literarisches Schaffen aus der Gebundenheit an Erinnerung und Erfahrung und aus einer aktualitätsbedingten Fortschreibung ableitet und als »Realismus gesellschaftlicher Erfahrung« kennzeichnet. Der Theologe H.R. Müller-Schwefe publiziert gleichzeitig Untersuchungen zum Obszönen, Blasphemischen und Revolutionären bei Grass und Böll, untersucht dabei auch Bölls religiöses Denken und sieht eine Zuordnung des »Bösen« in letzter Zeit nur auf das »öffentliche Böse«, gegen das Böll den »Hochmut der Märtyrer« herauskehre.

In den achtziger Jahren wird die Forschung durch eine Reihe von Einzelarbeiten zu unterschiedlichen Aspekten bereichert. Ein Schwerpunkt dabei bilden Untersuchungen zur Satire von E. Friedrichsmeyer und L. Huber, die so an K. Jeziorkowskis Ansätze anknüpfen, sie jedoch neu akzentuieren. Ein anderer Aspekt, der nunmehr beachtet wird, findet sich in Bölls Frauendarstellungen, die besonders unter feministischen Aspekten untersucht werden (vgl. E.T. Beck, J. Bossinade, W. Aamold, U. Grandell Silén, K. Huffzky, D. Römhild). Zu den bereits früher behandelten Themen über Böll gehören Aspekte des religiösen Verhaltens der Figuren in einzelnen Werken. Zu erwähnen sind an neueren Arbeiten die von U. Nielen über die Frömmigkeit in Bölls Werk und die von H. Jürgenbehring über Liebe, Religion und Institution.

Schließlich erscheinen in den achtziger Jahren Publikationen zu Bölls letzten Werken. So folgt nun erst ein Großteil der Arbeiten zu

»*Katharina Blum*« und zu ihrer Verfilmung, ebenso natürlich zu »*Fürsorgliche Belagerung*«, wogegen zu »*Frauen vor Flußland-schaft*« noch kaum Sekundärliteratur vorliegt. Die Reihe der Aufsatzsammlungen zur Böll-Forschung wird 1984 durch eine weitere von Anna Maria dell'Agli, Neapel, ergänzt, die ältere Arbeiten von R.R. Nicolai, C. Cases, E. Ribbat, F. Martini, E.T. Beck, M. Durzak, E. Scheiffele, I.P. Stern, M. Marianelli, C. Burgauner, G. Wirth, H.M. Keplinger/M. Hachenburg/H. Frühauf und eine kommentierte Auswahlbibliographie zu einem Querschnitt durch das Schaffen Bölls vereinigt und das Ganze in ihrer eigenen Einleitung als »Annäherungsversuche an ein (sehr lebendiges) Denkmal« bezeichnet. Ein Jahr nach Erscheinen dieser wichtigen Sammlung (und der ebenso informativen Einleitung) war Bölls Leben und Schaffen zu Ende. Unter den vielen Nachrufen von Freunden, Kritikern, Rezensenten und Forschern waren manche Würdigungen und Übersichten, die über den üblichen Resümeecharakter hinausgingen und noch besonderer Erschließung bedürfen.

Zu den letzten Arbeiten, die hier wegen ihrer neueren Informationen erwähnt werden sollen, zählen die Böll-Biographien von K. Schröter, Ch. G. Hoffmann und die Monographie von J.H. Reid.

Zum Schluß sei noch auf die Böll-Rezeption im Ausland und die darüber informierenden Arbeiten hingewiesen. Im Zusammenhang mit der neuen deutschen Literatur nach 1945 ist auch Heinrich Böll im benachbarten Ausland, in der Sowjetunion und in den USA erstmals bekanntgeworden. Rainer Nägele hat in seinem Forschungsbericht auf diese Rezeptionen exemplarisch hingewiesen. In Frankreich z.B. erschien eine Übersetzung von »*Und sagte kein einziges Wort*« bereits 1953; 1954 schon erhielt Böll einen französischen Literaturpreis (Prix de Tribune de Paris). Germanisten waren es hier wie auch in England und den USA, die Bölltexte zunächst über Anthologien und Lesebücher bekannt machten. Die Stärke der Rezeptionen war jedoch seit den sechziger Jahren in den einzelnen Ländern verschieden. Nach G. Korléns Ausführungen (1967) wurde von den deutschen Nachkriegsautoren Böll in Schweden am meisten geschätzt, und zwar vor allem wegen seines moralischen Engagements; das Realistische und Sozialkritische haben dagegen nach Nägeles Angaben Böll in England und Frankreich zur Anerkennung verholfen. Dagegen blieb die Rezeption in den USA nach den Angaben von S. Bauschinger, M. Durzak (1971) und Nägeles ausführlichen Darlegungen eher verhalten, trotz intensiver Bemühungen einiger amerikanischer Germanisten wie T. Ziolkowski, R.C. Conard, E. Friedrichsmeyer u.a. um die interpretative Erschließung der Werke Bölls. Nägele (1976, 65) nennt den »Kontrast zwischen dem Bestsellerautor in Westdeutschland und dem fast anonymen Böll in Amerika auffallend.« Lediglich die »*Ansichten eines Clowns*« erreichten 1965, in der Zeit der beginnenden Anti-Vietnamkrieg-Bewegung, auf Anhieb einen Achtungserfolg.

Ganz anders war die Rezeption Bölls im damaligen ›Ostblock‹: Während man sich in der DDR bemühte, alle Werke Bölls (bis auf die »*Ansichten eines Clowns*« wegen der Erfurt-Szene) mit leichten Verzögerungen und mit unzureichenden Auflagen (wegen der Devisenknappheit) zu edieren, wobei der Böll-Forscher H.J. Bernhard z.T. als Herausgeber tätig war, erlebten die Werke Bölls in der Sowjetunion, die sich damals nicht an die Urheberrechtsabkommen gebunden fühlte und keine Lizenzgebühren zahlte, in ›Raubdrucken‹ recht hohe Auflagen, wie dies H. Glade (1972) im einzelnen aufgewiesen hat (Vgl. auch: P. Bruhn/H. Glade 1980). Die »*Ansichten eines Clowns*« (hier ohne die Erfurt-Szene) erreichten 1965 sogar eine Auflagenhöhe von 300 000 Exemplaren. Das antimilitaristische, antibürgerliche und sozialkritische Ressentiment Bölls kann dafür nicht als einzige Ursache dieses Erfolges Bölls gelten, der auch später nach Bölls Eintreten gegen die sowjetische Intervention in der Tschechoslowakei und für die sowjetischen Dissidenten nicht allzu sehr beeinträchtigt wurde. Über die neuere und gegenwärtige Rezeptionssituation (nach der politischen Wende) liegen keine Angaben vor.

7.2 Forschungsprojekte und Forschungsstätten

Forschungsstätten

Das Heinrich-Böll-Archiv der Stadt Köln

Schon zu Lebzeiten des Autors, 1979, übereignete dieser - zunächst leihweise, ab 1984 durch Verkauf - seinen gesamten schriftstellerischen Nachlaß seiner Vaterstadt mit der vertraglichen Regelung, daß die Stadt Köln dafür ein eigenes Archiv mit einer ständig besetzten Arbeitsstelle einrichtet. Die Leitung dieses städtischen Heinrich-Böll-Archivs wurde Viktor Böll, dem Neffen des Dichters, übertragen. Der gesamte handschriftliche Nachlaß Bölls, auch der früher an das Böll-Archiv in Boston/USA ausgeliehene Teil, befindet sich jetzt im Historischen Archiv der Stadt Köln, der Bestand an Sekundärliteratur, Rezensionen und sonstigen Schrifttum über Böll, einschließlich einer Datenbank, in der Arbeitsstelle des Böll-Archivs in der Zentralbücherei der Stadt Köln (Josef-Haubrichs-Hof). Alle Texte über Böll (auch Examensarbeiten etc.) werden dort gesammelt und verwahrt.

Die Heinrich-Böll-Arbeitsstelle in Wuppertal

An der Bergischen Universität/GHS Wuppertal wurde 1988 mit Hilfe des Landes Nordrhein-Westfalen eine Heinrich-Böll-Arbeitsstelle eingerichtet (Leitung: Prof. Dr. Werner Bellmann), die sich zunächst vor allem mit der kritischen Edition des literarischen Nachlasses beschäftigt und bisher unedierte Texte zum Druck vorbereitet, sofern testamentarische Verfügungen des Autors oder Beschlüsse der von ihm bestimmten Erbengemeinschaft dem nicht entgegenstehen. Geplant ist eine historisch-kritische Gesamtausgabe der Schriften Bölls mit ca. 25 Bänden in etwa 15 Jahren.

Heinrich Böll hat vor seinem Tod in einer Liste die Titel der bisher unveröffentlichten Arbeiten aus den Jahren 1946-1949 zusammengestellt, die im Rahmen der in Vorbereitung befindlichen kritischen Gesamtausgabe der Werke Bölls noch erscheinen werden. Dazu gehören (nach Angaben des Böll-Archivs in Köln) folgende erzählende Texte:

»Mitleid«, »Der Flüchtling«, »Kreuz ohne Liebe«, »Rendez-Vous in den Trümmern«, »Der Zwischenfall«, »Im Frühling«, »Seltsame Reise«, »Paris«, »Veronika«, »Dann mag Gott die Verantwortung übernehmen«, »Weihnacht«, »Im Kriege«, »Der Fremde«, »Ein altes Gesicht«, »In der blauen Kaskade«, »Wir suchen ein Zimmer«, »Die Ratte«, »Die kleine Melodie«, »Der blasse Hund«, »Der Querschreiber«, »Kurz vor Bethlehem«, »Der Unsichtbare«, »Die Geschichte der Brücke von Berkowo«, »Der Spurlose«, »Der Vertreter«, »Wie das Gesetz es befahl«, »Denkmal für den unbekannten Soldaten«.

Von den zahllosen Briefen Heinrich Bölls sind bisher nur sehr wenige publiziert worden in der Böll-Biographie von Ch. G. Hoffmann (1986) und in *»Rom auf den ersten Blick«* (dtv 11393). Hier wäre eine Sichtung der privaten und der weniger privaten und baldige Publikation der letzteren wünschenswert.

Die Heinrich-Böll-Stiftung in Köln

Die 1987 gegründete und 1989 anerkannte Heinrich-Böll-Stiftung e.V. (Unter Krahnenbäumen 9, 5000 Köln 1) ist eine unter Mitwirkung der Böll-Erben begründete grünen-nahe öffentliche Stiftung und zählt zu den verschiedenen unter dem Stiftungsverband »Regenbogen« vereinigten Stiftungen der Partei der Grünen.

Die Förderung der Böll-Forschung durch Initiativen und finanzielle Zuwendungen verschiedener Art ist nur eines der Ziele der Stiftung.

8. Bibliographie

8.1 Primärtexte mit Literaturhinweisen (außer größere Erzählungen und Romane)

Zusammenstellung der autobiographischen Texte, Kurzgeschichten und kürzeren Erzählungen, Hörspiele und Hörbilder, Fernseh- und Filmtexte und Dramentexte und Gedichte Heinrich Bölls (mit Entstehungs-/Erscheinungsdaten und Literaturhinweisen).

Autobiographische Texte

Köln eine Stadt - nebenbei eine Großstadt
(veröff. in:»Kölner Leben« 13.9. 1953; ESR 1,105ff.)

Selbstvorstellung eines jungen Autors
(veröff. in:»Allemagne d'aujourd'hui« Okt./Nov.1953 in franz. Sprache; ESR 1, 113ff.)

Undines gewaltiger Vater
(1956, veröff. in: FAZ 10.1. 1957)
K. Brinkmann 1964ff.

Straßen wie diese
(veröff. als Nachwort zu »Unter Krahnenbäumen - Bilder einer Straße« von Chargesheimer 1958; ESR 1, 255ff.)

Brief an einen jungen Katholiken
(Erstveröff. in:»Christ und Bürger, heute und morgen«, Düsseldorf 1958, ESR 1, 261-276)

Stadt der alten Gesichter
(veröff. in:»Der Schriftsteller Heinrich Böll« Köln (24.1.) 1959; ESR 1, 293ff.)
G. Kunert 1968; [7]1980, 209

Über mich selbst
(veröff. als autobiographisches Nachwort in:»Der Mann mit den Messern«. Stuttgart 1959; ESR 1, 284f.)

Der Zeitungsverkäufer
(veröff. in:»Köln« Juli/Sept. 1959; ESR 1, 315ff.)

Der Rhein
(geschr. 1960, veröff. in: ESR 1, 334ff.)

Was ist kölnisch?
(veröff. in: »Deutsche Zeitung« 18.8. 1960; ESR 1, 362ff.)

Hierzulande
(veröff. in: »Labyrinth« (Frankfurt) Sept. 1960; ESR 1, 366ff.)
K. Becker o.J.; K. Doderer 1965; H. Gerber 1989; G. de Bruyn 1989

Als der Krieg ausbrach
(veröff. in: FAZ 23.12. 1961)
K. Becker o.J.; K. Doderer 1965; H. Gerber 1989; G. de Bruyn 1989

Als der Krieg zu Ende war
(veröff. in: »Labyrinth« (Stuttgart) Juni 1962)
K. Becker o.J.; H. Gerber 1989, 63-69

Stichworte: 2. Stichwort: Örtlichkeit
(veröff. in: HR 17.1. 1965; ESR 2)

Kümmelblättchen, Spritzenland und Kampfkommandantur
(1965)

Stichworte: 5. Stichwort: 1945
(veröff. HR 17.1. 1965; ESR 2, 145ff.)

Heimat und keine
(veröff. als Vorwort zu H. Schmitt-Rost (Hg.): »Zeit der Ruinen«. Köln 1965; ESR 2, 113ff.)

Raderberg, Raderthal
(veröff. in: »Atlas« (Berlin) 1965; ESR 2, 120ff.)

Der Rhein
(veröff. in: »Köln« Juli/Sept. 1966; ESR 2, 213ff.)

An einen Bischof, einen General und einen Minister des Jahrgangs 1917
(veröff. in: »Die Zeit« 2.12. 1966; ESR 2, 233-248)

Mit vierzig Mark begannen wir ein neues Leben
(veröff. in: »Der Spiegel« 17.6. 1968; ESR 2, 298)

Suchanzeigen
(veröff. in: Rudolf de la Roi (Hg.): »jemand der schreibt«. München 1972; ESR 2,527ff.)

Hülchrather Straße Nr. 7
(veröff. in: »Köln« Juli/Sept. 1972; ESR 2, 585ff.)

Am Anfang
(veröff. in: WDR 20.5. 1973; ESR 3, 51ff.)

Der Husten meines Vaters
(veröff. in: FAZ 17.12. 1977)

Ein Fall für Herrn F., Herrn D. oder Herrn L.?
(veröff. in: »Frankfurter Rundschau« 1.7. 1978; ESR 3, 311ff.)

Hoffentlich kein Heldenlied
(veröff. in: Claus Hinrich Casdorff (Hg.): Weihnachten 1945. Königstein 1981)

P. Alois Schuh S. J. - 65 Jahre Jesuit
(veröff. in: Canisius H.2 Weihnachten 1983)

Die wenig wunderbare Brotverringerung
(veröff. in:»Rheinischer Merkur/Christ und Welt« 30.11. 1984 u. in: »Die Fähigkeit zu trauern«. Schriften und Reden 1984/85, 161ff.)

Bericht an meine Söhne oder vier Fahrräder
(veröff. in:»Die Zeit« 15.3. 1985 u. in:»Das Ende. Autoren aus neun Ländern erinnern sich an die letzten Tage des Zweiten Weltkrieges«. Köln 1985 u. in:»Die Fähigkeit zu trauern«. Schriften und Reden 1984/85 München 1988 (dtv 10609))

Was soll aus dem Jungen bloß werden? Oder: Irgendwas mit Büchern
(veröff. 1981 im Lamur-, jetzt: inti-Verlag Bornheim-Merten, 1983 dtv München (dtv 10169))

Kurzgeschichten

Kriegserzählungen:

Aus der Vorzeit
(veröff. in:»Rheinischer Merkur« 3.5. 1947)
K. Jeziorkowski 1990, 204-222

Der Angriff
(veröff. in:»Rheinischer Merkur« 13.9. 1947)

In der Finsternis
(August 1948, veröff. in:»Literar. Revue« April 1949)
J. H. Rede 1991, 90

Wiedersehen mit Drüng
(Februar 1949, veröff. in:»Wanderer ...« 1950)

Die Essenholer
(veröff. in:»Wanderer ...« 1950)

Wir Besenbinder
(entst. Mai 1948, veröff. 25.7. 1948)
K. Becker o.J.; K. Daniels 1963; Zobel 1963; R. Hippe 1964/70; Dormagen/Klose 1965; E. Neis 1966; H. Kühnert 1966; H. Gerber 1987; 1989, 33ff.

Wiedersehen in der Allee

(veröff. in: »Literar. Revue« Juli 1948)

K. Becker o.J.; A. Krödel 1965; M. Durzak ²1983, 127; J. Vogt ²1987; H. Gerber 1989, 42ff.

Unsere gute alte Renée

(August 1948, veröff. in: »Wanderer ...« 1950)

Auch Kinder sind Zivilisten

(veröff. in: »Der Ruf« 1.12. 1948)

M. Durzak ²1983, 127; B. Sowinski 1988, 23ff.

(veröff. in: »Wanderer ...« 1950)

Aufenthalt in X.

(veröff. in: »Wanderer ...« 1950)

Damals in Odessa

(veröff. in: »Wanderer ...« 1950)

K. Brinkmann 1964/70; B. Sowinski 1988; J.H. Reid 1991, 85

Trunk in Petöcki

(1950)

Wanderer, kommst du nach Spa...

(veröff. 1950 im Sammelband gleichen Titels)

K. Becker o.J.; L. Lauschus 1958; R. Ulshöfer 1958; G. Jäckel 1962; K. Brinkmann 1964ff.; Dormagen/Klose 1965; A. Weber 1965, 42ff.; M. Durzak ²1983, 324ff.; T. Thayer 1984; R. Watt 1985; B. Sowinski 1988, 38ff.; H. Gerber 1969–1982; veröff. 1987)

Eine Kiste für Kop

(Funkerzählung 1956)

Der unbekannte Soldat

(entst. zw. 1946 u. 1952; veröff. 1983)

Jak, der Schlepper

(entst. zw. 1946 u. 1952; veröff. 1983)

Der Mord

(entst. zw. 1946 u. 1952; veröff. 1983)

Todesursache: Hakennase

(entst. zw. 1946 u. 1952; veröff. 1983)

Vive la France

(entst. zw. 1946 u. 1952; veröff. 1983)

Die Liebesnacht

(entst. zw. 1946 u. 1952; veröff. 1983)

Im Käfig

(entst. zw. 1946 u. 1952; veröff. 1983)

Siebzehn und vier
(entst. zw. 1946 u. 1952; veröff. 1983)

Kurzgeschichten aus der Nachkriegszeit:

Kumpel mit dem langen Haar
(entst. 4.1.47, veröff. in »Karneval«, H. 22, April 1948
B. Sowinski 1988, 18ff.

Über die Brücke
(Juni 1947, veröff. 1950 in »Wanderer ...«)
H. M. Waidson 1958/59; Dormagen/Klose 1965; J.H. Reid 1991, 91

Die Botschaft
(veröff. in »Karneval«, H. 14, August 1947)
K. Becker o.J.; H. Gerber 1987; 1989; B. Sowinski 1988, 68ff.

Lohengrins Tod
(Januar 1948, veröff. 1950 in »Wanderer«)
K. Brinkmann 1964ff.; M. Durzak ²1983, 128f.; H. Gerber 1987; J.H. Reid 1991, 88

Der Mann mit den Messern
(Januar 1948, veröff. in »Karussel« April 1948)
K. Brinkmann 1964ff.; E. Abela 1965; A. Vieregg 1976; B. Sowinski 1988, 22ff.; J.H. Reid 1991, 91

An der Brücke
(»Die ungezählte Geliebte«) (3.9. 1948, veröff. in »Der Ruf« 1.2. 1949)
W. Zimmermann 1954; Dormagen/Klose 1965; E. Riesel 1966; W. Zimmermann 1966; E. Neis 1976; B. Sowinski 1988, 64ff.

Mein teures Bein
(veröff. in »Der Ruf« 15.10. 1948)
B. Sowinski 1988, 76ff.

Steh auf, steh doch auf!
(Februar 1949, veröff. 1950 in »Wanderer ...«)
K. Daniels 1963; I. Rosensprung 1965, Bd. 2, 9-16; R.R. Nicolai 1975; B. Sowinski 1988, 32ff.

So ein Rummel
(veröff. in »Wanderer ...« 1950)
H. Motekat 1957; A. Phlippen 1958; H.J. Skorna 1967; H. Helmers 1974; R. Hippe 1975; E. Neis 1966; B. Sowinski 1988, 56ff.; J.H. Reid 1991, 91

Geschäft ist Geschäft
(veröff. in »Wanderer ...« 1950)
E. Kitzing 1965
Abschied
(veröff. in »Wanderer ...« 1950)
Wiedersehen mit dem Dorf
(veröff. FAZ 10.2. 1951)
Der Tod der Elsa Baskoleit
(entst. 1951, veröff. 10.8. 1953 in »Neue literar. Welt«)
Die Postkarte
(veröff. in »Frankfurter Hefte« Januar 1953)
Die blasse Anna
(1953)
Der Geschmack des Brotes
(1955)
Ich kann sie nicht vergessen
(entst. zw. 1946 u. 1952; veröff. 1983)
Grün ist die Heide
(entst. zw. 1946 u. 1952; veröff. 1983)
Die Dachrinne
(entst. zw. 1946 u. 1952; veröff. 1983)
Einsamkeit im Herbst
(entst. zw. 1946 u. 1952; veröff. 1983)
Am Ufer
(entst. zw. 1946 u. 1952; veröff. 1983)
Ein Hemd aus grüner Seide
(entst. zw. 1946 u. 1952; veröff. 1983)
Der Wellenreiter
(entst. zw. 1946 u. 1952, veröff. 1983)
In Friedenstadt
(entst. zw. 1946 u. 1952, veröff. 1983)

Moralisch und religiös bestimmte Texte

Kerzen für Maria
(FH Februar 1950 u.d.T. »Die Kerzen«)
Das Abenteuer
(26.5. 1950, FH März 1951)
W. Janssen 1985; B. Sowinski 1988, 85ff.

Aschermittwoch

(FAZ 7.2. 1951)

Besichtigung

(Die Welt 13.9. 1951, verkürzte Fassg. u.d.T.: »Im Gewölbe stand der Himmel«; Erste vollst. Fassg.: Rhein. Post 15.10. 1952)

Der Engel

(15.5. 1952)

Krippenfeier

(1952; veröff. in »Frankfurter Hefte«, Januar 1952)

Die Waage der Baleks

(SR 1952)

W. Helmich 1960; U. Kändler 1960; K.H. Kreter 1964; B. Schulz 1966; E. Neis 1966; C. Cases 1968; J. Bauer 1969; 1972; R.C. Conard 1978; Dormagen/Klose 1965; B. Frank 1965; K. Gerth 1966; F.J. Thiemermann 1967; E. Wolfrum 1972; H. Helmers 1972; E. u. J. Goette 1974; J. Nedregaard 1978; J. Vogt ²1980, 129ff.; J. Stückrath 1980; Kuhn-Ossius 1985; G. Radermacher 1987; B. Sowinski 1988

Daniel der Gerechte

(1954)

Die Kunde von Bethlehem

(Michael 1954)

So ward Abend und Morgen

(Weihnachten 1954; veröff. 23.12. 1956 im »Allg. Sonntagsblatt«, Hamburg auch unter dem Titel »Eine Krone aus Schnee«)
Dormagen/Klose 1965

Wie in schlechten Romanen

(veröff. in »Die Arche« 27.11. 1956)

K. Brinkmann 1964ff.; C. Henke 1964; Dormagen/Klose 1965; H. Gerber 1987; B. Sowinski 1988

Die Kirche im Dorf

(»Das sechste Gebot: Du sollst nicht ehebrechen«) (veröff. in »Merkur« 20/1966 Nr. 225 Dezember)

Bis daß der Tod Euch scheidet

(veröff. in: L 76 H. 2, 1976)

M. Durzak ²1983, 135; H. Gerber 1988

Rendezvous mit Margret oder: Happy-End

(veröff. in »Südt. Zeitung« 22./23.7. 1978)

167

Ironische und satirische Erzählungen:

Die schwarzen Schafe

(entst. 1949, vorgel. u. veröff. Nov. 1951)

An der Angel

(1950)

H. Beerheide 1965

Abenteuer eines Brotbeutels

(SR 1950)

Mein trauriges Gesicht

(1950 in »Wanderer ...« veröff.)

R. Ulshöfer 1958; 1967; E. Neis 1966; B. Sowinski 1988, ; J.H. Reid 1991, 93ff.

Mein Onkel Fred

(1951)

Der Zwerg und die Puppe

(veröff. April 1951 in: E. Glaeser (Hg.): Mit offenen Augen. Ein Reisebuch deutscher Dichter. Stuttgart 1951)

Husten im Konzert

(1952; veröff. 15.5. 1952 im »Rhein. Merkur« u.d.T. »Reine Nervensache«)

Die Decke von damals

(urspr. »Die Decke«, veröff. 23.8. 1952 im »Rhein. Merkur«)

Der Lacher

(1952)

M. Durzak ²1983, 133; W.E. Schneidewind 1988

Das Schicksal einer henkellosen Tasse

(SR 1952)

Jünger Merkurs

(Funktext WDR 6.11.52 (Titel: Der Briefträger als Götterbote, Erstdruck: Hamburger Abendblatt 28.10. 1953); ESR 1, 60f.)

Die unsterbliche Theodora

(veröff. in »Neue Ruhr-Zeitung« 2.1. 1953)

M. Durzak ²1983, 132f.

Bekenntnis eines Hundefängers

(veröff. FAZ 17.4. 1953)

B. Sowinski 1988

Ein Pfirsichbaum in seinem Garten stand

(veröff. in »Frau und Beruf« Sept. 1953)

Erinnerungen eines jungen Königs
(Mai 1953)
R. Hippe 1975

Meines Bruders Beine
(veröff. 1953 in »Der Mittag«)

Hier ist Tibten
(WDR 1953)
H. Gerber 1987; W.E. Schneidewind 1988, 47ff.

Im Lande der Rujuks
(veröff. in »Neue Zeitung Berlin« 25.9. 1953)

Unberechenbare Gäste
(WDR 1954)
R. Lorbe 1957; R. Fabritius 1966; E. Neis 1966; B. Sowinski 1988

Die Suche nach dem Leser
(1954)
K. Daniels 1963; H. Brinkmann 1964; F. Egger 1965

Selbstkritik
(1956 entst., veröff. in: ERS 1, 165f.)

Es wird etwas geschehen
(veröff. in »Aufwärts« Köln 15.4. 1956)

Hauptstädtisches Journal
(veröff. in »Aufwärts«, Köln 15.8. 1957)
K. Becker o.J.; B. Sowinski 1988, 90ff.; H. Gerber 1988; 1989; J.H. Reid 1991, 167

Der Wegwerfer
(FAZ 24.12. 1957)
K. Daniels 1963; K. Jeziorkowski 1968; H. Gerber 1988; W.E. Schneidewind 1988, 80ff.; J.H. Reid 1991, 104

Der Bahnhof von Zimpren
(Die Zeit 18.7. 1958)
U. Seifried 1965; R. Hippe 1975; M. Durzak ^{2}1983, 384ff.; H. Preuss 1980; H. Gerber 1988

Keine Träne um Schmeck
(veröff. 1962 in: Das Atelier, Frankfurt: S. Fischer)
E. Friedrichsmeyer 1972; N. Feinäugle 1981; H. Gerber 1988

Anekdote zur Senkung der Arbeitsmoral
(urspr. »Ein Fischer döst«) (veröff. in »Welt der Arbeit« 22.11. 1963)
E. Goette 1977; R. Friedrichs 1979, 124-130; J. Förster 1981

Weggeflogen sind sie nicht

(ersch. 24.12. 1964 in »Kölner Stadt-Anzeiger«; ESR 2, 108f.)

Der Rat der Welt-Unweisen. 6. Kapitel

(ersch. 1965 im Sigbert-Mohn-Verlag Gütersloh)

Warum ich kurze Prosa wie Jakob Maria Hermes und Heinrich Knecht schreibe

(veröff. HR 9.1. 1966)

Veränderungen in Staech

(veröff. 26.5. 1969 SWF u. in der »Baseler Nationalzeitung«)

H. Gerber 1988, 74ff.

Er kam als Bierfahrer

(veröff. in »Europa«, München 1968)

Epilog zu Stifters ›Nachsommer‹

Heinrich Drendorf aus Adalbert Stifters ›Nachsommer‹ (1857), (1970)

G. Wirth 1972/1975

Die Weiterentwicklung der Maulwürfe für, nach und in memoriam günter eich

(veröff. in: Siegfried Unseld (Hg.): Günter Eich zum Gedächtnis. Frankfurt 1973; ESR 3, 13f. (1978))

Erwünschte Reportage

(1975 in: Georg Weerth: Vergessene Texte)

Kuhn-Ossius 1985

Die neuen Probleme der Frau Saubermann

(veröff. Die Zeit 10.1. 1975; ESR 3, 196-198)

Höflichkeit bei verschiedenen unvermeidlichen Gesetzesübertretungen

(veröff. SF Stuttgart 6.1. 1977)

Du fährst zu oft nach Heidelberg

(veröff. FAZ 17.9. 1977)

M. Durzak [2]1983, 419ff.; J. Vogt [2]1987, 133ff.; H. C. v. Nayhaus 1988

Geständnis eines Flugzeugentführers

(HR 20.12. 1977)

Deutsche Utopien I für Helmut Gollwitzer, dem Unermüdlichen

(veröff. in: Festschrift f.H. Gollwitzer: »Richte unsere Füße auf den Weg des Friedens«, München 29.12. 1978)

Deutsche Utopien II für Grieshaber

(veröff. in: Festschrift »Schnittlinien für HAP Grieshaber«, Düsseldorf 15.2. 1979)

Eine optimistische Geschichte

(entst. zw. 1946 u. 1952; veröff. 1983)

In guter Hut

(entst. zw. 1946 u. 1952; veröff. 1983)

Ich bin kein Kommunist

(entst. zw. 1946 u. 1952; veröff. 1983)

Beziehungen

(entst. zw. 1946 u. 1952; veröff. 1983)

An der Grenze

(entst. zw. 1946 u. 1952; veröff. 1983)

Undertakers for Peace

(veröff. in: Die Zeit 12.8. 1983, Feindbild und Frieden, 1987 (dtv 10608), S. 106ff.)

Kain oder Kabel, oder: Sehnsucht nach dem Lieben Bruder

(1983, veröff. in: Johann Strasser (Hg.): Der Orwell-Kalender 1984, Köln 1983, und in: Feindbild u. Frieden. Schriften u. Reden, 1987 (dtv 10608), S. 98ff.)

Oblomov auf der Bettkante

(zuerst in: Zeit-Magazin v. 1.3. 1985 (gekürzt), dann in: Die Fähigkeit zu trauern, 1988 (dtv 10609), S. 203ff.)

In welcher Sprache heißt man Schneckenröder?

(veröff. i. Text + Kritik 33, 3/1982

Hörspiele

Die Brücke von Berczaba

(Hörspiel nach einem Kapitel von »Wo warst du, Adam?« HR 8.6. 1952; 1.7. 1952; 22.11. 1960. Erstdruck 1962)

Das Lächeln

(Hörbild nach dem Roman von Francis Stuart. WDR 1953)

Ein Tag wie sonst

(Hörspiel nach einem Kapitel von »Und sagte kein einziges Wort«. HR 20.4. 1953;

SR 18.5. 1961; 5.8. 1962. Erstdruck 1953)

Wir waren Wimpo

(Hörspiel. SR 9.8. 1953; 14.10. 1953)

Dialog am Drahtzaun

(Szene. WAZ 17.10. 1953)

Mönch und Räuber

(Hörspiel nach einer Legende von Ernest Hello. SR 19.10. 1953; NWDR 19.11. 1953. Erstdruck 1953)

Der Klub seltsamer Berufe: I. Das Abenteuer des Major Brown
(Hörspiel nach der Erzählung von G.K. Chesterton. HR 28.7. 1954)

II: Der Besuch des Landpfarrers
(Hörspiel nach der Erzählung von G.K. Chesterton. HR 4.8. 1954)

III: Der Zusammenbruch eines großen Rufes
(Hörspiel nach der Erzählung von G.K. Chesterton. HR 11.8. 1954)

IV: Das eingezogene Leben der alten Dame
(Hörspiel nach der Erzählung von G.K. Chesterton. HR 18.8. 1954)
»Zum Tee bei Dr.Borsig«
(HR 25.2. 1955; Erstdruck 1961)

Zum Tee bei Dr. Borsig
(HR 25.2. 1955; Erstdruck 1961)

Chesterton über Dickens
(1956; Hörbild, 1956 gedruckt)

Die Spurlosen
(NDR 30.9. 1957, Erstdruck in ›Hörwerke der Zeit‹ 9, Hamburg 1957)
Dormagen/Klose ²1965; B. Lermen 1975

Bilanz
(HR 2.12. 1957; WDR 27.2. 1958; HR 3.3. 1958; Erstdruck: Akzente Sept./Okt. 1958. Nach dem Hörspiel »Bilanz« entstand 1958 das Fernsehspiel »Die Stunde der Wahrheit«; Sendung: NDR Hamburg 22.4. 1958)

Eine Stunde Aufenthalt
(SWF 10.12. 1957; NDR 4.3. 1960; Erstdruck: Merkur, Okt. 1958)

Eugénie Grandet
(Hörspiel nach dem Roman von Honoré de Balzac. WDR 21.12. 1958)

Klopfzeichen
(NDR 11.6. 1960; WDR 16.6.1960; NDR 3.1. 1962; NDR u. SWF 10.10. 1962; Erstdruck in »Hörspiele« hg. v. Ernst Schnabel, Frankfurt 1961)
Dormagen/Klose ²1965; D. Janson 1976

Mutter Ey. Versuch eines Denkmals in Worten
(1961; Feature für drei Stimmen, entst. 1960, Sendung: WDR 1.1. 1961; Abdruck: WDR-Jahrbuch 1960/61. Köln 1961, und: ESR I, 423-450 (1978))

Die Kaffeemühle meiner Großmutter
(1962; Funkerzählung der beiden autobiographischen Texte »Als der Krieg ausbrach« und »Als der Krieg aus war«; Sendung: NDR Hamburg 11. u. 24.6. 1962)

Sprechanlage

(NDR 30.11. 1961; NDR/SWF 10.10. 1962; Hörspiel, Erstdruck: Labyrinth 1961)

Konzert für vier Stimmen

(NDR 27.4. 1962; NDR/SWF 10.10. 1962; Hörspiel, Erstdruck: Jahresring 1962/63)

Hausfriedensbruch

(NDR 24.2. 1969; WDR/SDR 2.4. 1969; Hörspiel, Erstdruck: Köln 1969)

Fernseh- und Filmtexte

Irland und seine Kinder

(ARD/WDR Fernsehen: 8.3. 1961; Übernahme ins Dänische, Niederländische und Schweizer Fernsehen; Erstdruck im WDR-Jahrbuch 1960/61, Köln 1961)

Dunkel ist deine Stätte unter dem Rasen

(ARD/WDR-Fernsehen 20.11. 1966; Erstdruck: Politische Meditationen zu Glück und Vergeblichkeit. Darmstadt/Neuwied 1975)

Fedor M. Dostojewski und Petersburg

(Fernsehdrehbuch; ARD/WDR-Fernsehsendung am 15.5. 1969; Erstdruck in: »Neue politische und literarische Schriften«, Köln 1973)

Die verschobene Antigone

(1978; Drehbuchentwurf für Volker Schlöndorfs Beitrag zu dem Film »Deutschland im Herbst«)

Drei Episoden

(aus dem Film »Krieg und Frieden« von Heinrich Böll, Alexander Kluge, Volker Schlöndorff, Stefan Aust, Axel Engstfeld, 1982; Text zuerst in: Ein- und Zusprüche. Köln 1984. Hier aus: »Feindbild und Frieden«. München 1987 (dtv 10608), 48-53)

Dramentexte

Ein Schluck Erde

(Theaterstück, Uraufführung 22.12. 1961 Düsseldorfer Schauspielhaus; Vorabdruck des 1. Akts in »Labyrinth«. Neuinszenierung: Bamberg 27.2. 1969 nach von Böll neu bearbeitetem Text. Text der Düsseldorfer Fassung: Köln 1961. Fassung der Bamberger Aufführung bisher ungedruckt)

Aussatz

(drei Fassungen: 1. Hörspielfassung (gedruckt in »Hausfriedensbruch«, Köln 1969), Hörspielsendungen: WDR 6.5. 1970, 3.12. 1970; 2. Schauspielfassung (Erstdruck: »Theater heute« 10/1969), Uraufführung: Aachen 7.10. 1970; 3. überarbeitete Schauspielfassung: Aufführung 23.4. 1971 Stadttheater Bamberg)

H. Rischbieter 1984

Bühnenbearbeitungen von Böll-Texten

Ansichten eines Clowns

(1968; Moskauer Bühnenbearbeitung von P. Nord, R: Gennadi Bostnikow, Leitung: J. Anisimow-Wulf. Uraufführung: März 1968 Mossowjet. Theater Moskau)

Der Clown

(1970; Zweiakter. Bühnenbearbeitung: Maria u. Adolf Radok, R: Adolf Radok. Uraufführung: 23.1. 1978 Düsseldorfer Schauspielhaus)

Gedichte

Meine Muse (1965)
später herz später (1967)
Engel (1967)
Köln I (Für Joseph Faßbender, 1968)
Köln II (Für Grieshaber, 1969)
für Peter Huchel (1968)
Aufforderung zum ›Oho‹-Sagen (1971)
Gib Alarm! (Für Ullrich Sonnemann, 1972)
Köln III (Spaziergang am Nachmittag des Pfingstsonntags 30. Mai 1971, 1972)
sieben Jahre und zwanzig später (nach Ingeborg B. für Annemarie C., 1972)
Für Hans Werner Richter (und Toni natürlich) (entst. 1979)
Für Walter Warnach zum 70. Geburtstag (entst. 1980)
Für Helmut Heißenbüttel (entst. 1981)
Für Beuys zum 60. - In memoriam Rudi Dutschke (entst. 1981)
Dem Freund zum Gedenken (entst. 1981)
Ein Kind ist uns geboren, ein Wort ist uns geschenkt! Geburtsanzeige (entst. 1981, veröff. in: G. Rademacher 1989, 23ff.)
Mutlangen (1983)
Für Helmut Gollwitzer zum 75. (entst. 1983)
Für Alexander S. zum 65. Geburtstag (entst. 1983)
Ernesto Cardenal zum 60. Geburtstag (entst. 1984)
Für Peter-Jürgen Boock (entst. 1984)

Friedensbandit (entst. 1984)

Versunken die Stadt (entst. 1984/85)

Frei nach B. B. (Für Thomas Kosta zum 60.; entst. 1985, veröff. in G. Rademacher 1989, 30)

An Samay (entst. 1985)

Reiseberichte

Besuch auf einer Insel

(entst. 1952, veröff. ESR 1, 15-25 (1978))

Irisches Tagebuch

(Einzelne Texte dieses Buches wurden bereits ab 24.12. 1954 bis 19.7. 1956 in der FAZ abgedruckt, die Buchfassung erscheint erst 1957 (vgl. die Einzelangaben bei Balzer, Werke - Romane u. Erzählungen, Bd. 3, 1977, S. 536))

T. Dotzenrath 1957/58; W. Herles 1964; W. Rasch 1968; G. Uhlig 1969; H. Preuss 1977; C.C. Zorsch 1978; J. Vogt 21987, 48-61; J.H. Reid 1991, 153-155

Reise durch Polen

(1957)

Im Ruhrgebiet

(Erstveröff. 1958 als Vorwort zu einem Fotoband von Chargesheimer; ESR 1, 226-254)

Nordrhein-Westfalen

(Erstveröff. 1960)

Assisi

(Erstveröff. 1959 in: H.J. Schultz (Hg.): Frömmigkeit in einer weltlichen Welt. Stuttgart 1959; ESR 1, 286-293 (1978))

Rom auf den ersten Blick

(Erstveröff. 1961; ESR 1, 414f. (1978))

Shalom

(Erstveröff.: Dtsch. Allgem. Sonntagsblatt, Hamburg v. 5.3. 1978 u. 12.3. 1978; ESR 3, 508-517 (1978))

8.2. Sekundärliteratur

(Die Bibliographie bietet trotz der Fülle der Angaben nur eine Auswahl. Ausgelassen wurden schwer zugängliche Aufsätze, Examensarbeiten und Rundfunkmanuskripte. Auch bei Rezensionen zu Werken Bölls wurde nur eine Auswahl getroffen (vgl. dazu die Angaben W. Lengnings: Der Schriftsteller H. B. ⁵1977 Abt. Q sowie die vorhandenen Rezensionen im Böll-Archiv Köln)).

Aamold, Wencke: En Koiness dyd op aere hos Heinrich Böll. EDDA, nordisk tidskrift for litteraturforskning, 1-2, 1976

Abu Hasha, Abd-Allah M.: Gesellschaftskritik in Romanen der fünfziger Jahre: Untersuchungen z. literar. Darstellung d. »Milieus« b. Heinrich Böll u. Nagib Mahfuz. Münster 1986

Abela, Elisabeth: Der Mann mit den Messern. In: Interpret. zu Heinrich Böll ... Bd. 2. München 1965; ⁵1975, 17-31 (Interpret. z. Dtschunterr.)

Adorno, Theodor W.: Standort des Erzählers im zeitgenöss. Roman. In: Noten z. Literatur. Frankfurt a.M. 1958, 61-72

Ahl, Herbert: Wirklichkeit- Botschaft u. Aufgabe. In: H. A.: Literar. Portraits. München 1962, 61-69

Amery, Carl: Eine christl. Position. In: Reich-Ranicki, M. (Hg.): In Sachen Böll. ⁷1980, 119ff.

Amery, Carl: Laudatio f. Heinrich Böll z. 29. April 1983. In: Heinrich Böll: Ich han dem Mädche nix jedonn, ich han et bloß ens kräje. Texte, Bilder, Dokumente z. Verleihung d. Ehrenbürgerrechts d. Stadt Köln, 29. April 1983 (Stadt Köln), 19-41

Andersch, Alfred: Christus gibt keinen Urlaub. Heinrich Böll »Wo warst du, Adam?« FH 6 (1951), 939-941

Angres, Dora: S.V. Roznovskij. Heinrich Böll. WB 15 (1969), 204-206

Anwälte der Humanität: Thomas Mann, Hermann Hesse, Heinrich Böll, Walter Jens, Hans Küng. München 1989

Aoki, Junzo: Bemerkungen zu Heinrich Böll in d. 70er Jahren, bes. zu s. jüngsten Roman »Fürsorgliche Belagerung« (Japan. m. dtsch. Zusammenfassung)). DB 72 (1984), 74-84

Armster, Charlotte: Katharina Blum: Violence an Exploitaton of Sexuality. In: Women in German. Yearbook 4, Feminist Studies and German Culture, ed. Marianne Burkhard, Jeanette Clause, Boston 1988

Arnold, Heinz Ludwig: Heinrich Bölls Versuch, der Massenhysterie zu wehren u. seine Folgen. In: H. L. A.: Brauchen wir noch Literatur? Zur literar. Situation in d. Bundesrepublik. Düsseldorf 1972, 114-121 (Literatur u. Gesellschaft 13); darin auch: H. L. A.: Fiktive Berichterstattung II: Heinrich Bölls Roman »Gruppenbild mit Dame«, 198-204

Arnold, Heinz Ludwig: Heinrich Bölls Roman »Gruppenbild mit Dame«. TuK 33, München ²1974

Arnold, Heinz Ludwig (Hg.): Die Gruppe 47. Ein krit. Grundriß. München 1980 (= Sonderbd. TuK)

Arnold, Heinz Ludwig (Hg.): Heinrich Böll. München ³1982 (= TuK 33)

Augstein, Rudolf: Der Katholik. In: Reich-Ranicki, M. (Hg.): In Sachen Böll. [7]1980, 97ff.

Augstein, Rudolf: Potemkin am Rhein. In: Böll, Heinrich: Ansichten eines Clowns: Roman/ m. Materialien u.e. Nachwort d. Autors. Köln 1985, 348-356

Bahr, Ehrhard: Geld u. Liebe in Bölls Roman »Und sagte kein einziges Wort«. UDR 12 (1976), no. 2, 33-39

Baker, Donna: Nazism and the Petit Bourgeois Protagonist. The novels of Grass, Böll and Mann. New Germ. Critique 5 (1975), 77-105

Balzer, Bernd: Einigkeit der Einzelgänger. In: Matthaei, R. (Hg.): Die subversive Madonna. Köln 1975, 11-30

Balzer, Bernd: Anarchie und Zärtlichkeit. In: Heinrich Böll, Werke, hg. v. B. B., Köln 1977, R. I, [1 -128]. Erg. Neuaufl. Bornheim-Merten 1987; darin auch: Im Swinegel?: 1981-1985, (170)-(182), ferner: Vermintes Gelände: 1974-1980, (154)-(163); ferner: Das Praktikable Modell: 1971-1973, (128)-(140)

Balzer, Bernd: Humanität als ästhetisches Prinzip.- Die Romane Heinrich Bölls. In: Hanno Beth (Hg.): Heinrich Böll. Königstein/Ts. [2]1980

Balzer, Bernd: Ausfall in die Sprachlosigkeit? In: Materialien z. Interpret. v. Heinrich Bölls »Fürsorgliche Belagerung«. Köln 1981, 37ff.

Balzer, Bernd: 1948-1950: Der »Kalte Krieg« u. die Spaltung Deutschlands; Heinrich Böll. In: Die dtschsprach. Literatur in d. Bundesrepublik Deutschland: Vorgeschichte u. Entwicklungstendenzen ... München 1988, 144-156

Balzer, Bernd: Ansichten eines Clowns. Frankfurt a.M. 1988 (Grundl. u. Gedanken z. Verständnis erzählender Lit.)

Batt, Kurt: Die Exekution des Erzählers: westdtsch. Romane zw. 1968-1972. In: K. B.: (Sammlung) Revolte intern. Betrachtungen z. Lit. in d. Bundesrepublik Deutschland. München 1975, 170-174

Bauer, Alexander: »Die Terroristen sind nicht die Kinder Hitlers ...«. Dialog m.d. dtsch. Literatur-Nobelpreisträger Heinrich Böll. AION 20 (1977/ 1978), 109-116

Bauer, Johann: Heinrich Böll: »Die Waage der Baleks«: drei Unterr.Entwürfe (8. Schulj.) / Johann Bauer; Klaus Gerth u. Hermann Helmers. In: Moderne Dichtg. im Unterr., hg. v. Hermann Helmers. Braunschweig [2]1972, 105-115

Baukloh, Friedhelm: ›Republikaner Böll‹. Blätter f. dtsch. u. intern. Politik 12 (1967), 1206ff.

Baumgart, Reinhart: Heinrich Bölls »Ansichten eines Clowns«. NRdsch 74 (1963), 477ff.

Baumgart, Reinhart: Kleinbürgertum u. Realismus. Überlegungen zu Romanen von Böll, Grass u. Johnson. NRdsch 75 (1964), 650-664

Baumgart, Reinhart: Götzendämmerung m. Nornen. Über Heinrich Bölls »Frauen vor Flußlandschaft«. Der Spiegel 36 (1985), 188ff.

Baumgart, Reinhart: Böll, Koeppen, Schmidt- diese drei. Merkur 40 (1986), 555-564

Beck, Evelyn T.: Ein Kommentar aus feministischer Sicht zu Bölls »Ansichten eines Clowns« (1976). In: Dell'Agli, A. M. (Hg.): Zu Heinrich Böll. Stuttgart 1984, 59-64 (LGW 65).

Beckel, Albrecht: Mensch, Gesellschaft, Kirche b. Heinrich Böll. Mit e. Beitr. v. Heinrich Böll: »Interview mit mir selbst«. Osnabrück 1966 (= Fromms Taschenbücher Zeitnahes Christentum)

Becker, Klaus: Interpret. u. Hinweise f.d. Unterr. Bd. I: Der Krieg (Der Zug war pünktlich/ Wanderer kommst du nach Spa... / Wir Besenbinder/ Wiedersehen mit Drüng/ Wiedersehen in der Allee/ Wo warst Du Adam?/ Als der Krieg begann). Bd. II: Der Nachkrieg (Als der Krieg zu Ende war/ Die Botschaft/ Und sagte kein einziges Wort/ Das Brot der frühen Jahre) Bd. III: Die Restauration (Dr. Murkes gesammeltes Schweigen / Hauptstädtisches Journal). Hollfeld o.J.

Becker, Rolf: Böll. Brot u. Boden. Der Spiegel 15 (6.12. 1961), 71-86

Becker, Wolfgang: Kölner Autoren- wie sie schreiben. In: ›Köln‹- Sonderheft 1969, 155ff.

Beckert, Michael: Untersuchungen am Erzählwerk Heinrich Bölls: Themen, Gestalten, Aspekte. Diss. Erlangen 1970

Beerheide, Hannelore: An der Angel. In: Interpret. zu Heinrich Böll ... Bd. 2. München [5]1975, 32-43 (Interpret. z. Dtschunterr.)

Benn, Maurice: Heinrich Bölls Kurzgeschichten. In: Jürgensen, M. (Hg.): Böll. Bern 1975, 165-179

Berger, Karl-Heinz: Heinrich Böll. Leben u. Werk. In: Dahne, Gerhard (Hg.): Westdtsch. Prosa (1945-1965). Ein Überblick. Berlin 1967

Berghahn, Klaus: Heinrich Böll »Aussatz«. Basis 1 (1970), 248-252

Berman, Russel A.: The Thetoric of Citation and the Ideology of War in Heinrich Böll's Short Fiction. GR 66 (1991), 155-160

Bernáth, Arpád: Gruppenbild mit Dame. Eine neue Phase im Schaffen Bölls. Vortr. Dortmund: Kulturamt d. Stadt 1973 (Dortm. Vortr. H. 17)

Bernáth, Arpád: Der Anfang e. mystischen Versuches. Zur Interpret. d. Erzählung »Der Zug war pünktlich« v. Heinrich Böll. (Teilstudie). In: Bernáth (u.a.): Texttheorie u. Interpret. Untersuchungen zu Gryphius, Borchert u. Böll, hg. v. Helmut Kreuzer. Kronberg/Ts. 1975 (Text, Kritik, Geschichte 9), 225-264

Bernáth, Arpád: Zur Stellung d. Romans »Gruppenbild mit Dame« in Bölls Werk. In: Matthaei, R. (Hg.): Die subversive Madonna. Köln 1975, 34-57

Bernáth, Arpád: Heinrich Bölls histor. Romane als Interpret. v. Handlungsmodellen. StPoet. Szeged 3 (1980), 307-370

Bernáth, Arpád: Das »Ur-Böll-Werk«: über Heinrich Bölls schriftsteller. Anfänge (Vergleich d. Romane »Das Vermächtnis« u. »Der Zug war pünktlich«). TuK 33. München [3]1982, 21-37

Bernáth, Arpád: Auftritt um Halbzehn? Über d. Roman »Ansichten eines Clowns« v. Heinrich Böll. UDR 17 (1985), no. 2

Bernáth, Arpád: Gewalt gegen Büffel. Zu Heinrich Bölls »Billard um halbzehn«. Spr. u. Lit. 68 (1991), 2-16

Bernhard, Hans Joachim: Geschichte aus d. »Provinz«: »Ende einer Dienstfahrt«. NDL 16 (1968), 2, 169ff. u. in: Lengning, W. (Hg.): Der Schriftsteller Heinrich Böll, München [3]1972, 90-98

Bernhard, Hans Joachim: Die Romane Heinrich Bölls. Gesellschaftskritik u. Gemeinschaftsutopie. Berlin ²1973

Bernhard, Hans Joachim: Der Clown als Verf. NDL 20 (1972), 4, 157ff.

Bernhard, Hans Joachim : Zu poet. Grundpositionen Heinrich Bölls. In: Jürgensen, M. (Hg.): Böll. Bern 1975, 77-92

Bernhard, Hans Joachim: Es gibt sie nicht, und es gibt sie. Zur Stellung d. Hauptfigur in d. epischen Konzeption d. Romans »Gruppenbild mit Dame«. In: Matthaei, R. (Hg.): Die subversive Madonna. Köln 1975, 58-80

Bernhard, Hans Joachim: Bewahrung des Humanen. NDL 33 (1985), 12, 77-85

Bernhard, Hans Joachim: Die Anfänge Heinrich Bölls u.d. Wiederanfang d. westdtsch. Literatur nach 1945. In: Heinrich Böll. Vortragsabende zu s. 70. Geburtstag an der Univ. zu Köln. 15.-18. Dezember 1987 (Kölner Univ.Reden 70), 26-37

Bertermann, Hanne Christa: Heinrich Böll. Ein Bücherverzeichnis. Dortmund 1958

Bertrand, Yves: Le style indirect dans »Ende einer Dienstfahrt« de Heinrich Böll. Nouvelles cahiers d'allemand 9 (1991), 3, 1-22

Best, Otto F.: Der weinende Held. In: Reich-Ranicki, M. (Hg.): In Sachen Böll. ⁷1980, 89-94

Beth, Hanno: Trauer zu dritt und mehreren. Notizen zum polit. Publizisten Heinrich Böll. TuK 33, 1973

Beth, Hanno (Hg.): Heinrich Böll. Eine Einführung in d. Gesamtwerk in Einzelinterpret. Regensburg, Königstein/Ts. 1975; ²1980, darin u.a.: Rufmord u. Mord: die publizist. Dimension d. Gewalt. Zu Heinrich Bölls Erzählung »Die verlorene Ehre der Katharina Blum«, 69-95

Beutler, Werner: Der neue alte Böll. Zum »Ende einer Dienstfahrt«. Werkhefte 21 (1967), 24ff.

Beyersdorf, H. E.: The great refusal in Heinrich Bölls »Gruppenbild mit Dame«. GR 58 (1983), 153-157

Bialek, Halina: Heinrich Bölls »Ende einer Dienstfahrt«. Versuch einer Interpret. GermWrat 15 (1971), 47-60

Bienek, Horst: Heinrich Böll/ Horst Bienek/ Karl Markus Michel. In: H. B.: Werkstattgespräche m. Schriftstellern. München 1969, 168-184

Bieser, Wolfgang: Von Bamm bis Böll – Beobachtungen u. Gedanken z. dtsch. Bewußtsein v. Zweiten Weltkrieg. Werkhefte 5 (1957), 130ff.

Blamberger, Günter: Heinrich Bölls Poetik des Romans u. die »Ansichten eines Clowns« oder Literatur zw. Verzweiflung u. Verantwortung. In: G. B.: Versuch über d. dtsch. Gegenwartsroman: Krisenbewußtsein u. Neubegründung im Zeichen d. Melancholie. Stuttgart 1985, 104-108 u. 127-134

Blank, Ulrich: Texte zu: Heinrich Böll. Fotografiert v. Chargesheimer, Jupp Darchinger u. Gerd Sander. Bad Godesberg 1968 (Autorenbilder 1, hg. v. Adalbert Wiemers)

Blöcker, Günter: Heinrich Böll- Das Brot der frühen Jahre; Billard um halbzehn. In: G. B.: Krit. Lesebuch. Literatur unserer Zeit in Probe u. Bericht. Hamburg 1962, 285ff.

Böll, Alfred: Bilder einer dtsch. Familie. Die Bölls. Bergisch-Gladbach 1981

Böll in Reutlingen. Eine demoskop. Untersuchung z. Verbreitung eines erfolgreichen Autors. In: Literatur u. Leser. Theorien u. Modelle z. Rezeption literar. Werke, hg. v. Gunter Grimm. Stuttgart 1975, 240-271

Böll, Heinrich: Nachwort 1985: (zu »Ansichten eines Clowns« u.z. Kritik d. Romans). In: H. B.: Ansichten e. Clowns: Roman/ m. Materialien u.e. Nachwort d. Autors. Köln 1985, 411-416

Böll, Heinrich: Gruppenbild mit Dame: ein Tonbandinterview/ Heinrich Böll u. Dieter Wellershoff. In: Matthaei, R. (Hg.): Die subversive Madonna. Köln 1975, 141-155

Böll, Heinrich: Sonderheft. Mit Beitr. v. Heinrich Vormweg, Dorothee Sölle, Willy Brandt u.a. In: L'80. Zschr. f. Literatur u. Politik, Berlin. 36 (1985), 13-85

Böll, Heinrich: Ein Werk überwindet Grenzen. Katalog z. Ausstellung im Staatl. Literaturmuseum in Moskau 28.6.-27.7. 1986, hg. v. d. Stadt Köln. Köln 1986

Böll, René u.a.: Heinrich Böll. Leben u. Werk (70. Geburtstag am 21.12. 1987). Köln/Bornheim-Merten/München 1987

Böll, Victor: Sicherheitsgeschädigt: Personal u. Leser. TuK 33, ³1982, 76-88

Böll, Viktor u. Yvonne Jürgensen (Hg.): Heinrich Böll als Filmautor. Rezensionsmaterial aus d. Literatur-Archiv d. Stadtbücherei Köln zus. gest. anläßl. d. Böll-Filmreihe d. Volkshochschule Köln, hg. v. d. Stadt Köln. Köln 1982

Böll, Viktor (Red.): Heinrich Böll: Die verlorene Ehre der Katharina Blum oder: Wie Gewalt entstehen und wohin sie führen kann. Informationen z. Ausstellung i.d. Zentralbibliothek Köln. Juni 1980

Böll, Viktor (Hg.): Böll u. Köln. Köln 1990

Bogdal, Klaus Michael: Der Böll: Erkundungen über einen Gegenwartsautor in d. Schule. TuK 33, ³1982, 126-137

Borghese, Lucia: Invito alla lettura di Heinrich Böll. Milano 1980

Bossinade, Johanna: Nichtlebend, untot: zur literar. Existenz d. Frau am Beispiel v. Heinrich Böll (Antigone-Modell). In: Berger, R. u.I. Stephan: Weiblichkeit u. Tod in d. Literatur. Köln 1987, 230-240

Bracht, Edgar: Das Bild d. russ. Kriegsgefangenen u. »Fremdarbeiter« in Heinrich Bölls »Gruppenbild mit Dame«. LWU 21 (1988), 83-107

Brettschneider, Werner: Die Gesellschaft d. Bundesrepublik. Heinrich Böll. In: Zorn u. Trauer: Aspekte dtsch. Gegenwartsliteratur. Berlin 1979, 76-82

Brinkmann, Hennig: Heinrich Bölls »Es wird etwas geschehen«. Eine handlungsstarke Geschichte. Aufschließung e. literar. Textes v. d. Satzmodellen aus. WW 14 (1964), 365-375

Brinkmann, Karl: Der Mann mit den Messern- Damals in Odessa- Wanderer, kommst du nach Spa- Lohengrins Tod- Wie in schlechten Romanen- Undines gewaltiger Vater. In: Interpret. zeitgenöss. dtsch. Kurzgeschichten. Bd. 3 u. 6. Hollfeld 1964-70

Bronsen, David: Böll's women. Patterns in male-female relationship. MDU 6. Madison 1965, 291-300

Brückl, Otto: Kunst u. Ethik in d. zeitgenöss. Kurzgeschichte: Elisabeth Langgässer, Gerd Gaiser, Heinrich Böll. AG 2 (1968), 89-115

Bruck, Elisabeth: Gestaltung u. Funktion der Innenräume bei Heinrich Böll. M-Diss. Wien 1972

Bruhn, Peter u. Henry Glade: Heinrich Böll in d. Sowjetunion. 1952-1979. Berlin 1980

Bruyn, Günter de: Als der Krieg ausbrach. Über Heinrich Böll. SuF 41/1989, 941-947

Bukowski, Peter: Zur Rezeption d. krit. Realismus in d. Sowjet-Union. Die Kritik d. Werke Heinrich Bölls. In: Nowikowa, I. (Hg.): Rezeption westeurop. Autoren in d. Sowjetunion. Auswahlkriterien u. Kritik. T. 2. Hamburg 1979 (Hamburger Beiträge f. Russischlehrer 15), 41-104

Bullivant, Keith: Heinrich Böll- A Tribute. GLL 39 (1986), 3, 245-251

Burbach, Ute; Kothy, Gerhard u.a.: Heinrich Böll- eine biogr. Skizze. In: Beth, H. (Hg.): Heinrich Böll. Königstein/Ts. ²1980, 1-39

Burgauner, Christoph: Ansichten eines Unpolitischen. Gesinnung u. Entwicklung Heinrich Bölls. FH 29 (1974), 345-355

Burns, Robert A.: The theme of non-conformism in the work of Heinrich Böll. Coventry: Univ. of Warwick 1973 (Univ. of Warwick occasional papers in German studies 3)

Busse, Karl Heiner (Hg.): Heinrich Böll »Das Vermächtnis«/ m. Materialien u.e. Nachwort. Köln 1990

Carlson, Ingeborg: Heinrich Bölls »Gruppenbild mit Dame« als frohe Botschaft der Weltverbrüderung. UDR 12 (1976), no. 2

Cases, Caesare: Dreimal gelesen: Heinrich Böll, Die Waage der Baleks. In: Reich-Ranicki, M. (Hg.): In Sachen Böll. ⁷1980

Castelli, Ferdinando: Heinrich Böll. Vagabondo tra le Macerie. In: Civiltà cattolica. Rom 125 (1974), 4, 141-152

Chiusano, Italo Alighiero: Heinrich Böll. Firenze 1974 (Il castoro 90)

Chwojdrak, Günther: Quo vadis, Heinrich Böll? In: G. C.: Eine Prise Polemik. 7 Essays z. westdtsch. Lit., Halle 1965

Claas, Herbert: Engagierte Zeitgenossenschaft d. Literatur: Heinrich Böll in d. Tradition polit. Publizistik. In: Förster, J. (Hg.): Heinrich Böll als polit. Publizist: drei Studien u. ein Kurs-Modell f.d. Unterrichtspraxis. Bad Honnef 1983, 9-20

Clason, Synnöve: Der andere Blick. Studien z. dtschsprach. Literatur d. 70er Jahre. Stockholm 1988 (Stockholmer Germanist. Forschungen 39)

Conard, Robert C.: Two Novels about Outsiders: The Kinship of J.D. Salinger's The Catcher in the Rye with Heinrich Bölls »Ansichten eines Clowns«. UDR 5 (1969), no. 3, 23-27

Conard, Robert C.: Report of the Böll Archive at Boston University Library. UDR 10 (1973), no. 2, 11-14

Conard, Robert C.: The Humanity of Heinrich Böll. Love and Religion. In: Boston Univ. Journal. Boston/Mass. 21 (1973), 1, 35-42

Conard, Robert C.: Introduction to the poetry of Heinrich Böll. UDR 13 (1976/77), no. 1, 9-22

Conard, Robert C.: Heinrich Böll's essays as art forms. An introduction of »The Moscow bootblacks«. UDR 13 (1976/77), no. 1, 75-80

Conard, Robert C.: Böll contra Brecht. »The Balek scales« reassessed. In: Ley, R. J. (ed.): Perspectives and personalities. Studies in modern Germ. literate honoring Claude Hill. Heidelberg 1978, 101-109

Conard, Robert C.: Heinrich Böll. Boston 1981

Conard, Robert C.: Heinrich Bölls »Nicht nur zur Weihnachtszeit«. A Satire for All Ages. In: GR 59 (1984), 3, 97-103

Conard, Robert C.: Gedichte ohne ästhetische Konformität: Einführung in d. Lyrik Heinrich Bölls. In: Rademacher, G. (Hg.): Heinrich Böll als Lyriker: Eine Einführung in Aufsätzen, Rezensionen u. Gedichtproben. Frankfurt a.M. 1985, 11-35

Conrady, Karl Otto: Gegenwärtige Vergangenheit. Gedanken über »Eine Liebe in Deutschland«. In: Rolf Hochhuth- Eingriff, 231-252

Cotet, Pierre: Les debuts d'un ecrivain. Heinrich Böll. EG 13 (1958), 139-144

Coupe, W. A.: Heinrich Böll's »Und sagte kein einziges Wort«- An Analysis. GLL 17 (1963/64), 238-249

Criman, Ralph P.: Literaturtheolog. Beobachtungen z. modernen Dichtung: Heinrich Böll » Ansichten eines Clowns«. In: R. P. C.: Literaturtheologie: Studien z. Vermittlungsproblem zw. Germanistik u. Theologie, Dichtung u. Glaube, Literaturdidaktik u. Religionspädagogik. Frankfurt a.M. 1978, 96-104 (Europ. Hochsch. Schr.: R. 1, Dtsch. Spr. u. Lit. 240)

Dahne, Gerhard: Westdeutsche Prosa. Ein Überblick. Heinrich Böll. Berlin 1967 (Schriftsteller d. Gegenwart. Dtsch. Reihe 18)

Daniels, Karlheinz: Wandlungen d. Dichterbildes b. Heinrich Böll: Wir Besenbinder. Es wird etwas geschehen. Neophil. 49 (1963), 32-43

Daniels, Karlheinz: Zur Problematik d. Dichterischen b. Heinrich Böll: »Steh auf, steh doch auf«; »Der Wegwerfer«. Saltsjö-Duvnäs 1966

Dell'Agli, Anna Maria: Moralismo tedesco del dopoguerra nell'opera di Heinrich Böll. AION 2 (1960), 111-125

Dell'Agli, Anna Maria: Heinrich Böll el l'iconolatria (Mit ital., engl., dtsch. Zusammenfassung). AION 16 (1973), 7-29; 352-353

Dell'Agli, Anna Maria: Spanisch lernen: eine verborgene Kurzgeschichte? Zu e. Episode in Bölls »Fürsorgliche Belagerung«. AION 25 (1982), 425-434

Dell'Agli, Anna Maria (Hg.): Zu Heinrich Böll. Stuttgart 1984 (LGW 65), darin: Dell'Agli, A. M.: Heinrich Böll: Annäherungsversuche an ein (sehr lebendiges) Denkmal

Demetz, Peter: Heinrich Böll: Bürger u. Romanschriftsteller. In: P. D.: Fette Jahre, magere Jahre: dtschsprach. Lit. v. 1965-1985. München 1988, 106-122

Demetz, Peter: Acht Erzähler: Portraits; Heinrich Böll. In: P. D.: Die süße Anarchie: dtsch. Lit. seit 1945; eine krit. Einführung. Berlin 1970, 220-235; Frankfurt a.M. 1973, 237-252

Deschner, Karlheinz: Talente, Dichter, Dilettanten. Überschätzte u. unterschätzte Werke d. dtsch. Lit. d. Gegenwart. 1968 (darin S. 13-48 Heinrich Böll: »Billard um halbzehn«)

Deschner, Margarete N.: Böll's Lady: A New Eve. UDR 11 (1974), no. 2

Deschner, Margarete N.: Böll's Utopian Feminism. UDR 17 (1982), no. 2

Doderer, Klaus: Die Kurzgeschichte in Deutschland, ihre Form u. ihre Entwicklung. Wiesbaden 1953

Doderer, Klaus: »Als der Krieg ausbrach«: Versuch e. Deutung d. Erzählweise u. des Gehalts. In: Interpret. zu Heinrich Böll, Bd. 1. München ^{5}1975, 9-22 (Interpret. z. Dtschunterr.)

Dörr, Arnold: Christl. u. gesellschaftl. Motive in Romanen Heinrich Bölls. 1980

Donner, W.: Der lüsterne Meinungsterror: ›Die verlorene Ehre der Katharina Blum'. Die Zeit 10.10. 1975, 44

Dormagen, Paul; Klose, Werner u.a. (Hg.): Handbuch z. modernen Lit. im Unterr. Frankfurt ^{2}1965

Dose, Helga: »Ende einer Dienstfahrt«. BA 41/2 (1967), 186-187

Dotzenrath, Theo: Heinrich Böll »Die schönsten Füße der Welt«. (Versuch e. Interpret. aus »Irisches Tagebuch«). WW 8 (1957/58), 302-307

Duroche, Leonard L.: Bölls »Ansichten eines Clowns« in existentialist perspective. Symposion 25 (1971), 347-358

Durzak, Manfred: Kritik u. Affirmation. Die Romane Heinrich Bölls. In: M. D.: Der dtsch. Roman d. Gegenwart. Stuttgart 1971 (Spr. u. Lit. 70), 19-107, ^{3}1979

Durzak, Manfred: Heinrich Bölls epische Summe? Zur Analyse u. Wirkung seines Romans »Gruppenbild mit Dame«. Basis 3 (1972), 174-197

Durzak, Manfred: Entfaltung oder Reduktion des Erzählers? Vom »Verf.« des »Gruppenbildes« z. Berichterstatter d. »Katharina Blum«. In: Jürgensen, M. (Hg.): Böll. Bern 1975, 31-54

Durzak, Manfred: Leistungsverweigerung als Utopie? In: Matthaei, R. (Hg.): Die subversive Madonna. Köln 1975

Durzak, Manfred: Gespräch über den Roman m. Joseph Breitbach, Elias Canetti, Heinrich Böll, Siegfried Lenz, Hermann Lenz, Wolfgang Hildesheimer, Peter Handke, Hans Erich Nossak, Uwe Johnson, Walter Höllerer. Formbestimmung u. Analysen. Frankfurt 1976 (Suhrkamp-Tb. 318)

Durzak, Manfred: Heinrich Böll: die Verdichtung d. Zeitgeschichte- Salinger, in: M. D.: Die dtsch. Kurzgeschichte d. Gegenwart: Autorenporträts, Werkstattgespräche, Interpretationen. Stuttgart ^{2}1983; ^{2}1983, 124-136, 324-327

Durzak, Manfred: Jerome D. Salinger, Heinrich Böll u. Ulrich Plenzdorf: Der Fänger im Roggen u. seine dtsch. Gefährten. In: M. D.: Das Amerika-Bild in d. dtsch. Gegenwartslit.: histor. Voraussetzungen u. aktuelle Beispiele ... Stuttgart 1979, 145-163 (Spr. u. Lit. 105)

Eben, Michael C.: Heinrich Böll: the aesthetic of bread- the communion of meal. OL 37 (1982), 255-273

Eben, Michael C.: Heinrich Bölls »Billard um halbzehn«: the step beyond the static. Neoph. 70 (1986), 592-602

Ebert, Harald: Identifikation u. Ablehnung. Zur Erzähltechnik in d. Romanen Heinrich Bölls. DB 54 (1975), 94-104

Egger, Fritz: »Es wird etwas geschehen«. In: Interpret. zu Heinrich Böll. Bd. 2. München ⁵1975, 94-101 (Interpret. z. Dtschunterr.)

Eljaschewitz, A.: Menschen mit leiser Stimme. Der schöpferische Weg Heinrich Bölls. Kunst u. Literatur 13 (1965), 1151-1183

Emrich, Wilhelm: Selbstkritisches Erzählen: Heinrich Bölls »Entfernung von der Truppe«. In: W. E.: Poetische Wirklichkeit. Wiesbaden 1979, 162-166, 194 (zuerst in: Reich-Ranicki, M. (Hg.): In Sachen Böll, 290-297)

Enderstein, Carl O.: Heinrich Böll u. seine Künstlergestalten. GQ 43 (1970), 733-748

Endres, Elisabeth: Die Literatur der Adenauerzeit, München 1980

Endres, Elisabeth: Die Abtei Sankt Anton in »Billard um halbzehn«. In: Reich- Ranicki, M. (Hg.): In Sachen Böll. München ⁷1980, 276-282

Enzensberger, Hans M.: Satire als Wechselbalg. Merkur 12 (1958), 7, 686-689

Erzähler, Rhetoriker, Kritiker: Zum Vermächtnis Heinrich Bölls. Mit Beiträgen v. Heinrich Vormweg u.a. Bensberg 1987 (Bensberger Protokolle 51)

Fabritius, Rudolf: Komik, Humor u. Verfremdung in Heinrich Bölls Erzählung »Unberechenbare Gäste«. DU 17 (1966), 3, 63ff.

Falkenstein, Henning: Heinrich Böll. Berlin 1987 (Köpfe d. 20. Jhs., 105)

Faulstich, Werner: Krit. Randbemerkung zu d. Beitrag »Heinrich Bölls Erzählung ›Die verlorene Ehre der Katharina Blum‹ u. d. gleichnamige Verfilmung v. Volker Schlöndorff u. Margarete v. Trotta« v. Heidemarie Fischer-Kesselmann. DD 15 (1984), 449-454

Feinäugle, Norbert: Heinrich Bölls »Nicht nur zur Weihnachtszeit«. Satiren. In: Haas, G. (Hg.): Literatur im Unterricht. Modelle zu erzähler. u. dramat. Texten in d. Sekundarstufen I u. II. Stuttgart 1982, 163ff.

Fetscher, Iring: Menschlichkeit u. Humor: »Ansichten eines Clowns«. In: Reich-Ranicki, M. (Hg.): In Sachen Böll. Köln ⁷1980, 275ff.

Fetzer, John: The scales of injustice: Comments on Heinrich Böll's »Die Waage der Baleks«. GQ 45 (1972), 470-479

Fischer, Ernst: Engagement u. Gewissen. In: Reich-Ranicki, M. (Hg.): In Sachen Böll. ⁷1980, 153-162

Fischer, Heinz: Sprachl. Tendenzen b. Heinrich Böll u. Günter Grass. GQ 40 (1967), 372ff.

Fischer, Ludwig (Hg.): Literatur in d. Bundesrepublik Deutschland bis 1967. München 1986 (= Hansers Sozialgeschichte d. dtsch. Lit., Bd. 10)

Fischer-Kesselmann, Heidemarie: Heinrich Bölls Erzählung »Die verlorene Ehre der Katharina Blum« u.d. gleichnamige Verfilmung v. Volker Schlöndorff u. Margarethe v. Trotta. DD 14 (1984), 1, 186-200

Fischer-Kesselmann, Heidemarie: Antwort auf Werner Faulstichs »Kritische Randbemerkungen«... DD 15 (1984), 680-81

Förster, Jürgen: Kapitalismus-Kritik als Thema moderner Kurzprosa: Heinrich Böll, Anekdote zur Senkung der Arbeitsmoral. In: J. F.: Kurzprosa als Spiegel d. Wirklichkeit: didakt. Analysen u. Reflexionen v. Texten v.

Aichinger, Bichsel, Musil, Meckel, Böll u. Biermann. Bad Honnef 1981, 66-74

Förster, Jürgen: Die »publizistische Aneignung erlebter Geschichte«: Heinrich Bölls literar.-polit. Publizistik im Kursunterricht f. Sekundarstufe II; ein Unterrichtsvorschlag f.d. Jg. Stufe 11/12. In: J. F. (Hg.): Heinrich Böll als polit. Publizist: drei Studien u.e. Kurs-Modell f.d. Unterrichtspraxis. Bad Honnef 1983, 99-123

Frank, Brigitte: »Die Waage der Baleks«. In: Interpret. zu Heinrich Böll... München ⁵1975 (Interpret. z. Dtschunterr.)

Franklin, James C.: Alienation and the retention of the self: the heroine of Der gute Mensch von Sezuan, Abschied von gestern, and Die verlorene Ehre der Katharina Blum. Mosaic 12 (1978/79), 4, 87-98

Friedrichs, Reiner: Heinrich Böll: So ein Rummel; Anekdote zur Senkung der Arbeitsmoral. In: R. F.: Unterrichtsmodelle modern. Kurzgeschichten in d. Sek. Stufe I. München 1979, 88-95; 124-130 (Schriften z. Schulpraxis 63)

Friedrichsmeyer, Erhard: Böll's satires: »Keine Träne um Schmeck«. UDR 10 (1973), no. 2, 5-10

Friedrichsmeyer, Erhard: Die satirischen Kurzprosa Heinrich Bölls. Chapell Hill 1981

Friedrichsmeyer, Erhard: Heinrich Bölls Selbstverständnis als Satiriker. CollGerm 18 (1985), 3, 202-210

Friedrichsmeyer, Erhard: Böll's Short Stories since 1977. UDR 17 (1985), no. 2, 63-70

Friedrichsmeyer, Erhard: Die utopischen Schelme Heinrich Bölls. In: Hoffmeister, G. (Hg.): Der moderne dtsch. Schelmenroman: Interpretationen. Amsterdam 1986, 159-172

Fritz, Axel: Heinrich Bölls neuer Roman »Fürsorgliche Belagerung«. Mod. Spr. 74 (1980), 2, 139-145

Fuente Fernandez, Franzisko Javier: Estrutures literarias en »Opiniones de un payaso« de Heinrich Böll. ComGerm, no. 6 (1982), 99-112

Funke, Brigitte: »Die Essenholer«. In: Interpret. zu Heinrich Böll. Bd. 1. München ⁵1975, 23-32 (Interpret. z. Dtschunterr.)

Gaus, Günter: Die politische Vergeßlichkeit. In: Reich-Ranicki, M. (Hg.): In Sachen Böll. ⁷1980, 114-119

Geiss, Immanuel u. Dieter Posser: Schuld u. Sühne- ein Dialog über Bölls Stellungnahme z. Baader-Meinhof-Gruppe. Junge Kirche 33 (1972), 197ff.

Gerber, Harald: Erläuterungen zu Heinrich Böll: Kurzgeschichten, Erzählungen u. Romane. Teil I: Krieg u. Nachkrieg. Hollfeld 1987. Teil II: Restauration u. Wohlstandsgesellschaft. Hollfeld 1988 (Königs Erläuterungen 358/359 u. 370/371)

Gerber, Harald: Heinrich Böll. Erzählungen u. Romane. Interpretation u. unterrichtsprakt. Vorschläge. Hollfeld 1989 (Analysen u. Reflexionen 68)

Gerth, Klaus: Die Arbeit m.d. Lesebuch i. 7.-9. Schuljahr. Interpret. didakt. Überlegungen z. ›Lesebuch 65‹. Hannover 1966 (zu »Die Waage der Baleks«)

Ghurye, Charlotte W.: The writer and society. Studies in the fiction of Günter Grass and Heinrich Böll. Bern 1976 (Europ. Univ. Papers. Ser. 1 Bd. 139)

Ghurye, Charlotte W.: Heinrich Bölls »Fürsorgliche Belagerung«. A Bloodless Novel of Terrorism? UDR 17 (1985), no. 2, 77-82

Giles, Steve: Narrative transmission in Böll's »Die verlorene Ehre der Katharina Blum«. ML 65 (1984), 157-163

Glade, Henry: Soviet Views of Heinrich Böll. Arcadia 7 (1972), 65-73

Glade, Henry, u. Konstantin Bogatyrev: The Soviet version of Heinrich Böll's »Gruppenbild mit Dame«: The translator as censor. UDR 12 (1976), 2, 51-56

Glade, Henry: Heinrich Böll in der Sowjetunion- Abriss d. sowjet. Böll-Rezeption 1952-1979. In: Bruhn, Peter: Heinrich Böll in der Sowjetunion 1952-1979: Einführung in d. sowj. Böll-Rezeption u. Bibliographie der in d. UdSSR in russ. Sprache ersch. Schriften von u. über Heinrich Böll. Berlin 1980, 9-61 (Beitr. teilw. russ.), darin auch: »Lyrisches Epos und literarisches Märchen«: sowjetische Interpretationen zum »Gruppenbild« (1972-1973), 48-53

Glade, Henry: Gegen das Lukács'sche ›Rezept‹. Anomalie der Rezeption v. Heinrich Bölls Kurzgeschichte in d. Sowjetunion. TuK 33 (³1982), 138-142

Glade, Henry: Die Rezeption d. zeitgenöss. dtsch. Literatur in d. Phase d. sowj. Perestroika am Beispiel Heinrich Böll, Siegfried Lenz u. Günter Grass. Arcadia 24 (1989), 303-313

Glaser, Hermann: Bölls Aufsätze, Kritiken, Reden -Schnappschußprosa m. Überblende. In: Beth, H. (Hg.): Heinrich Böll. Königstein/Ts. ²1980, 149-161

Glotz, Peter: Bölls Bonn. FH 9/1985, 778ff.

Goes, Albrecht: Die Zahnpastatube in »Ansichten eines Clowns«. In: Reich-Ranicki, M. (Hg.): In Sachen Böll. ⁷1980, 285ff.

Gössmann, Wilhelm: Trivialität u. Gesellschaftskritik i. modernen Roman. SdZ 97 (1972), 103-119

Gössmann, Wilhelm: Die politische Rhetorik Heinrich Bölls u. »Das Wort Christ ist mir zu anspruchsvoll«: d. literar. Religionskritik Heinrich Bölls. In: Erzähler, Rhetoriker, Kritiker ... Bensberg 1987, 27-58 u. 89-114 (Bensberger Protokolle 51)

Goette, Ernst: Heinrich Böll – das politische Engagement d. Schriftstellers. Einführung in Leben u. Werk, 3 Tle. Erziehungswissensch. u. Beruf 21 (1973), 4, 376-384; 22 (1974), 1, 72-82; 3, 311-32

Goette, Ernst u. Jürgen-Wolfgang Goette: Interpret. f.d. krit. Deutschunterr.: Heinrich Böll »Die Waage der Baleks« u. Siegfried Lenz »Ein Freund der Regierung«. Erziehungswiss. u. Beruf 22 (1974), 311ff.

Goette, Ernst u. Jürgen-Wolfgang Goette: Interpret. f.d. krit. Deutschunterr. Didakt. u. method. Hinweise z. ›Kritischen Lesebuch‹. Rinteln 1977 (darin: S. 153-154 »Anekdote zur Senkung der Arbeitsmoral«; S. 186-187 »Brief an einen jungen Katholiken«; S. 247-249 »Das Sakrament des Büffels« aus »Billard um halbzehn«; S. 250-252 »Die Waage der Baleks«; S. 277-278 »Über mich selbst«)

Goette, Ernst: Zur Unterrichtsvorbereitung: Anekdote (Unterrichtsmodell); Heinrich Böll, Anekdote zur Senkung der Arbeitsmoral, in: Deutschunterr.: Lehrproben. Unterr.Modelle- Stundenverläufe. Bd. 1: Epik, hg. v. Ernst Goette. Rinteln ²1984, 42-47

Göttert, Karl-Heinz: Praktizierte Verständnislosigkeit. Eine kommunikationstheoret. Anm. zu Heinrich Bölls Terrorismus-Äußerungen. LuD 11 (1980), 168-76

Göttlicher, Kerstin: »Es muß ein neuer Begriff für das Sakramentale gefunden werden«. Zur Bedeutung von Religion ... am Beispiel ... »Gruppenbild mit Dame«. Spr. u. Lit. 68 (1991), 17-32

Goetze, Karl-Heinz: Heinrich Böll: Unlust am polit. Denken. »Fürsorgliche Belagerung«. Die Neue 12. u. 13.10. 1979

Goetze, Karl-Heinz: Heinrich Böll: »Ansichten eines Clowns«. Modellanalysen z. dtsch. Lit. Bd. 18. München 1985

Goldstücker, Eduard: Botschafter Böll. In: Reich-Ranicki, M. (Hg.): In Sachen Böll. ⁷1980, 231ff.

Gollwitzer, Helmut: Heinrich Böll. Argument 27 (1985), 640-642

Gomis, Joan: Catolicisme i societat capitalista. Barcelona 1973

Graf, Günter: Literaturkritik. Eine Einführung am Beispiel v. Heinrich Böll ›Die verlorene Ehre der Katharina Blum‹. Text- u. Arbeitsbuch. Frankfurt 1984

Grandell Silén, Ulla: Marie, Leni, Katharina und ihre Schwestern. Eine Analyse d. Frauenbildes in drei Werken v. Heinrich Böll. Stockholm 1982

Grothe, Wolfgang: Biblische Bezüge im Werk Heinrich Bölls. StNeoph. 45 (1973), 306-322

Grothmann, Wilhelm: Die Rolle der Religion im Menschenbild Heinrich Bölls. GQ 44 (1971), 191-207

Grothmann, Wilhelm: Zur Struktur des Humors in Heinrich Bölls »Gruppenbild mit Dame«. GQ 50 (1977), 150-160

Grützbach, Frank (Hg.): Heinrich Böll: Freies Geleit für Ulrike Meinhof. Ein Artikel u. seine Folgen. Köln 1972

Haasch, Günther: Ästhetik u. Gesellschaft. Erzählstruktur u. Gesellschaftskritik im Werk Heinrich Bölls. DB 57 (1976), 71-83

Haase, Horst: Charakter u. Funktion der zentralen Symbolik in Heinrich Bölls Roman »Billard um halbzehn«. WB 10 (1964), 219-226

Habe, Hans: Requiem auf Heinrich Böll. In: Heinrich Böll: Die verlorene Ehre der Katharina Blum/ m. Materialien u.e. Nachwort d. Autors. Köln 1984, 251-258

Habib, Mohamed: Die Sozialisation d. Kindes u.d. Jugendlichen im Erzählwerk Heinrich Bölls bis 1957. Frankfurt 1991 (Europ. Hochsch. Schr.: R. 1, Dtsch. Spr. u. Lit. 1226)

Häny, Arthur: Heinrich Böll. Schweizer Monatshefte 44 (1964/65), 271ff.

Härtling, Peter: Notizen zu dem Buch »Und sagte kein einziges Wort«. In: Reich-Ranicki, M. (Hg.): In Sachen Böll. ⁷1980, 233ff.

Härtling, Peter: Leben u. Werk von Heinrich Böll. In: Meine Lektüre. Darmstadt 1981, 54-62

Harang, Ulrike: Heinrich Böll u. die klassische russ. Literatur. Diss. Jena 1981

Harpprecht, Klaus: Seine katholische Landschaft. In: Reich-Ranicki, M. (Hg.): In Sachen Böll. [7]1980, 82-91

Hartlaub, Geno: Leni und das Brot des Lebens. Dtsch. Allg. Sonntagsblatt, Nr. 31 v. 01.08. 1971, 21

Hartlaub, Geno: Metaphysisch religiös. FH 26 (1971), Nr. 10, 792-794

Hartung, Rudolf: Böll »Gruppenbild mit Dame«. NRdsch 82 (1971), 753ff.

Hasenfuß, Josef: Gedanken über Heinrich Böll. Dtsch.Stud. 5 (1967), 17, 87-89

Head, David: »Der Autor muß respektiert werden«- Schlöndorff/Trottas »Die verlorene Ehre der Katharina Blum« and Brechts critique of film adaption. GLL 32 (1978/79), 248-264

Heer, Friedrich: Zur Situation des westdtsch. Katholizismus.- Zum 50. Geburtstag Heinrich Bölls. Werkhefte 12 (1967), 377ff.

Heißenbüttel, Helmut u. Hans Schwab-Felisch: Wie man dokumentarisch erzählen kann. Zwei Stimmen zu Heinrich Bölls neuem Roman. Merkur 25 (1971), 911-914

Heißenbüttel, Helmut: Erzählung von einem sentimentalen Wirrkopf und Trottel? Heinrich Bölls »Fürsorgliche Belagerung«. Freibeuter 4 (1980), 157-161

Heißenbüttel, Helmut: Antinachruf-Nachruf auf Heinrich Böll. Freibeuter 25 (1985), 114-118

Hell, Victor: Littérature et société en Allemagne l'exemple de Heinrich Böll. Revue d'Allemagne. Littérature en R.F.A. Paris 5 (1973), no. 1, 66-80

Helmers, Hermann: Fortschritt des Lit.Unterr. Stuttgart 1974 (S. 153-154 »So ein Rummel« als Unterrichtsmodell)

Helmers, H.: Wilhelm Raabe u. Heinrich Böll. Jb. d. Raabe-Gesellschaft 1981, 105-117

Helmich, Wilhelm: Wege zur Prosadichtung des 20. Jhs. Eine didakt. Untersuchung. Braunschweig 1960 (S. 19 »Die Waage d. Baleks«; S. 47-48 »Der Zug war pünktlich«)

Hengst, Heinz: Die Frage nach der »Diagonale zw. Gesetz u. Barmherzigkeit«. Zur Frage d. Katholizismus im Erzählwerk Bölls, TuK 33, 1973 u. [3]1982, 99ff.

Henke, Conrad: Heinrich Bölls »Wie in schlechten Romanen«. Ein Unterrichtsgespräch in Oberprima. WW 14 (1964), 270-275

Herles, Wolfgang: Natur u. Sozialutopie in Heinrich Bölls »Irisches Tagebuch«. In: W. H.: Der Beziehungswandel zw. Mensch u. Natur im Spiegel d. dtsch. Literatur seit 1945. Stuttgart 1982, 189-199

Herlyn, Heinrich: Heinrich Böll u. Herbert Marcuse. Literatur als Utopie. Lampertheim 1979

Herlyn, Heinrich: Jenseits des Leistungsprinzips: Bölls Prosa der siebziger Jahre. TuK 33. München [3]1988, 59-73

Herlyn, Heinrich: Heinrich Bölls »Gruppenbild mit Dame«. In: H. H.: Heinrich Böll u. Herbert Marcuse: Literatur als Utopie. Lampertheim 1979, 57-128

Hermsdorf, Klaus: Problematisches Bekenntnis z. Nichts. NDL 12 (1964), 1, 136ff. (zu »Ansichten e. Clowns«)

Hill, Linda: The Advoidance of Dualism in Heinrich Böll's Novels. GR 56 (1981), 4, 151-156

Hillmann, Roger: From carnival to masquerade: Bakhtin, H. Mann, Böll. JbIG 18 (1986), 1, 110-124

Hinck, Walter: Bölls »Ansichten eines Clowns«- heute. In: Jürgensen, M. (Hg.): Böll. Bern 1975, 11-30

Hinck, Walter: Gegen die Verrohung der Gefühle. Heinrich Bölls Erzählungsband »Die Verwundung«. FAZ 26.11. 1983

Hinrichsen, Irene: Der Romancier als Übersetzer. Annemarie u. Heinrich Bölls Übertragungen englischsprachiger Erzählprosa. Ein Beitrag z. Übersetzungskritik. Bonn 1978

Hippe, Robert: »So ein Rummel«; »Wir Besenbinder«; »Der Bahnhof von Zimpren«; »Erinnerungen eines jungen Königs«. In: Interpret. zeitgenöss. dtsch. Kurzgeschichten. Bd. 2. Hollfeld ³1975

Hirschauer, Gerd: Christsein contra ›christl. Gesellschaft‹. Heinrich Bölls neuer Roman. Werkhefte 14 (1960), 96ff. (zu »Billard um halbzehn«)

Hoffmann, Christine Gabriele: Heinrich Böll. Hamburg 1977

Hoffmann, Christine Gabriele: Heinrich Böll. Bornheim-Merten 1986

Hoffmann, Jens: Analyse u. Interpretation: »Der Zug war pünktlich«, »Ein Schluck Erde«, »Dr. Murkes ges. Schweigen«. In: Protokoll Nr. 144, hg. v. d. Ev. Akademie Rheinland-Westfalen. Mülheim a.d.R. ⁴1962, 34ff.

Hoffmann, Leopold: Kulturpessimismus u. seine Überwindung. Essay über Heinrich Bölls Leben u. Werk. Luxemburg 1958

Hoffmann, Leopold: Heinrich Böll. Einführung in Leben u. Werk. Luxemburg ²1973

Hohoff, Curt: Der Erzähler Heinrich Böll. Merkur 11 (1957), 1208-1210

Hohoff, Curt: Die roten Fliesen »Im Tal der donnernden Hufe«. In: Reich-Ranicki, M. (Hg.): In Sachen Böll. ⁷1980, 251ff.

Höllerer, Walter: Zum Tode von Heinrich Böll. GQ 59 (1986), 103-105

Holbeche, Yvonne: The Renish Foxes: An Approach to Heinrich Bölls »Ende einer Dienstfahrt«. GLL 34 (1981), 4, 409-414

Holbeche, Yvonne: Carnival in Cologne: a reading of Heinrich Bölls »Die verlorene Ehre der Katharina Blum«. AUMLA 63 (1985), 33-42

Holthusen, Hans E.: Wirklichkeit beim Wort genommen. In: Reich-Ranicki, M. (Hg.): In Sachen Böll. ⁷1980, 43ff.

Honsza, Norbert: Die Wirklichkeit der Fiktion. Zur Konkretisation d. Werke v. Heinrich Böll. GermWrat 36 (1980), 21-34

Hornung, Werner: Heinrich Böll u. sein Parodist. NRdsch. 85 (1974), 4, 696-699

Horst, Karl A.: Überwindung der Zeit. Neue Züricher Zeitung v. 1.11. 1959 (wiederabgedr. b. Lengning, W. (Hg.): Der Schriftsteller Heinrich Böll, ⁵1977, 77-81)

Horst, Karl A.: Die Ehrlichkeit der Clowns. Merkur 17 (1963), 602-605

Hoven, Herbert: Heinrich Böll (+16.7. 1985): »In Leserbriefen wird sensibler reagiert«. Ein Gespräch ... mit Heinrich Böll. DU 37 (1987), 5, 111-115

Hsia, Adrian: Zur Werther-Krankheit b. Werther, Wibeau u. Schnier. Coll-Germ 16 (1983), 148-165

Hübner, Raoul: Der diffamiert-integrierte »Anarchismus«. Zu Heinrich Bölls Erfolgsroman »Gruppenbild mit Dame«. In: Dtsch. Bestsellerdtsch. Ideologie. Ansätze zu e. Verbraucherpoetik, hg. v. Heinz Ludwig Arnold. Stuttgart 1975, 113-144 (LGW 15)

Huber, Lothar: Ironie als Mittel der Satire im Werk Heinrich Bölls. Sprachkunst 9 (1978), 101-114

Huber, Lothar: Zur satirischen Methode in d. Werken Heinrich Bölls. Mit bes. Berücksichtigung der Leserfunktion. Sprachkunst 15 (1984), 1, 50-67

Hüttel, Martin: Böll in d. Sowjet-Union. L'80. 18 (1981), 98-107

Huffzky, Karin: Die Hüter und ihr Schrecken von der Sache. Das Mann-Frau-Bild in d. Romanen v. Heinrich Böll. In: Beth, H. (Hg.): Heinrich Böll. Königstein/Ts. ²1980

Inter Nationes-Buchreferat Bonn: Übersetzungen v. Büchern Heinrich Bölls in andere Sprachen (Auswahl-Bibliographie, Ausz. aus: Der Schriftsteller Heinrich Böll, ³1972) 1972

(Inter Nationes): Heinrich Böll. On his Death. Bonn 1985

Ireland-Kunze, Leah: Two clowns. New dimensions of the picaresque. CollGerm 14 (1981), 4, 342-351 (zu »Ansichten ...« u. Bobrowskis »Tänzer Malige«)

Jacobs, Wilhelm: Moderne Dichtung. Zugang u. Deutung. Gütersloh (1962) (u.a. »Nicht nur zur Weihnachtszeit«)

Jacobs, Wilhelm: Heinrich Böll. In: W. J.: Moderne deutsche Literatur: Porträts, Profile u. Strukturen. Gütersloh (1964), 91-101

Jäckel, Günter: Die alte u. die neue Welt. Das Verhältnis v. Mensch u. Technik in Heinrich Bölls Roman »Billard um halbzehn«. WB 14 (1968), 1285-1302

Jäckel, Günter: Die Behandlung d. short-story b. Heinrich Böll. Versuch e. Interpret. v. »Wanderer, kommst du nach Spa...«. WZKML 3 (1962), 609ff.

Janikowska, Maria: Ksiazka o Henryku Böllu. (Mit dt. Zus.Fassg.: Ein Buch über Heinrich Böll.) GermWrat. 20 (1974), 237-241

Janson, Dieter: Heinrich Böll »Klopfzeichen«. Eine Unterrichtseinh. z. Hörspieleinarbeitung in d. 10. Gymn. Klasse. Lehrprakt. Analysen. Folge 44. Stuttgart 1976

Janssen, Werner: Der Rhythmus d. Humanen b. Heinrich Böll. »Die Suche nach e. bewohnbaren Sprache in e. bewohnbaren Land«. Bern 1985

Jens, Walther: Dtsch. Literatur der Gegenwart. Themen, Stile, Tendenzen. München 1961

Jens, Walter: Besprechung v. »Die verlorene Ehre der Katharina Blum«. In: Heinrich Böll: »Die verlorene Ehre der Katharina Blum«/ m. Materialien u.e. Nachwort d. Autors. Köln 1984, 243-250

Jeziorkowski, Klaus: Heinrich Böll. Die Syntax des Humanen. In: Zeitkrit.

Romane d. 20. Jhs. Die Gesellschaft in d. Kritik d. dtsch. Literatur, hg. v. Hans Wagener. Stuttgart 1975, 301-317

Jeziorkowski, Klaus: Heinrich Böll als polit. Autor. UDR 11 (1974), 2, 41-50

Jeziorkowski, Klaus: Rhythmus u. Figur. Zur Technik der epischen Konstruktion in Heinrich Bölls »Der Wegwerfer« u. »Billard um halbzehn«. Bad Homburg v. d. H. 1968 (Ars poetica 6)

Jeziorkowski, Klaus: Heinrich Böll: Wo warst du, Adam? (1951). In: Dtsch. Romane d. 20. Jhs: Neue Interpretationen, hg. v. Paul Michael Lützeler. Königstein/Ts. 1983, 273-282

Jeziorkowski, Klaus: Das Unerklärliche. Zu Heinrich Bölls Essay »Die Juden von Drove«. UDR 17 (1985), no. 2, 145-152 u. in: Rademacher, Gerhard (Hg.): Heinrich Böll. Ausw.Bibliographie. Bonn 1989, 57-68

Jeziorkowski, Klaus: Die bewohnbare Sprache. Zur Poetik Heinrich Bölls. In: Essays über Poetik. 1988, 46-54

Jeziorkowski, Klaus: Heinrich Böll. In: Dtsch. Dichter. Bd. 8: Gegenwart, hg. v. Gunter E. Grimm u. Frank Rainer Max. Stuttgart 1990 (Reclam 8618), 204-222

Jürgenbehring, Heinrich: Liebe, Religion u. Institution. Die theolog.-polit. Thematik im Werk Heinrich Bölls. Diss. Bielefeld 1982

Jürgensen, Manfred (Hg.): Böll. Untersuchungen z. Werk. Bern 1975

Just, Georg: Ästhetik des Humanen- oder Humanum ohne Ästhetik? Zur Heiligenlegende von der Leni G. In: Jürgensen, M. (Hg.): Böll. Bern 1975, 55-76

Kändler, Klaus: »Aber es hört ihnen fast niemand zu«- Heinrich Böll »Die Waage der Baleks« u. andere Erzählungen. NDL (1960), 6, 129ff.

Kaeufer, Hugo Ernst: Das Werk Heinrich Bölls 1949-1963. Dortmund ²1963

Kafitz, Dieter: Formtradition u. religiöses Ethos- Zur Realismuskonzeption Heinrich Bölls. DU 28 (1976), 6, 69-85

Kaiser, Herbert: Die Botschaft der Sprachlosigkeit in Heinrich Bölls Roman »Gruppenbild mit Dame«. WW 28/1978, 221-32

Kaiser, Herbert: Unterrichtsreihe: Zur Deformation sozialer Vernunft – Das Problem v. Fremd- und Selbstbestimmung in bürgerl. Literatur d. 19. u. 20. Jhs. T. I: Hebbel »Maria Magdalena«, Horvaths »Geschichten aus dem Wiener Wald«, Böll »Das Brot der frühen Jahre«. LfL 1979, 212ff.

Kaiser, Joachim: Seine Sensibilität. In: Reich-Ranicki, M. (Hg.): In Sachen Böll. ⁷1980, 40-51

Kaiser, Joachim: Heinrich Bölls heikle Innen- u. Außenwelt. In: Fischer Almanach d. Literaturkritik 1979, hg. v. Andreas Werner. Frankfurt a.M. 1980, 16-23

Kaiser, Joachim: Wovon das bewegende Buch handelt (Antwort an M. Reich-Ranicki). In: Böll, Heinrich: Ansichten eines Clowns: Roman/ m. Materialien u.e. Nachwort d. Autors. Köln 1985, 340-347

Kaiser, Joachim: Leiden u. Größe Heinrich Bölls. Zum Tode des bedeutenden Schriftstellers. JdDASprD 1985 (1986), 206-209

Kalow, Gert: Heinrich Böll. In: Friedmann, H. u.O. Mann (Hg.): Christl.

Dichter d. Gegenwart. Beiträge z. europ. Literatur. Heidelberg 1955, 426-435

Kalow, Gert: Das Portrait: Heinrich Böll. FH 10 (1955), 737ff.

Kepplinger, Hans M.: Struktur u. Funktion e. publizist. Konflikts: die Auseinandersetzung um Heinrich Bölls Artikel »Will Ulrike Gnade oder freies Geleit?« (1977). In: Dell'Agli, A. M. (Hg.): Zu Heinrich Böll. Stuttgart 1984 (LGW 65), 150-173

Kesting, Hanjo: Katharina Blum. Eine Romanfigur u. ihre Kritiker. die horen 25 (1980), 120, 87-97

Kesting, Hanjo: Ich bin kein Repräsentant: Gespräch m. Heinrich Böll. In: H. K.: (Sammlung) Dichter ohne Vaterland: Gespräche u. Aufsätze z. Lit. Berlin 1982, 81-105

Kicherer, Friedhelm: Die verlorene Ehre der Katharina Blum oder Wie Gewalt entstehen und wohin sie führen kann. Analysen u. Interpret. m. didakt.-method. Hinweisen z. Unterr.gestaltung. Hollfeld/Ofr. ³1989

Kirchhoff, Ursula: Die dichter. Werke als Zeugnisse d. »Suche nach einem bewohnbaren Land«. In: Förster, J. (Hg.): Heinrich Böll als polit. Publizist: drei Studien u. ein Kursmodell f.d. Unterr.praxis. Bad Honnef 1983, 33-52

Kitzing, Elfriede: »Geschäft ist Geschäft«. In: Interpret. zu Heinrich Böll. Bd. 1. München ⁵1974, 92-101

Klieneberger, H. R.: Heinrich Böll in »Ansichten eines Clowns«. GLL 19 (1966), 34-39

Klose, Werner: Das Hörspiel im Unterricht. Hamburg ³1962 (S. 111: »Bilanz«, »Klopfzeichen«)

Koch, Werner: Ein paar Stichworte: Personen u. Situationen; ein Gespräch m. Heinrich Böll. In: Lengning, W. (Hg.): Der Schriftsteller Heinrich Böll. München ⁵1977, 99-110

Köhler, Otto: Warnung vor dem Dichter. In: Rademacher, G. (Hg.): Heinrich Böll. Auswahlbibliographie ... Bonn 1989, 52-56

Köllerer, Christian: Heinrich Bölls Konzeption von Lit. zw. Moral u. sozialer Erfahrung. Eine Einführung. Frankfurt 1990

Kohls, Jürgen: Der Film »Die verlorene Ehre der Katharina Blum«, im Unterricht v. Deutsch als Fremdsprache. GermMitt 24 (1986), 3-14

Köster, Julianne: Katharina Blum – die fremde Freundin. Über Identifikation als Erkenntnismittel. DD 19 (1988), 606-621

Konieczna, E.: Die Veränderung d. weltanschaulich-ästhet. Position Heinrich Bölls in d. Erzählungen »Entfernung von der Truppe« u. »Ende einer Dienstfahrt«. Filologia Germánska 1 (1974), 135-147

Konrads, Josef: Noch einmal Heinrich Bölls »Ende einer Dienstfahrt«. Werkhefte 21 (1967), 51ff.

Kopelew, Lew: Why Böll is one of us! (Heinrich Böll und wir, engl. talen from: Lew Kopelew »Verwandt und verfremdet«). Transl. by R.C. Conard. UDR 13 (1976/77), 3-8

Kopelew, Lew: Heinrich Böll u. wir. In: L. K.: Verwandt, 63-91, 151-152

Kopelew, Lew: Heinrich Bölls Gedichte. In: Rademacher, G. (Hg.): Heinrich Böll als Lyriker. Frankfurt a.M. 1985, 95-100

Kopelew, Lew: Heinrich Böll, der brüderliche Dichter: frei, geordnet, untröstlich (über Bölls Gedichte). In: L. K. (Sammlung) Der Wind weht, wo er will: Gedanken über Dichter. Hamburg 1988, 302-310

Kopelew, Lew: Böll in Rußland. In: Heinrich Böll. Vortragsabende zu seinem 70. Geburtstag an d. Universität zu Köln. 15.-18. Dezember 1987 (Kölner Univ.Reden 70), 40-49

Korlén, Gustav: Heinrich Böll aus schwedischer Sicht. Moderna Sprak 61 (1967), 374-379

Korlén, Gustav: Nicht nur Böll und Grass. Zur Rezeption der dt. Nachkriegsliteratur in Schweden. Jahresring 28 (1981/2), 23-30

Korn, Karl: Heinrich Bölls Beschreibung einer Epoche. FAZ 28.7. 1971 (wiederabgedr. b. Lengning, W. (Hg.): Der Schriftsteller Heinrich Böll. München [5]1977, 107-112)

Kovács, Kálmán: Historismus u. Transzendenz in Heinrich Bölls »Billard um halbzehn«. NFT 18 (1989), 99-111

Kovács, Kálmán: Abstraktion u. Konkretismus. Über H. Bölls »Ansichten eines Clowns«. NFT 19 (1990), 49-61

Krättli, Anton: Am Ende doch ein garstig Lied? Zu Neuerscheinungen von Heinrich Böll, Günter Seuren u. Martin Walser. SM 46 (1967), 1042-1049

Krättli, Anton: Zu Böll und Bernhard. Aus dem Tagebuch des Zeitschriftenmachers. SM 54 (1974/75), 542-546

Krawczyk-Klin, Irena: Sprachliche Mittel der Satire bei Böll, Mendt u. Tucholsky. GermWrat 36 (1980), 45-55

Krebs, Sonja: Rechtsstaat u. Pressefreiheit in Heinrich Bölls »Die verlorene Ehre der Katharina Blum«. Ein Beitrag z. Verfassungstheorie u. Verfassungswirklichkeit im Spiegel d. Literatur. Diss. Mainz 1990

Kreter, Karl-Heinz: »Die Waage der Baleks«. In: Interpret. zu Erzählungen d. Gegenwart, hg. v. Fritz Bachmann. Frankfurt a.M. [2]1975

Kretschmer, Michael: Literarische Praxis der Mémoire collective in Heinrich Bölls Roman »Billard um halbzehn«. LiLi. Erzählforschung 2. Theorien, Modelle u. Methoden d. Narrativik, hg. v. Wolfgang Haubrichs. Göttingen 1977, 191-215

Krödel, Angela: »Wiedersehen in der Allee«. In: Interpret. zu Heinrich Böll ... München [5]1975 (Interpret. z. Dtschunterr.)

Krumbholz, Martin: Einzelanalysen z. Leerstellenstruktur des Romans: »Ansichten eines Clowns«. In: M. K.: Ironie im zeitgenöss. Ich-Roman: Grass- Walser- Böll. München 1980, 72-87

Kuczynski, Jürgen: Zeitgeschichte in d. Literatur. Arbeitslosigkeit u. Not in zwei Werken v. Anna Seghers u. Heinrich Böll. NDL 10 (1963), 7, 110ff.

Kügler, Hans: Heinrich Böll: Billard um halbzehn: Zeit-, Zeiterfahrung-Geschichtsbewußtsein. In: Dtsch. Romane von Grimmelshausen bis Walser: Interpret. f.d. Literaturunterr., hg. v.Jakob Lehmann. Königsstein/Ts. 1982, 412-423 (Lit. + Spr. + Didaktik)

Kühn, Renate: Zur Rezeption v. Bölls polit. Publizistik. In: Förster, J. (Hg.): Heinrich Böll als polit. Publizist: drei Studien u. ein Kurs-Modell f.d. Unterrichtspraxis. Bad Honnef 1983, 57-98

Kühnert, Herbert: Eine didakt. Studie- Heinrich Böll »Wir Besenbinder«. Der kathol. Erzieher 19 (1966), 334ff.

Küpper, Karl J.: Heinrich Böll, J.D. Salinger u.d. Konjunktiv. Fredericton 1968

Kuhn, Anna K.: Schlöndorffs »Die verlorene Ehre der Katharina Blum«. Melodrama u. Tendenz. Film u. Literatur. 1987, 86-104

Kuhn-Osius, Eckhard K.: Continuity and Change in Heinrich Böll's Work »Die Waage der Baleks« and »Erwünschte Reportage«. 1985

Kumari, Santha: Die Symbolik von Cafés, Restaurants und Hotels in d. Romanen v. Heinrich Böll. GSI 12 (1988), 92-97

Kunert, Günter: »Stadt der alten Gesichter«. In: Reich-Ranicki, M. (Hg.): In Sachen Böll. [7]1980, 209-210

Kurz, Paul K.: Lächeln der Vernunft. Heinrich Bölls Erzählung »Ende einer Dienstfahrt«. SdZ 41 (1967), 385-388

Kurz, Paul K.: Heinrich Böll, nicht versöhnt. StdZ 187 (1971), 2, 88-97 u. in: P. K. K.: Über moderne Lit. Standorte u. Deutungen. Bd. 3. Frankfurt a.M. 1971, 11-48

Kurz, Paul K.: Recherchen nach d. guten Menschen – Heinrich Bölls konservat. Provokation. FH 26 (1971), Nr. 10, 221-232; 789- 791

Kurz, Paul K.: Heinrich Böll. Die Denunziation des Kriegs u.d. Katholiken. SdZ 187 (1971), 1, 17-30

Kurz, Paul K.: Die Einmischung der Schriftsteller: Kulturpolit. Schriften v. Heinrich Böll u. Günter Grass. In: P. K. K.: Über moderne Lit. Standorte u. Deutungen. Bd. 7. T. 2. Frankfurt a.M. 1980, 60-63

Kurz, Paul K.: Die Gerechten wollen fort. In: P. K. K.: Apokalypt. Zeit: Zur Lit. d. mittleren 80er Jahre. Frankfurt a.M. 1987, 128-134

Kurz, Paul K.: Angst: ein dtsch. Sittenbild; Heinrich Böll, Fürsorgliche Belagerung. In: P. K. K.: Über moderne Lit. Standorte u. Deutungen. Bd. 6. T. 1. Frankfurt a.M. 1979, 133-140

Kurzke, Hermann: Struktur der ›Frauenarbeit‹ in d. dtsch. Lit. nach 1945 (Hans Grimm, Günter Weisenborn, Heinrich Böll, Max Frisch). LfL 1983, 234-243

Kuschel, Karl-Josef: Jesus i.d. dtschsprach. Gegenwartslit. Mit e. Vorwort v. Walter Jens. Zürich/Gütersloh [3]1979

Kuschel, Karl-Josef: Maria in der dtsch. Lit. des 20. Jhs: Strukturen d. Maria-Bildes in d. Lit. nach 1945. In: Hb. d. Marienkunde, hg. v. Wolfgang Beinert u. Heinrich Petri. Regensburg 1984, 707-711

Kuschel, Karl-Josef: Nachkriegsgesellschaft. In: K.-J. K.: Jesus in der dtschsprach. Gegenwartslit. Gütersloh [4]1984, 152-163 (Ökumen. Theologie; 1)

Kuschel, Karl-Josef: Weil wir uns auf dieser Erde nicht ganz zu Hause fühlen, München [3]1986

Kuschel, Karl-Josef: »Was weißt Du von uns Katholiken«: über Christentum u. Katholizität bei Heinrich Böll (1917-1985). In: Gegenentwürfe: 24 Lebensläufe f.e. andere Theologie, hg. v. Hermann Häring. München 1988, 325-345

Kutz, Rüdiger Fritz: Heinrich Böll. Gesellschaftspolit., relig. u. literar. Aspekte in seinem Werk, unter bes. Berücksichtigung seiner essayist. Arbeiten. Univ. of Utah Diss. (Abstr. DA 40, 1979/80, 10, 5459A-5460 A)

L'80. Heft 36: Heinrich Böll. Köln 1985

Labroisse, Gerd: Die Böll-Rezeption in d. DDR (Kurzfassung). In: Handelingen van hetvierendertigste Nederlands filologencongres. Amsterdam: Holland Univ. Pers. 1976, 80-85

Ladenthin, Volker: Misanthrop u. Philanthrop? Ein Essay über d. Beziehung zw. Arno Schmidt u. Heinrich Böll. WW 38 (1988), 359-370

Lange, Manfred: Ästhetik des Humanen: das literar. Programm Heinrich Bölls. TuK 33. München ³1982, 89-98

Lange, Victor: Erzählen als moral. Geschäft. In: Matthaei, R. (Hg.): Die subversive Madonna. Köln 1975, 100-122

Langwald-Voris, Renate: Realismusprobleme i. Gegenwartsroman: drei Modelle. Ohio State Univ. Diss. 1978

Lappalainen, Otto: Böll u. ›deutscher Kitsch‹. Zur Rezeption von Heinrich Bölls <1917-1985> letzten Romanen. Text u. Kontext 16 (1988) [= 1990], 172-180

Lattmann, Dieter: Mysterienspiel, Satire oder Requiem auf d. Ideale d. Demokratie. Bölls letzter Roman: Abrechnung m. Bonn. Vorwärts 31.08. 1985, Nr. 36, 21

Lattmann, Dieter: »Den Lorbeer in die Suppe!« Nachdenken über Heinrich Böll. die horen 30 (1985), 3, 194-196

Lauschus, Leo: Heinrich Böll: »Wanderer, kommst du nach Spa...«. DU 10 (1958), 6, 75-86

Lehmann, Jakob: Der Tod der Elsa Baskoleit. In: Interpret. moderner Kurzgeschichten. Frankfurt a.M. 1956; ¹¹1976

Lehnhardt, Eberhard V.: Das Romanwerk Heinrich Bölls von »Haus ohne Hüter« bis »Gruppenbild mit Dame«. Urchristentum u. Wohlstandsgesellschaft. Bern 1984

Leiser, Peter: Heinrich Böll. Das Brot der frühen Jahre. Ansichten eines Clowns. Hollfeld 1975 (Analysen u. Reflexionen 8)

Lengning, Werner: Der Schriftsteller Heinrich Böll. Ein biogr.-bibliogr. Abriß. München 1959; ⁵1977 (dtv 530)

Leneaux, Grant F.: Heinrich Böll and the rehumanization of art. RLV 43 (1977), 115-130

Lenz, Siegfried: Gespräche m. Heinrich Böll. In: Mensak, A. (Hg.): Über Phantasie: Siegfried Lenz; Gespräche m. Heinrich Böll, Günter Grass, Walter Kempowski, Pavel Kohout. Hamburg 1982, 161-206

Lenz, Siegfried: Heinrich Bölls Personal. In: S. L.: Beziehungen: Ansichten u. Bekenntnisse z. Lit. Hamburg 1970, 214-225

Leonhardt, Rudolf Walter: Kongruenz im Inkongruenten: »Entfernung von der Truppe« und »Ende einer Dienstfahrt«. In: Reich-Ranicki, M. (Hg.): In Sachen Böll. ⁷1980, 228-237

Lermen, Birgit H.: Das traditionelle u. neue Hörspiel im Deutschunterr. Paderborn 1975 (S. 68-87 »Die Spurlosen«)

Letsch, Felicia: Heinrich Böll: »Billard um halbzehn«. In: F. L.: Auseinandersetzung m.d. Vergangenheit als Moment d. Gegenwartskritik: Die Romane »Billard um halbzehn« v. Heinrich Böll, »Hundejahre« v. Günter Grass, »Der Tod in Rom« v. Wolfgang Koeppen u. »Deutschstunde« v. Siegfried Lenz. Köln 1982, 68-82

Ley, Ralph J.: Compassion, catholicism, and communication. Reflections on Böll's »Gruppenbild mit Dame«. In: R. J. L. (ed.): Böll f. Zeitgenossen. Ein kulturgeschichtl. Lesebuch. New York 1970

Ley, Ralph J.: Heinrich Böll's other Rhineland. UDR 13 (1976/77), 45-73

Liersch, Werner: Der Anfang – Heinrich Böll »Der Zug war pünktlich«. NDL 10 (1962), 7, 160ff.

LiK. »Literatur in Köln«. Nr. 8: Heinrich Böll. Köln 1977

Linder, Christian: Böll. Reinbek 1978 (Das neue Buch 109)

Linder, Christian: Heinrich Böll. Lesen u. Schreiben 1917-1985. Köln 1986

Lorbe, Ruth: Die dtsch. Kurzgeschichte d. Jahrhundertmitte. DU 9 (1957), 1, 36-57 (»Unberechenbare Gäste«)

Lotze, Dieter P.: Bölls Busch. Der Nobelpreisträger u.d. Humorist. German Studies Review 7 (1984), 89-100

Ludwig, Gerd: Sprache u. Wirklichkeit in Heinrich Bölls Erzählung »Die verlorene Ehre der Katharina Blum«. Eine literar. Auseinandersetzung m.d. Sensationsjournalismus. Hollfeld 1976 (Königs Erläuterungen u. Materialien 308/309)

Lübbe-Grothues, Grete: Sinnlichkeit u. Religion in Heinrich Bölls »Gruppenbild mit Dame«. In: Expedition Literatur. Wissenschaft, Didaktik, Texte. Festschr. für Hedwig Klüber z. 65. Geburtstag, hg. v. Peter Conrady u. Hermann Friedrich Hugenroth. Münster 1979, 75-102

Luukkainen, Matti: Vom Satz zum Wort. Wortzusammensetzungen als stilistisch-lexikalisches Element bei Heinrich Böll. ZGL 18 (1990), 288-306

Lykke, Nina u. Hanne Möller: Heinrich Böll. Der Geist geistloser Zustände. Text u. Kontext 3 (1975), 3, 169-183

Macpherson, Enid: A student's guide to Böll. London 1972 (Student' guide to European Literature 8)

Märzhäuser, Herbert: Die Mönche von St. Anton u.d. »Sakrament des Büffels«: die Benediktiner in Heinrich Bölls »Billard um halbzehn«. In: H. M.: Die Darstellung v. Mönchtum u. Klosterleben im dtsch. Roman d. 20. Jhs. Frankfurt a.M. 1977, 179-192 (Würzburger Hochschulschriften z. neueren dtsch. Lit.gesch. 1)

Maier, Hans: Sprache u. Politik. Essay über aktuelle Tendenzen. Briefdialog m. Heinrich Böll. Edition Interform. Zürich 1977 (Texte + Thesen 80)

Manthey, Franz: Der bundesdeutsche Katholizismus in Heinrich Bölls »Ansichten eines Clowns«. Begegnung 20 (1965), 338-345

Marcuse, Ludwig: Neben den Erzählungen. In: Reich-Ranicki, M. (Hg.): In Sachen Böll. [7]1980, 119-128

Marianelli, Marianello: »Fürsorgliche Belagerung«: Heinrich Bölls »himmlische Bitterkeit«. In: Dell'Agli, A. M. (Hg.): Zu Heinrich Böll. Stuttgart 1984, 106-116 (LGW 65)

Martin, Jeannine: L'Oeuvre radiophonique de Heinrich Böll. La communication dans l'impasse. Nancy 1983

Martin, Werner: Heinrich Böll. Nobelpreisträger 1972. Eine Bibliographie seiner Werke. Hildesheim/New York 1975

Martini, Fritz: Heinrich Böll: »Billard um halbzehn«. ModSpr 55 (1961), N

1, 27-38 u. in: Dell'Agli, A. M. (Hg.): Zu Heinrich Böll. Stuttgart 1984, 49-58 (LGW 65)

Materialien z. Interpretation v. Heinrich Bölls »Fürsorgliche Belagerung«, Heinrich Böll; Bernd Balzer; Robert Stauffer; Dieter Zilligen. Köln 1981

Matthaei, Renate (Hg.): Die subversive Madonnna. Ein Schlüssel z. Werk Heinrich Bölls. Köln 1975 (pocket 59)

Mauranges, J(ean) P(aul): Aliénation et châtiment chez Mark Twain et Heinrich Böll. RLV 39 (1973), 131-136

Mayer, Hans: »Die Legende der unheiligen Leni G.«. Die Weltwoche, Zürich, Nr. 36, 10.9. 1971, 33

Mayer, Hans: Heinrich Böll und der Clown. In: Vereinzelt Niederschläge. 1973 (Werke, Teils.), 61-65

McGowan, Moray: Pale mother, pale daughter? Some reflections on Bölls Leni Gruyten and Katharina Blum. GLL 37 (1983/84), 218-228

Melichar, Franz: Individuum u. Gesellschaft b. Heinrich Böll u. Brendan Behan. Diss. Innsbruck 1979

Melius, Ferdinand (Hg.): Der Schriftsteller Heinrich Böll. Ein biogr.-bibliogr. Abriß. Köln/Berlin ⁴1965

Ménudier, Henri: L'Allemagne expliquée par Heinrich Böll. In: hors ser., no. 1 (1981), 307-317

Michaelis, Rolf: »Der gute Mensch von Gremmelsbroich« Heinrich Bölls Erzählung »Die verlorene Ehre der Katharina Blum«. Die Zeit 2.8. 1974, 18

Mieder, Wolfgang: Einer fehlt b. Gruppenbild. »Geflügelter« Abschied v. Heinrich Böll. Sprachdienst 29 (1985), 167-172

Migner, Karl: Gesichtspunkte z. Erarbeitung zeitgenöss. Romane in Oberprima. DU 14 (1962), 1, 92-103 (u.a. »Und sagte kein einziges Wort«)

Migner, Karl: Heinrich Böll. In: Dtsch. Lit. in Einzeldarstellungen, hg. v. Dietrich Weber. Stuttgart 1968 (Kröner TA 382), 258-278. Ab 1976 = Dtsch. Lit. d. Gegenwart, 201-224

Moling, Heinrich: Heinrich Böll- eine »christliche« Position? Diss. Zürich 1974

Monico, Marco: Das Kind u. der Jugendliche bei Heinrich Böll. Eine literaturpsycholog. Untersuchung. Diss. Zürich 1978

Morreale, Maria Teresa: Heinrich Böll. Anticonformistica Ricerca della Persona. In: Labor. Palermo 5 (1964), No. 4, 3-11

Motekat, Heinz: Gedanken zur Kurzgeschichte. Mit e. Interpret. d. Kurzgeschichte »So ein Rummel« v. Heinrich Böll. DU 9 (1957), 1, 20-35

Müller, Helmut L.: Heinrich Böll: der Schriftsteller als Moralist. In: H. L. M.: Die literar. Republik: westdt. Schriftsteller u. die Politik. Weinheim 1982, 268-280

Müller, Rolf: Clowneske Wirklichkeit. Eine Untersuchung d. clownesken Elemente in Heinrich Bölls Roman »Ansichten eines Clowns«. Hollfeld ⁷1988 (Königs Erläuterungen u. Materialien 301)

Müller-Schwefe, Hans Rudolf: Sprachgrenzen. Das sog. Obszöne, Blasphemische u. Revolutionäre b. Günter Grass u. Heinrich Böll. München 1978

Mundt, Hannelore: »Doktor Faustus« u. die Folgen. Kunstkritik als Gesellschaftskritik im dtsch. Roman seit 1947. Bonn 1989

Murdock, Brian (O.): Point of view in the early satires of Heinrich Böll. ML
54 (1973), 125-131

Myers, David: Heinrich Bölls »Gruppenbild mit Dame«: aesthetic play and
ethical seriousness. Seminar 13 (1977)

Nägele, Rainer: Heinrich Böll. Eine Einführung in d. Werk u. die Forschung. Frankfurt a.M. 1976 (Fischer-Athenäum-Tb. 2084)

Nägele, Rainer: Heinrich Böll. Die große Ordnung u.d. kleine Anarchie. In:
Gegenwartslit. u. Drittes Reich. Dtsch. Autoren in d. Auseinandersetzung m.d. Vergangenheit, hg. v. Hans Wagener. Stuttgart 1977, 183-204

Nägele, Rainer: Aspects of the reception of Heinrich Böll. New German
Critique 7 (1976), 45-68

Nahrgang, W. Lee: Nontraditional features of Heinrich Böll's war books:
innovations of a pacifist. StTCL 4 (1979/80), 49-61

Nahrgang, W. Lee: Heinrich Böll's Pacifism. Its Roots and Nature. UDR 17
(1985), no. 2, 107-118

Nayhauss, Hans Christoph Graf v.: Heinrich Bölls Erzählung »Du fährst zu
oft nach Heidelberg« u.d. Schwierigkeit d. Fachdidaktik Deutsch. LfL
1988, 272-283

Nedregard, Johan: Heinrich Böll »Die Waage der Baleks«. En dialektisk
fortelling. Edda 78 (1978), 213-225

Nedregard, Johan: Gesellschaftskritik u. Emotion. Zum Verhältnis zw. Erzähler u. Hauptfigur in Heinrich Bölls Erzählung »Die verlorene Ehre
der Katharina Blum«. In: Dikt og idé. Festskr. til Ole Koppang. Red. ov
Serre Dahl. Oslo 1981, 256-268

Neis, Edgar: Erläuterungen zu Heinrich Bölls Romanen, Erzählungen u.
Kurzgeschichten. Hollfeld 1966 (Königs Erläuterungen 70)

Neis, Edgar: Die ungezählte Geliebte (= »An der Brücke«). In: Interpret.
zeitgenöss. dtsch. Kurzgeschichten. Bd. 1. Hollfeld ²1976

Neubert, Brigitte: Der Außenseiter im dtsch. Roman nach 1945. Bonn 1977

Neuhaus, Volker: Strukturwandel d. Öffentlichkeit in Bölls Romanen d.
sechziger u. siebziger Jahre. TuK 33. München ³1982, 38-58

Nicolai, Ralf R.: Die Marionette als Interpretationsansatz zu Bölls »Ansichten eines Clowns«. UDR 12 (1976), 25-32

Nicolai, Ralf R.: Zum histor. Gehalt in Bölls Erzählung »Steh auf, steh doch
auf«. In: Dell'Agli, A. M. (Hg.): Zu Heinrich Böll. Stuttgart 1984 (LGW
65)

Nielen, Manfred: Frömmigkeit bei Heinrich Böll. Annweiler 1987

Nobbe, Annemarie: Heinrich Böll. Eine Bibliographie seiner Werke u.d. Literatur über ihn. Köln 1961 (Bibliogr. Hefte 3)

Noble, A. M.: Die »Ansichten eines Clowns« u. ihre Stellung in Bölls epi-
scher Entwicklung. In: Jürgensen, M. (Hg.): Böll. Bern 1975, 153-164

Notre Dossier: Heinrich Böll. Prix Nobel de Littérature 1972. Constitué par
René Wintzen et A. Wiss-Verdier. Documents 17 (1972), Paris, no. 6, 75-
134: Inhalt: 1. *Wintzen, René*: L'ecrivain de constat (S. 77-87); 2. *Wiss-
Verdier, A.*: Böll, ce compagnon de route incommode (S. 91-102); 3. *Böll,*

Heinrich: Sept et vingt ans aprés (S. 103-105), trad. par M. Guervel; 4.
Böll, Heinrich: Tableau de groupe avec dame (S. 106-113), trad. par S. et
G. de Lalène (Ausz. aus ›Gruppenbild mit Dame‹); 5. *Gössmann, Wilhelm*: Réalité quotidienne et critique sociale dans le roman moderne
(trad. de »Stimmen der Zeit«, Freiburg Nr.8/1972); Annexes: Böll-Bibliographie (S. 88-100), Textes de H. B. publiés dans ›Documents‹ 1951-
70 (S. 81)

Ossowski, Miroslav: Der Erzähler u. die Erzählperspektive in H. Bölls Roman »Gruppenbild mit Dame«. Rocznik nauk.-dydakt. Z. 2/43 (1980),
49-66

Pache, Walter: Funktion u. Tradition d. Ferngesprächs in Bölls »Ansichten
eines Clowns«. LWU 3 (1970), 151-168
Pakendorf, Gunther: Die verlorene Ehre kleiner Leute. Ideologie u. Figur b.
Heinrich Böll. AG 15 (1982), 1984, 115-130
Pascal, Roy: Sozialkritik u. Erinnerungstechnik. In: Reich-Ranicki, M.
(Hg.): In Sachen Böll. München [7]1980, 63-69
Paslick, Robert H.: A defense of existence: Böll's »Ansichten eines Clowns«.
GQ 41 (1968), 698-710
Payne, Philip: Heinrich Böll versus Axel Springer: some observations on
»Die verlorene Ehre der Katharina Blum«. New German Studies 6
(1978), 45-57
Penna, Rosa E.: Tema y estilo en un cuento de Heinrich Böll. Boletin de
estudios germanicos 9 (1972), 171-184
Perraudin, Michael: Heinrich Böll: approaches to Kleist. Sprachkunst 19
(1988), 1, 117-134
Petersen, Anette: Die Rezeption v. Bölls »Katharina Blum« in d. Massenmedien d. Bundesrepublik Deutschland. Kopenhagen/München 1980
Petersen, Jürgen: Heinrich Böll. Gruppenbild mit Dame. NDH 18 (1971),
Nr. 131, 138-143
Peuckmann, Heinrich: Unterr.Einheit Heinrich Böll: Die verlorene Ehre
der Katharina Blum oder: Wie Gewalt entsteht und wohin sie führen
kann. In: Hensel, Horst (Hg.): Unterr.Einheiten z. demokrat. Literatur.
Eine Publikation d. »Werkkreises Literatur d. Arbeitswelt«. Frankfurt
a.M. 1977, 15-43
Pfaff, Lucie: An exploration of Böll's use of legend and fairy tale. Fabula 16
(1975), 1976, 278-284
Phlippen, Anneliese: Heinrich Böll, »So ein Rummel«. DU 10 (1958), 6, 69-
75
Pickar, Gertrud B.: The symbolic use of color in Heinrich Bölls »Billard um
halbzehn«. UDR 12 (1976), no. 2, 41-50
Pickar, Gertrud B.: The Impact of Narrative Perspective on Charakter Portrayal in Three Novels of Heinrich Böll: Billard um halbzehn, Ansichten
eines Clowns, Gruppenbild mit Dame. UDR 13 (1977), no. 2
Pickar, Gertrud B.: Game Playing, Re-entry and Withdrawal. Patterns of
Societal Interaction in »Billard um halbzehn« and »Fürsorgliche Belagerung«. UDR 17 (1985), no. 2, 83-106

Pickett, Th. H.: Heinrich Böll's Plea for Civilization. Sothern. Humanitas Review. Auburn 7 (1973), no. 1, 1-9

Pittioni, Angelica: Welt u. Gegenwelt in d. Großepik Heinrich Bölls. Diss. Wien 1972

Plant, Richard: The word of Heinrich Böll. GQ 33 (1961), 125-131

Plard, Henri: La guerre et l'après-guerre dans le récits de Heinrich Böll. Europe. Art et littérature. Brüssel 1957, 2, 1ff.

Plard, Henri: Böll le Constructeur. Remarques sur »Billard um halbzehn«. EG 15 (1960), 120-143

Plard, Henri: Der Dichter Heinrich Böll u. seine Werke. Universitas 18 (1963), 247-256

Plard, Henri: Mut u. Bescheidenheit: Krieg u. Nachkrieg im Werk Heinrich Bölls. In: Geschichte d. dtsch. Literatur aus Methoden: westdtsch. Literatur von 1945-71, hg. v. Heinz Ludwig Arnold. Bd. 1. Frankfurt a.M. 1972, 251-271 u. in: Lengning, W. (Hg.): Der Schriftsteller Heinrich Böll. München ⁵1977, 41-64

Plard, Henri: Ansichten eines Clowns. Universitas 18 (1969), Bd. 2, H. 7

Plüddemann, Ulrich: Heinrich Böll »Das Brot der frühen Jahre«. Lehrprakt. Analyse. DU Südafrika 10 (1979), 2, 4-31

Pöhlmann, Horst Georg: Der unverrechenbare Rest. Heinrich Bölls Plädoyer f. d. verkörperten Gott. Luthersche Monatshefte 12 (1973), 581ff.

Pongs, Hermann: Die moderne dtsch. Kurzgeschichte: d. gespaltene Mensch. In: H. P.: Das Bild d. Dichtung. Bd. 4: Symbolik d. einfachen Formen. Marburg 1973, 305-309

Ponti, Maria Donatello: »Raccogliere Silenzi«. Lettura di una satira di Heinrich Böll. Studi di lett. relig., 669-690

Poser, Therese: Heinrich Böll: Billard um halbzehn. In: Geißler, Rolf (Hg.): Möglichkeiten d. modernen dtsch. Romans. Analysen u. Interpretationsgrundlagen. Frankfurt a.M. 1962, 232-255

Preuss, Helmut: Von d. Kunst d. Reiseschilderung in Heinrich Bölls »Irisches Tagebuch«. Eine Sprach- u. Strukturanalyse in exemplar. Darstellung. In: Sprachwiss. u. Deutschdidaktik. Festschr. f. Wilhelm L. Höffe, hg. v. Eberhard Ockel. Kastellaun 1977 (Sprache u. Sprechen 6), 244-256

Preuss, Helmut: »Sub tera spes«: die Erzählung »Der Bahnhof von Zimpren« von Heinrich Böll. In: Rademacher, G. (Hg.): Becker, Bender, Böll u.a. Nordrheinwestf. Lit.Geschichte f. d. Unterr. Essen 1980, 99-112

Prodaniuk, Ihor: The Imagery in Heinrich Böll's Novels. Bonn 1979

Pross, Harry: Proben auf Fortsetzung. Heinrich Bölls polit. Essays. In: Beth, H. (Hg.): Heinrich Böll. Königstein/Ts. 1975; ²1980, 163-169

Raddatz, Fritz J.: Elf Thesen über d. polit. Publizisten. Eine Paraphrase d. Feuerbachthesen von Karl Marx. (Nachdr. aus Reich-Ranicki, M. (Hg.): In Sachen Böll. ⁷1980, 109-114). In: Jürgensen, M. (Hg.): Böll. Bern 1975, 139-146

Raddatz, Fritz J.: Der Tod einer Instanz. Heinrich Böll: Poet u. Prediger, Materialist und Träumer. Die Zeit 19.7. 1985

Raddatz, Fritz J.: Seelen nur aufgemalt. Heinrich Bölls Bonn-Roman »Frauen vor Flußlandschaft«. Die Zeit 11.10. 1985

Rademacher, Gerhard (Hg.): Becker, Bender, Böll u.a. Nordrhein-westf. Lit.Geschichte f.d. Unterr. Essen 1980

Rademacher, Gerhard (Hg.): Heinrich Böll als Lyriker. Eine Einführung in Aufsätzen, Rezensionen u. Gedichtproben. Frankfurt a.M. 1985

Rademacher, Gerhard: Bölls »Kölner Spaziergänge« u. andere Gedichte: vorbereitende Bemerkungen zu ihrer Rezeption. In: G. R. (Hg.): Heinrich Böll als Lyriker. 1985, 37-77

Rademacher, Gerhard: Auf d. Suche nach d. »Urbs Abscondita« : zu zwei Köln-Gedichten v. Heinrich Böll u. Paul Celan. In: G. R. (Hg.): Heinrich Böll als Lyriker. 1985, 79-83

Rademacher, Gerhard: Heinrich Bölls Erzählung »Die Waage der Baleks«, interpretative u. didakt.-method. Anregungen in »Lesen u. Lernen 5«. Lehrerbegleitheft. Bonn-Bad Godesberg 1987, 76-78

Rademacher, Gerhard (Hg.): Heinrich Böll. Auswahlbibliographie z. Primär- u. Sekundärliteratur. Mit einleitenden Textbeiträgen von u. über Heinrich Böll. Bonn 1989 (Abhandlungen z. Kunst-,Musik- u. Literaturwissenschaft 384); darin u.a.: G. R.: Sanfter Engel u. subversive Madonna. Mythologische Anspielungen in u. zu Gedichten Heinrich Bölls, 69-78

Rapp, Dorothea: Mysterien jenseits v. Pathos u. Theorie. Heinrich Bölls »Gruppenbild mit Dame«. Die Drei. Zschr. f. Wissenschaft, Kunst u. soziales Leben. 44 (1974), 4, 205-211

Rapp, Dorothea: »Aus ihrem Leben vertrieben... Die verlorene Ehre der Katharina Blum«. Die Drei. Zschr. f. Wissenschaft, Kunst u. soziales Leben. 45 (1975), 146ff.

Rasch, Wolfdietrich: Lobrede und Deutung. In: Lengning, W. (Hg.): Der Schriftsteller Heinrich Böll. München ⁵1977, 9-17

Rasch, Wolfdietrich: Zum Stil des »Irischen Tagebuchs«. In: Reich-Ranicki, M. (Hg.): In Sachen Böll. ⁷1980, 198-205

Ravisch, Klaus M.: Heinrich Böll: Nobelpreisträger Rumpelstilzchen. die horen 24 (1979), 4, 153-166

Rectanus, Mark W.: »The lost honor of Katharina Blum«. The reception of a German bestseller in USA. GQ 59 (1986), 252-268

Reich-Ranicki, Marcel: Hüben u. drüben- Heinrich Böll. Die Zeit 1.6. 1962, 13

Reich-Ranicki, Marcel: Heinrich Böll: »Ansichten eines Clowns«. In: M. R.-R.: Literatur d. kleinen Schritte: dtsch. Schriftsteller heute. München 1967, 14-21

Reich-Ranicki, Marcel (Hg.): In Sachen Böll. Ansichten u. Aussichten. Köln 1968; ³1970; ⁷1980; ⁸1985

Reich-Ranicki, Marcel: Heinrich Böll. In: Deutsche Dichter d. Gegenwart: ihr Leben u. Werk, hg. v. Benno v. Wiese. Berlin 1973, 326-340

Reich-Ranicki, Marcel: Der dtsch. Gegenwart mitten ins Herz. Eine unpathetische Anklage: Heinrich Bölls Erzählung »Die verlorene Ehre der Katharina Blum«. FAZ 17.12. 1974

Reich-Ranicki, Marcel: (Sammlung) Entgegnung: zur deutschen Literatur der siebziger Jahre. Stuttgart 1979; erw. Neuausg. Stuttgart 1981, darin:

Nachdenken über Leni G., 100-107, und: Der dtsch. Gegenwart mitten ins Herz, 109-115

Reich-Ranicki, Marcel: Heinrich Böll. In: M. R.-R.: (Sammlung) Entgegnung: Zur dtsch. Literatur d. siebziger Jahre. Stuttgart 1979, 99-133

Reich-Ranicki, Marcel: Nette Kapitalisten u. nette Terroristen. Heinrich Bölls »Fürsorgliche Belagerung«. FAZ 4.8. 1979

Reich-Ranicki, Marcel: Die Geschichte einer Liebe ohne Ehe: Heinrich Böll spann seinen jetzt erscheinenden Roman aus Fäden von unterschiedl. Qualität. In: Böll, Heinrich: Ansichten eines Clowns: Roman/ m. Materialien u.e. Nachwort d. Autors. Köln 1985, 330-339

Reich-Ranicki, Marcel: Ein letzter Abschied v. Heinrich Böll. Aus Anlaß seines Buches »Frauen vor Flußlandschaft«, eines in Wahrheit nicht mehr abgeschlossenen ›Romans in Dialogen u. Selbstgesprächen‹. FAZ 8.10. 1985

Reich-Ranicki, Marcel: Heinrich Böll- Dichter, Narr, Prediger. ModSpr 79 (1985), 223-225

Reich-Ranicki, Marcel: Mehr als ein Dichter. Über Heinrich Böll. Köln 1986, darin: M. R.-R.: Der Poet d. unbewältigten Gegenwart (1963), 17-40; Ein Buch des Mißmuts u.d. Liebe (1963), 41-49; Vom armen H. B. (1975), 78-86; Böll, der Moralist, 120-142

Reid, J. H.: Heinrich Böll. From Modernism to Post-Modernism and beyond. In: Billivant, Keith (Hg.): The Modern German Novel. Leamington Spa u. New York 1987

Reid, J. H.: Time in the Works of Heinrich Böll. MLR 62 (1967), 476-485

Reid, J. H.: Heinrich Böll. Withdrawal and Reemergence. London 1973

Reid, J. H.: Böll's Names. MLR 69 (1974), 575-583

Reid, J. H.: Back the Billards Table? – Heinrich Böll's »Fürsorgliche Belagerung«. Forum for Modern Language Studies 19 (1983), 126-141

Reid, J.H.: Heinrich Böll. A German for his time. Oxford/New York/Hamburg 1988; dtsch.: Heinrich Böll. Ein Zeuge seiner Zeit. München 1991 (dtv 4533)

Reinhold, Ursula: Bürgerlicher Humanismus u. geschichtl. Realität: Heinrich Böll. In: U. R.: Literatur u. Klassenkampf: Entwicklungsprobleme d. demokrat. u. sozialist. Literatur d. BRD. (1965-1974) Berlin (Ost) 1976, 305-318

Renken, Ute: »Daniel der Gerechte«. In: Interpretationen zu Heinrich Böll. Bd. 2. München ⁵1975, 66-80 (Interpret. z. Dtschunterr.)

Rhode, Werner: Rezensionen: (Heinrich Böll, Gedichte- Klaus Staek, Collagen), Werner Rhode; Klaus Jeziorkowski u.a. In: Rademacher, G. (Hg.): Heinrich Böll als Lyriker. 1985, 101-107

Ribbat, Ernst: Heinrich Böll »Billard um halbzehn«. In: Die Kritik an Kirche u. Katholizismus b. Heinrich Böll, hg. v. Bildungsrat d. Kathol. Dtsch. Studentenvereinigung. Bonn 1969, 38ff.

Ribbat, Ernst: Heinrich Böll: »Und sagte kein einziges Wort«. DU 33 (1981), H. 3, 51-61

Richter, Hans Werner: Liebst du das Geld auch so wie ich? Heinrich Böll in: H. W. R.: Im Etablissement der Schmetterlinge: 21 Portraits der Gruppe 47. München ²1986, 62-79

Richter, Hans Werner: Die Kriegsgeneration u.d. Anfänge d. Gruppe 47. In: Heinrich Böll. Vortragsabende zu seinem 70. Geburtstag an d. Univ. zu Köln. 15.-18. Dezember 1987 (Kölner Univ.Reden 70), 6-15

Rieber-Mohn, Hallvord: Fedrenes synder. Heinrich Böll's »Biljard Klokken halv ti«. Kirk og Kultur. Oslo 77 (1972), 9, 513-521

Rieck, Werner: Heinrich Böll in der Rolle des Rechercheurs. Gedanken z. Erzählweise im Roman »Gruppenbild mit Dame«. WZPHP 18 (1974), 249-255

Riesel, Elise: Linguostilist. Textinterpretation ohne ›Atomisierung‹. Sprachpflege (Leipzig) 15 (1966), 10, 193-199 (u.a. »An der Brücke«)

Rischbieter, Henning: Gespräch m. Heinrich Böll über sein Stück »Aussatz«. In: Materialien zu Spectaculum 1-25, zus.gest. v. Manfred Ortmann. Frankfurt a.M. 1984, 53-58

Römhild, Dorothee: Die Ehre der Frau ist unantastbar. Das Bild d. Frau im Werk Heinrich Bölls. Pfaffenweiler 1991

Römhild, Dorothee: »Undines gewaltiger Vater« u. die ›Menschin‹ vor der Flußlandschaft. Bölls Zivilisationskritik im Spiegel elementarer Weiblichkeit. In: I. Roebling (Hg.): Sehnsucht u. Sirene. Pfaffenweiler 1992, 245-268

Rosensprung, Ingrid: Steh auf, steh doch auf. In: Interpretationen zu Heinrich Böll. Bd. 2. München ⁵1975, 9-16 (Interpret. z. Dtschunterr.)

Rosenthal, Dieter: Überlegungen z. strukturellen Analyse v. Prosatexten m.e. Vergleich zw. Thomas Manns »Buddenbrooks« u. Heinrich Bölls »Billard um halbzehn«. GermWrat 40 (1980), 27-43

Rosenthal, Erwin Theodor: Böll in Brasilien. In: Jürgensen, M. (Hg.): Böll. Bern 1975, 147-152

Ross, Werner: Ein Rheinländer. In: Reich-Ranicki, M. (Hg.): In Sachen Böll. ⁷1980, 13ff.

Ross, Werner: Heinrich Bölls hartnäckige Humanität. Merkur 20 (1967), 1199-1203

Ross, Werner: Heinrich Böll u. seine Kirche. In: Erzähler, Rhetoriker, Kritiker. Bensberg 1987, 117-130 (Bensberger Protok. 51)

Roth, Klaus-Hinrich: »...ein bißchen Aufklärung zu schaffen...«: zur publizist. Schreibweise Heinrich Bölls. In: Erzähler, Rhetoriker, Kritiker. Bensberg 1987, 59-86 (Bensberger Protok. 5)

Salyámosy, Miklós: Heinrich Böll. Budapest 1984

Sang, Jürgen: Werke- Indikationen. In: J. S.: Fiktion u. Aufklärung: Werkskizzen zu Andersch, Bernhard, Böll. Frankfurt a.M. 1980, 30-36 u. 165-170 (Europ. Hochsch. Schr.: R. 1, Dtsch. Spr. u. Lit. 310)

Schädlich, Michael: Satire u. Barmherzigkeit in Heinrich Bölls Roman »Ansichten eines Clowns«. In: M. Sch.: Titelaufnahmen. Berlin 1978, 57-72

Schäfer, Hans Dieter: Das gespaltene Bewußtsein. Dtsch. Kultur u. Lebenswirklichkeit 1933-1945. München 1981

Schäfer, Rudolf H.: »Der Tod der Elsa Baskoleit«. In: Interpret. zu Heinrich Böll. Bd. 2. München ⁵1975, 44-56 (Interpret. z. Dtschunterr.)

Schaller, Thomas: Die Rezeption v. Heinrich Böll u. Günter Grass in den USA: Böll u. Grass im Spiegel d. Unterrichtspraxis an höheren amerik.

Bildungsinstitutionen. Frankfurt a.M. 1988 (Europ. Hochsch.Schriften: R. 1, Dtsch. Spr. u. Lit. 1061)

Schauss, Hans Joachim (Hg.): Heinrich Böll. 25 Jahre Hörfunkarbeit, z. 60. Geburtstag des Autors. In: Hinweisdienst, Dtsch. Rundfunkarchiv Frankfurt a.M., 23 (1977), Nr. 6, 63-89

Scheiffele, Eberhard: Krit. Sprachanalyse in Heinrich Bölls »Die verlorene Ehre der Katharina Blum«. Basis 9 (1979), 169-187

Schelsky, Helmut: Heinrich Böll, Kardinal u. Märtyrer; und: Fragen an Augstein, Antwort an Böll. In: H. Sch.: Die Arbeit tun die anderen: Klassenkampf u. Priesterherrschaft d. Intellektuellen. Opladen ²1975, 342-363

Schmid, Hans B.: Heinrich Böll als Zeitkritiker. SdZ 169 (1961/2), 69-72

Schmitz, Walter: ›Geburt‹ u. ›Wiedergeburt‹: polit.-ästhet. Mythologie d. Weiblichkeit in d. dtsch. Gegenwartslit. In: Frauen-Fragen, 53-81 (u.a. zu Böll)

Schnedl-Bubnicek, Hanna: Relationen. Zur Verfremdung d. Christl. in Texten v. Heinrich Böll, Barbara Frischmuth, Günter Herburger, Jutta Schutting u.a. Stuttgart 1984 (Stuttg. Arb. z. Germanistik 147)

Schneider, Karl Ludwig: Die Werbeslogans im Roman »Und sagte kein einziges Wort«. In: Reich-Ranicki, M. (Hg.): In Sachen Böll. ⁷1980, 238ff.

Schneidewind, Wolf-Egmar u.B. Sowinski: Heinrich Böll. Satir. Erzählungen. München 1988 (Oldenbourg-Interpret.)

Schou, Sören: Heinrich Böll. Diss. Kopenhagen: Munksgaard 1971

Schröter, Klaus: Heinrich Böll m. Selbstzeugnissen u. Bilddokumenten. Hamburg 1982 (rowohlts monograhien 310)

Schröter, Klaus: Zur Herkunft des Schriftstellers Heinrich Böll. TuK 33. München ³1982, 7-20

Schröter, Klaus: Heinrich Böll. Die Abwendung. NRs 93 (1982), 49-57

Schröter, Klaus: Was soll aus dem Jungen bloß werden? Heinrich Böll in den 30er Jahren. Sammlung 5 (1982), 71-82

Schütt, Peter: Ich habe eine Hoffnung, eine hartnäckige Hoffnung. Anmerkungen z. polit. Publizistik Heinrich Bölls. In: Beth, H. (Hg.): Heinrich Böll. Königstein/Ts. ²1980, 171-185

Schütte, Wolfram: Häretische Marienlegende, kräftig angedunkelt. FR 7.8. 1971

Schütte, Wolfram: Notwehr, Widerstand u. Selbstrettung. Heinrich Bölls Erzählung »Die verlorene Ehre der Katharina Blum«. FR 10.8. 1974

Schütte, Wolfram: Lauter nette Menschen. FR 4.8. 1979, abgedr. in: Fischer Almanach d. Literaturkritik 1979, hg. v. Andreas Werner. Frankfurt a.M. 1980, 23-29

Schütte, Wolfram: Treue u. Liebe, nicht Glauben. Selbstgespräch an Ultimo. Heinrich Bölls posthumer Roman »Frauen vor Flußlandschaft«. FR 28.9. 1985

Schulz, Bernhard: Die Erzählung: Heinrich Böll, Die Waage der Baleks. In: B. Sch.: Der literar. Unterr. in d. Volksschule: e. Lesekunde in Beispielen. Bd. 2: 5.-9. Schj. (Hauptschule). Düsseldorf 1966, 28-42

Schulz, Helmut: Gesellschaftskritik u. Realismus in d. westdtsch. humanist.

Literatur. Unters. am Schaffen d. Schriftst. Heinrich Böll u. Hans Erich Nossack. M-Diss. Berlin 1964 (Inst. f. Ges. Wiss. b. ZK d. SED)

Schumann, Thomas B.: Heinrich Böll. Auswahlbibliographie. In: Beth, H. (Hg.): Heinrich Böll. Königstein/Ts. ²1980, 201-251

Schwab-Felisch, Hans: Heinrich Böll. Ein junger Schriftsteller u. sein Erfolg. Der Monat 6 (1953), 194-198

Schwab-Felisch, Hans: Der Böll der frühen Jahre. In: Reich-Ranicki, M. (Hg.): In Sachen Böll. ⁷1980, 163-171

Schwab-Felisch, Hans: Wie man dokumentarisch erzählen kann. Zwei Stimmen zu Heinrich Bölls neuem Roman. Merkur 25 (1971), 914ff.

Schwab-Felisch, Hans: Sanftmut m. Krallen: aus Anlaß d. 50. Geburtstages v. Heinrich Böll (21.XII.). Merkur 21 (1967), 1211-1215

Schwab-Felisch, Hans: Der verquere Mut des Heinrich Böll. Merkur 31 (1977), 1224-1228

Schwarz, Wilhelm J.: Die Gestalten Heinrich Bölls. Diss. Montreal 1965

Schwarz, Wilhelm Johannes: Der Erzähler Heinrich Böll. Seine Werke u. Gestalten. Bern 1967; ³1973

Schwebel, Horst (Hg.): Gespräch mit Heinrich Böll. Glaubwürdigkeit: Fünf Gespräche über heutige Kunst u. Religion m. Joseph Beuys, Heinrich Böll, Herbert Falken, Kurt Marti, Dieter Wellershoff. München 1979, 43-70

Schweckendiek, Adolf: Fünf moderne Satiren im Deutschunterricht. DU 18 (1966), 3, 39-50 (u.a. »Doktor Murkes ges. Schweigen«)

Schwerte, Hans: Begegnung m. einem jungen Mädchen (»Das Brot der frühen Jahre«). Zeitwende 27 (1956), 712ff.

Seifried, Ulrike: »Der Bahnhof von Zimpren«. In: Interpret. zu Heinrich Böll. Bd. 2. München ⁵1975, 81-93 (Interpret. z. Dtschunterr.)

Sewell, William S.: ›Konduktion u. Niveauunterschiede‹: the structure of Böll's »Katharina Blum«. Monatshefte 74 (1982), 167-178

Seybold, Eberhard: Katharinas Kuba liegt am Rhein. Frankf. Neue Presse 24.08. 1985, o.S.

Silén, Grandell Ulla: Marie, Leni, Katharina u. ihre Schwestern. Eine Analyse d. Frauenbildes in drei Werken v. Heinrich Böll. Schr. d. dtsch. Inst. Univ. Stockholm 13 (1984)

Silman, Tamara: Probleme d. Textlinguistik. Einfg. u. exemplar. Analyse. Heidelberg 1974 (UTB 326) (zu Bölls Absatzstruktur S. 142ff.)

Sinka, Margit M.: Heinrich Bölls »Die verlorene Ehre der Katharina Blum« as Novelle, or How a Genre Conceps Develops and Where it Can Lead. CollGerm 14 (1981), 2, 158-174

Skorna, Hans Jürgen: Die dtsch. Kurzgeschichte d. Nachkriegszeit im Unterr. Ratingen 1967 (u.a. »So ein Rummel«)

Smith, Stephen: Schizos Vernissage u.d. Treue d. Liebe. Von d. Moral d. Sprache in Heinrich Bölls Roman »Fürsorgliche Belagerung«. In: Beth, H. (Hg.): Heinrich Böll. Königstein/Ts. ²1980, 97-128

Sölle, Dorothee: Heinrich Böll u.d. Eskalation d. Gewalt (Die verlorene Ehre der Katharina Blum). Merkur 28 (1974), 7, 885ff.

Sokel, Walter Herbert: Perspective and dualism in the novels of Böll. In: The contemporary novel in German. A symposium. Ed. with introduction by

Robert R. Heitner. Austin 1967, 9-35; dtsch. abgedr. in: Reich-Ranicki, M. (Hg.): In Sachen Böll. [7]1980

Song, Ikhwa: Die Darstellung d. Kindes im frühen Werk Heinrich Bölls. Das Kind in d. Rolle d. moral. Gegenspielers zu einer inhumanen Welt. Frankfurt a.m./Bern 1978

Sonnemann, Ulrich: Rheinische Alternative. In: Reich-Ranicki, M. (Hg.): In Sachen Böll. [7]1980, 128-140

Sowinski, Bernhard u. Wolf-Egmar Schneidewind: Heinrich Böll: Satir. Erzählungen. München 1988 (Oldenbourg-Interpret. 2)

Sowinski, Bernhard: Heinrich Böll: Kurzgeschichten. München 1988 (Oldenbourg-Interpret. 3)

Spycher, Peter: Ein Porträt Heinrich Bölls im Spiegel seiner Essays. Reformatio 16 (1967), 11-24; 106-122

Starbatty, Jürgen (Hg.): Heinrich Böll »Wo warst du, Adam?«/ m. Materialien u.e. Nachwort. Köln 1990

Stemmler, Wolfgang: Max Frisch, Heinrich Böll u. Sören Kierkegaard. Diss. München 1972

Stewart, Keith: The American reviews of Heinrich Böll: a note of the problems of the compassionate novellist. UDR 11 (1974), no.2, 5-10

Stiebert, Klaus: Probleme krit.-realist. Erzählens b. Heinrich Böll. Die Rezeption engl., irischer u. amerik. Lit. u. ihre Bedeutung f.d. Entwicklung d. Werkes. Diss. Leipzig 1975

Stötzel, Georg: Heinrich Bölls sprachreflexive Diktion. Sprachwiss. Interpret. e. Interviews. LuD 33 (1978), 54ff.

Stone, Margaret: Heinrich Böll, »Das Brot der frühen Jahre«. Interpret. München 1974 (Interpret. z. Dtschunterr.)

Stresau, Hermann: Heinrich Böll. Berlin 1964; [6]1974

Streul, Irene Charlotte: Westdtsch. Literatur in d. DDR. Böll, Grass, Walser u.a. in d. offiziellen Rezeption 1949-1985. Stuttgart 1988

Stückrath, Jörn: Heinrich Böll: »Die Waage der Baleks«. In: Dtsch. Novellen v. Goethe bis Walser, hg. v. Jakob Lehmann. Bd. 2. Königstein/Ts. 1980 (Scriptor-Taschenbücher S 156), 237-260

Supplié, Regine: Zeitkritik u. Zeitdarstellung in d. Romanen Bölls nach 1980. 1985

Tern, Jürgen: Heinrich Böll u. seine Kritiker. SWF (Kultur aktuell) 5.2. 1972 Mskr. u. FH 27 (1972), 158-161

Ter-Nedden, Gisbert: Allegorie u. Geschichte. Zeit-u. Sozialkritik als Formproblem d. dtsch. Romans d. Gegenwart. Heinrich Bölls »Billard um halbzehn«. 1973, 155-183

Teuchert, Brigitte: Romananalysen: Heinrich Böll. In: B. T.: Kommunik. Elemente u. ihre literar. Vermittlung: z. Bedeutung nonverbaler Kommunikation u.d. verba dicendi in d. Prosawerken Bölls, Dürrenmatts u. Hesses. Frankfurt a.M. 1988, 77-210 (Regensburger Beitr. z. dtsch. Sprach- u. Literaturwiss. 37)

Thayer, Terence K.: Fame and rememberance in Heinrich Bölls »Wanderer, kommst du nach Spa...«. Seminar 20 (1984), 262-278

Thiemermann, Franz Josef: Kurzgeschichten im Deutschunterricht. Bochum 1967; [13]1980 (u.a. »Die Waage d. Baleks«)

Thomas, Richard H.: Heinrich Böll. In: R. H. T.: Der dtsch. Roman u.d. Wohlstandsgesellsch. Stuttgart 1969, 69-76 (Spr. u. Lit. 52)

Thorell, Bengt: Heinrich Böll och Kriget. Credo. Katolsk Tidskrift. Uppsala. 54 (1973), Nr. 5, 196-208

Thorell, Bengt: Heinrich Bölls problem. Credo. Katolsk Tidskrift. Uppsala 54 (1973), Nr. 3/4, 138-146

Thorell, Bengt: Heinrich Böll, den ömsinte utmaueren. Stockholm 1978

Töpelmann, Sigrid: Kriegsliteratur in d. BRD, e. Literatur ohne Entwicklungs- u. Wandlungsgestaltung: (Motiv d. Angst in Bölls Werk). In: Autoren, Figuren, Entwicklungen: z. erzähl. Literatur in der DDR. Berlin (Ost) 1975, 137-141

Torberg, Friedrich: »Katharina Blum«. Jetzt böllerts. Parodie anstelle e. Besprechung. Der Spiegel 6.8. 1974, 100-105

Tümmers, Horst Johannes: Ein Böll als Baumeister. Aus: Ein Autor schafft Wirklichkeit. Heinrich Böll z. 65. 1982, 218-224

Ueding, Gerd: Das unbestechliche Gedächtnis d. Heinrich Böll. Die Erstausgabe seines Nachkriegsromans »Das Vermächtnis« u.e. Monographie. FAZ 16.11. 1982

Uhlig, Gudrun: Autor, Werk u. Kritik. Inhaltsangaben, Kritiken u. Textproben f.d. Lit.Unterr. Bd. 1: Heinrich Böll, Günter Grass, Uwe Johnson. München 1969; [2]1974

Ulsamer, Lothar: Zeitgenöss. dtsch. Schriftsteller als Wegbereiter f. Anarchismus u. Gewalt. Esslingen 1987

Ulshöfer, Robert: Unterrichtl. Probleme b.d. Arbeit m.d. Kurzgeschichte. DU 10 (1958), 6, 5-35 (»Wanderer, kommst du nach Spa...«; »Mein trauriges Gesicht«)

Ulshöfer, Robert: Heinrich Bölls Kurzgeschichte »Mein trauriges Gesicht« in Kl. 12. In: Moderne Dichtung im Unterr., hg. v. Hermann Helmers. Braunschweig 1967; [2]1972, 69-75

Vanderschaeghe, Paul: Heinrich Böll. Brede 1961

Vieregg, Axel: Heinrich Bölls früher Text »Der Mann mit den Messern« als Einführung in d. Thematik seines Werkes. DU 28 (1976), 6, 51-68

Vogt, Jochen: Vom armen H.B., der unter die Literaturpädagogen gefallen ist. Eine Stichprobe. TuK 33, [2]1974 (wiederabgedr. in: Beth, H. (Hg.): Heinrich Böll. Königstein/Ts. [2]1980)

Vogt, Jochen: Heinrich Böll. München 1978, [2]1987

Vogt, Jochen: Der Erinnerungsarbeiter: z. Charakteristik d. Publizisten Böll. TuK 33. München [3]1982, 114-125

Vogt, Jochen: Heinrich Böll (Stand 1.9. 1980). In: Krit. Lexikon z. dtschsprach. Gegenwartslit., hg. v. H.L. Arnold, München 1978

Vogt, Jochen: Vom Minimalprogramm der Humanität. Heinrich Bölls ›Lesebuch‹: Nichts zum Blättern und Schmökern. FR 14.10. 1978

Vogt, Jochen: ›God bless you all and the Federal Republik of Germany.‹ Heinrich Böll als Publizist. FR 14.7. 1979

Vogt, Jochen: Unverblümte Gegenrede. Heinrich Bölls Ein- und Zusprüche aus einer ›Periode der Schamlosigkeit‹. FR 15.12. 1984

Vogt, Jochen: Korrekturen. Versuche z. Lit.Unterr. München 1974

Vormweg, Heinrich: Entlarvende Belagerung. Merkur 34 (1980), 84-87

Vormweg, Heinrich: Böll als Erzähler: sein Vermächtnis f.d. Literaten. In: Erzähler, Rhetoriker, Kritiker. Bensberg 1987, 13-24 (Bensberger Protok. 51)

Wagner, Frank: Der krit. Realist Heinrich Böll. Die Entwicklung d. ›Krieg-Frieden‹-Problematik in s. Romanen. WB 7 (1961), 99-125

Waidson, Herbert Morgan: The Novels and Stories of Heinrich Böll. GLL N.S. 12 (1958/59), 4, 246-273 (»Über die Brücke« u.a.)

Waidson, H. M.: Heroine and Narrator in Heinrich Böll's »Gruppenbild mit Dame«. Forum for modern language studies 9 (1973), no. 2, 123-131

Waidson, Herbert M.: Die Romane u. Erzählungen Heinrich Bölls. QLL 12 (1959), 264-279; dtsch. in: Lengning, W. (Hg.): Der Schriftsteller Heinrich Böll. München ⁵1977, 41-50

Wallach, Martha: Ideal and idealized victims: the lost honor of the Marquise von O., Effi Briest and Katharina Blum in prose and film. WiGyb 2 (1986), 79-166

Wallmann, Jürgen P.: ›Der Autor ist immer noch versteckt‹. Im Gespräch m. Heinrich Böll. die horen 27 (1982), 127-135

Wallmann, P.: Statt Routine das Risiko. Regieanweisungen f. Bonner Theaterbesucher- d. letzte Roman v. Heinrich Böll: Frauen vor Flußlandschaft. Dtsch. Allg. Sonntagsblatt 8.9. 1985, o.S.

Warnach, Walter: Heinrich Böll u.d. Deutschen. FH 33 (1978), 7, 51-62

Watt, Roderick H.: Andersch, Böll, Lenz and Schnurre on the »nouveau roman«. New German Studies 9 (1981), 2, 123-145

Watt, Roderick: »Wanderer kommst du nach Sparta«, History through Propaganda into Literary Commonplace. MLR 80 (1985), 871-883

Weber, Albrecht: »Wanderer, kommst du nach Spa...«. In: Interpret. zu Heinrich Böll ... München 1965; ⁵1975

Webert, Theo: »Wiedersehen mit Drüng«. In: Interpret. zu Heinrich Böll... München 1965; ⁵1975

Welzig, Werner: Der zeitkrit. Roman. In: W. W.: Der dtsch. Roman im 20. Jahrhundert. Stuttgart 1967, 267-273 (Kröners TA 367)

Wiegenstein, Roland H.: Besprechung v. »Und sagte kein einziges Wort«. FH 8 (1953), 474ff.

Wiegenstein, Roland H.: Rechenexempel m. vielen Unbekannten. FH 9 (1954), 865ff.

Wiegenstein, Roland H.: Liebe in dieser Zeit- Heinrich Böll »Das Brot der frühen Jahre«. FH 11 (1956), 207ff.

Wiegenstein, Roland H.: Die Unversöhnten. FH 15 (1960), 135ff.

Wielacher, Alois: Die Gemütswidrigkeit der Kultur. Über d. Kulturbegriff Max Frischs, Heinrich Bölls u. der auswärtigen Kulturpolitik d. Bundesrepubl. Deutschlands. JbDaF 3 (1977), 116-136

Wiemers, Adalbert (Hg.): Autorenbilder: Heinrich Böll. Fotografiert v. Chargesheimer, Jupp Darchinger u. Gerd Sander. Bad Godesberg 1968

William, Ernst: Böll: »Und sagte kein einziges Wort«. – Versuch e. Interpret., o.O. 1954

Windfuhr, Manfred: Die unzulängliche Gesellschaft. Rheinische Sozialkritik v. Spee bis Böll. Stuttgart 1971

Wintzen, René: Eine deutsche Erinnerung. In: Heinrich Böll: Eine dtsch. Erinnerung: Interview m. René Wintzen. München ³1985

Wintzen, René: Böll u. die Deutschen – aus französischer Sicht. In: Heinrich Böll. Vortragsabende zu seinem 70. Geburtstag an d. Univ. zu Köln. 15.-18.12. 1987 (Kölner Univ.Reden 70), 17-24

Wirth, Günter: Heinrich Böll. Essayist. Studie über relig. u. gesellschaftl. Motive im Prosawerk d. Dichters. Berlin 1967; ³1974 (Nebenausg. Köln 1969)

Wirth, Günter: Das christl. Menschenbild b. Böll u. Bobrowski. (Vortr.) Berlin 1969 (Hefte aus Burgscheidungen 175)

Wirth, Günter: Plädoyer für das Erbarmen: Katharina Blum. In: Jürgensen, M. (Hg.): Böll. Bern 1975

Wirth, Günter: Gefahr unter falschen Brüdern. Anm. z. Charakter u.z. Entwicklung d. polit. Positionen Heinrich Bölls. WB 25 (1979), 2, 56-78

Wirth, Günter: Tradition im Futteral. Bemerkungen über Böll u. Stifter. SuF 24 (1972), 1018-1041 (Nachdr. in: Jürgensen, M. (Hg.): Böll. Bern 1975)

Wirth, Günter: Relig. u. gesellschaftl. Motive in Heinrich Bölls Roman: »Ansichten eines Clowns«. In: Der dtsch. Roman im 20. Jh. Analysen u. Materialien z. Theorie u. Soziologie d. Romans, hg. v. Manfred Brauneck. Bd. 2. Bamberg 1976, 58-73

Wirth, Günter: Bölls Texte d. Weltliteratur. NDL 35 (1987), 12, 145-151

Wirth, Günter: Engel vor Flußlandschaft. SuF 40 (1988), 437-451

Withcomb, Richard O.: Heinrich Böll and the mirror-image technique (in: »Und sagte kein einziges Wort«). UDR 10 (1973), no. 2, 41-46

White, Ray Lewis: Heinrich Böll in America. 1954-1970. Hildesheim/New York 1979

Wolf, Christa: Lieber Heinrich Böll: zum 65. Geburtstag (Mai 1982). In: C. W.: (Sammlung) Die Dimensionen d. Autors: Essays u. Aufsätze, Reden u. Gespräche; 1959-1985, Ausw.: Angela Drescher. Darmstadt 1987, 230-231

Yuill, W. E.: Heinrich Böll. In: Essays on Contemporary German Literature, ed. b. Bryan Keith-Smith. London 1966

Ziltener, Walter: Die Literaturtheorie Heinrich Bölls. Bern 1980

Ziltener, Walter: Heinrich Böll u. Günter Grass in d. USA. Tendenzen d. Rezeption. Bern/Frankfurt a.M. 1982 (Europ. Hochsch. Schr. R. 1, Dtsch. Spr. u. Lit. 537), darin: The Bread of Those Early Years (1976), 24-30, u.: The Lost Honor of Katharina Blum or: How Violence Develops and Where It can Lead (1975)

Zimmer, Dieter E.: Doktor Murkes gesammeltes Schweigen. In: Reich-Ranicki, M. (Hg.): In Sachen Böll. ⁷1980, 268ff.

Zimmermann, Werner: Dtsch. Prosadichtungen d. Gegenwart. Interpret. f. Lehrende u. Lernende. Düsseldorf 1954; Neubearb. 1956-58 (u.a. »Der

Zug war pünktlich«; »Die ungezählte Geliebte« (= »An der Brücke«). Neufassung 1966. Bd. 2 (»An der Brücke«; »Doktor Murkes gesammeltes Schweigen«). Neufassung 1988. Bd. 3 (»Die verlorene Ehre der Katharina Blum«).

Ziolkowski, Theodor: Heinrich Böll u. seine Dichtung. Universitas 16 (1961), 507ff.

Ziolkowski, Theodor: Albert Camus and Heinrich Böll. MLN 77 (1963), 282-291

Ziolkowski, Theodor: The inner veracity of form. Heinrich Böll: Nobel prize for literature. BA 47 (1973), 17-24

Ziolkowski, Theodore: Typologie u. ›Einfache Form‹ in »Gruppenbild mit Dame«. In: Matthaei, R. (Hg.): Die subversive Madonna. Köln 1975, 123-138

Ziolkowski, Theodore: Vom Verrückten zum Clown. In: Reich-Ranicki, M. (Hg.): In Sachen Böll. ⁷1980, 265-276

Zipes, Jack: The political dimensions of The lost honor of Katharina Blum. New Germans Critique 12 (1977), 75ff.

Zobel, Klaus: »Wir Besenbinder«. Interpret. e. Kurzgeschichte v. Heinrich Böll. DfA 13 (1963), 7-13

Zorach, Cecile Cazort: Two faces of erin: the dual journey in Heinrich Böll's »Irisches Tagebuch«. GR 53 (1978), 124-131

Zuckmayer, Carl: Gerechtigkeit durch Liebe. In: Reich-Ranicki, M. (Hg.): In Sachen Böll. ⁷1980, 52-56

Böll-Verfilmungen

Allgemein:

Heinrich Böll als Filmautor. Rezensionsmaterial aus d. Literatur-Archiv d. Stadtbücherei Köln zus.gest. anläßl. d. Böll-Filmreihe d. Volkshochsch. Köln. Redaktion: Viktor Böll u. Yvonne Jürgensen. Köln 1982

Einzeltitel:

»*Das Brot der frühen Jahre*«, BRD 1962: 94 Min. (R: Herbert Vesely; D: Christian Doermer; Vera Tschechova)

»*Journal*« (R: Jean Marie Straub), Erstaufführung: Oberhausen 21.2. 1963

»*Wie in schlechten Romanen*«, Fernsehfilm (1964) (R: Claus Peter Witt), Erstsendung: NDR Hamburg 5.5. 1964

»*Der Postbote*«, Fernsehfilm (1964) nach Bölls Erzählung »*Die Postkarte*« (R: Rolf Hädrich), Erstsendung: NDR Hamburg 1.9. 1964

»*Dr. Murkes gesammeltes Schweigen*«, Fernsehfilm (Murke I, 1964) (R: Rolf Hädrich), Erstsendung: HR Frankfurt 6.2. 1964

»*Dr. Murkes gesammelte Nachrufe*«. Satire. Fernsehfilm (Murke II, 1965) (R: Rolf Hädrich. Drehbuch: Dieter Hildebrandt u. Rolf Hädrich, D:

Dieter Hildebrandt, Dieter Borsche, Robert Meyn), Erstsendung: HR Frankfurt a.M. 5.10. 1965

»Und es ward Abend und Morgen«, Fernsehfilm (1965) nach Bölls Erzählung *»So ward Abend und Morgen«* (R: Rolf Hädrich, D: Ingmar Zeisberg u. Hans Lothar), Erstsendung: 14.4. 1965

»Nicht versöhnt oder Es hilft nur Gewalt, wo Gewalt herrscht« (frei nach *»Billard um halbzehn«*) BRD 1965, 55 Min. (R: Jean-Marie Straub; D: Henning Harmssen, Heinrich Hargesheimer, Martha Ständner, Heiner Braun; Ulrich von Thüna, Ulrich Hopman, Ernst Kutzinski, Joachim Weiler (schwer verständliche Tonfassung))

»Nicht nur zur Weihnachtszeit« (1970), Drehbuch: Heinrich Böll (R: Vojtech Jasny, D: René Deltgen, Edith Herdeegen u.a.); Erstsendung: ZDF 30.12. 1970

»Dr. Murkes gesammeltes Schweigen«, Fernsehspiel, Schweden (Murke III, 1970), Buch u. Regie: Per Berglund. Dtsch. Erstsendung: ZDF 23.4. 1970

»Ende einer Dienstfahrt«: BRD 1971; 90 Min. (R: H.D. Schwarze; D: Alois Giani; Wolfgang Büttner; Günther Strack; Hans Ernst Jäger)

»Ansichten eines Clowns«: BRD 1975. 111 Min. (R: R. Voitech Jasny, D: Helmut Griem, Hanna Schygulla, Eva Maria Meineke)

»Die verlorene Ehre der Katharina Blum«: BRD 1975, 106 Min. (R: Volker Schlöndorff; D: Angela Winkler; Mario Adorf)

»Haus ohne Hüter«, Fernsehspiel (1975), Drehbuch: Daniel Christoff (R: Rainer Wolffhardt)

»Gruppenbild mit Dame«: BRD 1977; 102 Min. (R: Aleksander Pepro Vic; D: Romy Schneider, Rüdeger Vogler)

Abkürzungsverzeichnis

Zeitschriften

AG	Acta Germanica. Windhoek: Akad. Vlg.
AUMLA	Journal of Austrailian Universities Language and Literature Association. Chrischurch: Caxton
AION	Annali Istituto Universitario Orientate. Sezione Germanica. Studi tedesci. Napoli
BA	Books Abroed
CollGerm	Colloquia Germanica
ComGerm	Communicaciones Germánicas sociedad espanola de profesores de Alemán
DaF	Deutsch als Fremdsprache
DB	Doitsu Bunaku
DD	Diskussion Deutsch
DFA	Deutschunterricht für Ausländer
DU	Der Deutschunterricht
EG	Etudes Germaniques
FAZ	Frankfurter Allgemeine Zeitung
FH	Frankfurter Hefte
FR	Frankfurter Rundschau
GermMitt	Germanistische Mitteilungen. Brüssel
GermWrat	Germanica Wratislaviensia
GLL	The German quarterly
GR	The German Review
GSI	German studies in India. »Indo-German«
HR	Hessischer Rundfunk
JbDaF	Jahrbuch Deutsch als Fremdsprache
JbDASprD	Jahrbuch Deutsche Akademie für Sprache und Dichtung. Darmstadt
JbIG	Jahrbuch für Internationale Germanistik
LfL	Literatur für Leser
LGW	Literaturwissenschaft. Gesellschaftswissenschaft
LiLi	Zeitschrift für Literaturwissenschaft und Linguistik
LuD	Linguistik und Didaktik
LWU	Literatur in Wissenschaft und Unterricht
ML	Modern Language
MLR	Modern Language Review
Mod Spr	Modern sprak. Stockholm
NDH	Neue deutsche Hefte
NDL	Neue deutsche Literatur
NDR	Norddeutscher Rundfunk. Hamburg

Neophil	Neophilologus
NFT	Német Filológiai Tanulmányok. Arbeiten zur deutschen Philologie
NRs	Neue Rundschau. Frankfurt
OL	Orbis litterarum
RLV	Reone des Langues vivantes. Bruxelles
SM	Schweizerische Monatshefte
SR	Süddeutscher Rundfunk. Stuttgart
StdZ	Stimmen der Zeit
StNeoph	Studia Neophilologica
StPoet	Studia Poetica
StTCL	Studies in twentieth century literature
SuF	Sinn und Form
SWF	Südwestfunk. Baden-Baden
Tuk	Text + Kritik
UDR	The University of Dayton Review. Daton/Ohio
WB	Weimarer Beiträge
WDR	Westdeutscher Rundfunk. Köln
WW	Wirkendes Wort
WZKML	Wissenschaftliche Zeitschrift Karl Marx-Universität Leipzig
WZPHP	Wissenschaftliche Zeitschrift Pädagogische Hochschule Potsdam

Allgemeine Abkürzungen

anläß.	anläßlich
Bd.	Band
b.	bei
bes.	besonders
biogr.	biographisch(e)
christl.	christlich
d.	der/die/das/des/dem/den
DA	Diss. Abstractes
didakt.	didaktisch(e)
Diss.	Dissertation
dtsch	deutsch
Dtschunterr.	Deutschunterricht
e.	ein/eine/eines/einem/einen
ed.	herausgegeben von
Erg.	Ergänzung, Ergänzte
ESR	Heinrich Böll Werke (hrsg. v. Bernd Balzer) Essayistische Schriften und Reden
europ.	europäisch(er)
f.	für
Festschr.	Festschrift

Germ.	German
Grundl.	Grundlage
H.	Heft
Hb.	Handbuch
Hg.	Herausgeber
hrsg.	herausgegeben
i.	in
Interpret.	Interpretation(en)
internat.	international
Jb	Jahrbuch
krit.	kritische(r)
Lit.	Literatur
literar.	literarisch
m.	mit
M-Diss.	Maschinenschriftliche Dissertation
MDU	Monatshefte f. dtsch. Unterr.
R.	Reihe
satir.	satirisch
Schr.	Schriften
Spr.	Sprache
sprach.	-sprachig
T.	Teil
Tb.	Taschenbuch
Teils.	Teilsammlung
u.	und
Unterr.	Unterricht
v.	von
Verf.	Verfasser
Vortr.	Vortrag
z.	zu/zum/zur
zeitgenöss.	zeitgenössisch(er/-en)
zus.gest.	zusammengestellt

Werkregister

Textsammlungen:

Namenregister

Angaben zum Autor

Bernhard Sowinski ist Professor am Institut für deutsche Sprache und Literatur der Universität zu Köln. Von ihm stammen u.a. Interpretationen zu den Kurzgeschichten und satirischen Erzählungen Bölls. Bei J. B. Metzler erschienen: ›Lehrhafte Dichtung des Mittelalters‹ (SM 103) und ›Stilistik‹ (SM 263).

Sammlung Metzler

Printed in the United States
By Bookmasters